中国纯文学史

History of Chinese Literature

刘经庵

METRO FIFTH AVENUE PRESS, LLC

History of Chinese Literature

Liu Jingan

Originally published in Chinese by
Jiangsu Literature and Art Publishing House, 2008

ISBN-13: 978-0692604397
ISBN-10: 0692604391

Printed in the U.S.A

编 者 例 言

一、本编有鉴于近今一般《中国文学史》的内容不是失于驳杂，便是失于简略。驳杂者将文学的范畴扩大，侵入了哲学、经学和史学等的领域；简略者，对于文学的代表作品，不惟少有引证，即著名的文学家亦语焉不详。本编所注重的是中国的纯文学，除诗歌、词、曲及小说外，其他概付阙如。——辞赋，除了汉朝及六朝的几篇，有文学价值者很少；至于散文——所谓古文——有传统的载道的思想，多失去文学的真面目，故均略而不论。——并注重历代文学家的生平及其代表作品，务期读者用较经济的时间，能明了中国纯文学的内幕，及其历代演进的线索。

二、本编除绪论、结论外，共分诗歌、词、曲及小说四章。每章均用纵的叙述法，如诗歌，自先秦的诗歌起，一直叙到清末季，是由上古一贯的说下去的。这样写法，在编者以为能帮助一般读者得到有系统的概念，可将各时代的诗歌，分别比较之，不致散漫无有头绪。

三、本编除叙述历代文学家的生平、批评其作品外，更选其可代表的东西，择优举例，以资参证。并且对于各时代的文学思潮的起伏，各种文学体裁的流变，和各种文学的背景及原因，亦皆注意及之。

四、本编所叙述的诗人，约计有一百五十余位，代表诗约计有二百八十余首；词人约计有六十余位，代表词约计有一百十余首；戏曲家约有三十余位，代表戏曲约有二十余篇；小说家约有三十余位，代表小说约有二十余篇。作家共计约有二百七十余人，作品有四百三十余篇。若分而读之，一则可当作历代的文学家的略传，一则可当作历代的纯文学的选粹。

五、本编在结论里，附有《中国历代文学家的地理分布表》，可藉以知中国历代文学家的隆替，和中国文化中心的推移。此外并有附录两篇：一是，《中国历代文学家籍贯生卒年表》；一是，《中国纯文学书目举要》。前者，可用为参考历代作家的年谱，后者可用为研究中国纯文学的门径，这或者对于有志研究中国文学的人，不无小补罢。

六、本编所述，曾参考关于中国文学论著的版本十数种，今择要列举于后，以致谢忱。

1.《中国文学研究》　　　　　　郑振铎
2.《文学大纲》　　　　　　　　郑振铎
3.《中国文学进化史》　　　　　谭正璧
4.《中国女性的文学生活》　　　谭正璧
5.《白话文学史》　　　　　　　胡适之
6.《中国小说史略》　　　　　　鲁　迅
7.《宋元戏曲史》　　　　　　　王国维
8.《中国诗史》　　　　　　　　陆侃如
9.《中国文学流变史》　　　　　郑宾于
10.《中国文学概论讲话》　　　　盐谷温
　　　　　　　　　　　　　　　孙俍工

编者志　民国二十二年，十二月十二日

目　录

编者例言 ………………………………………………… 1

绪　论　一般文学与中国文学概说 ……………………… 1

一　文学的定义——文学的特质——文学的起源与原始的文
　　学——韵文与散文发生之前后——音乐、跳舞与文学

二　中国文字与文学——中国文学的特色——中国文学的弱
　　点——中国第一文学集及第一文学家

第一章　诗歌 ……………………………………………… 7

第一节　先秦的诗歌——《诗经》与《楚辞》…………… 7

《诗经》——作者——分类——体制——影响——编
辑——内容

《楚辞》——作者——名称——影响——批评——《诗经》
与《楚辞》的比较——屈、宋的传略及其作品

第二节　两汉的诗歌 …………………………………… 16

汉初的帝王作家——五七言诗的成立——女性作家的辈
出——几个有名的诗人——民歌与乐府

第三节　魏晋的诗歌 …………………………………… 26

曹氏父子及建安七子——正始竹林七贤与太康八诗
人——晋朝唯一的大诗人陶潜——几个女诗人及其作品

第四节　南北朝的诗歌 ………………………………… 34

总论——元嘉诗人及其作品——竟陵八友及其作品——
萧氏父子及其作品——陈之君臣及其作品——王褒、庾

信及其作品——南北朝的民歌

第五节　隋唐的诗歌 ················· 46

隋之作家及其作品——唐诗总论——初唐四杰及其作品——沈、宋之律诗与陈、张之古诗——李白、杜甫及其作品——王维、孟浩然及其作品——岑参、高适及其作品——白居易及其诗友（元稹、刘禹锡、张籍）的作品——韩愈及其诗友（孟郊、贾岛、李贺、卢仝）的作品——韦应物、柳宗元及其作品——温庭筠、李商隐及其作品——杜牧、韩偓及其作品——几个女作家及其作品

第六节　两宋的诗歌 ················· 77

总论——西崑体之盛行及其反动——欧阳、王、苏及其作品——黄庭坚与江西诗派——南宋四大家（陆游、范成大、杨万里）及其作品——永嘉四灵（徐照、徐玑、翁卷、赵师秀）及其作品——辽金之诗人及其作品

第七节　元明的诗歌 ················· 86

元代诗人及其作品——明诗总论——高启、袁凯及其作品——李梦阳、何景明及其作品——李攀龙、王世贞及其作品——公安体与竟陵体——吴中诗人及其作品

第八节　清代的诗歌 ················· 93

总论——清初诗人（钱谦益、吴伟业）及其作品——南施北宋及其作品——神韵派诗人王士禛及其作品——反神韵派的诗人（袁枚、赵翼、蒋士铨）及其作品——乾隆以后的诗人及其作品

第二章　词 ······························· 103

第一节　词的来源 ················· 103

第二节　唐代的词 ················· 105

中唐词人及其作品——晚唐词人及其作品

第三节　五代的词 ················· 108

中原的词人及其作品——西蜀的词人及其作品——南唐的词人及其作品

第四节　北宋的词 ……………………………………… 114
总论——第一期的词人及其作品（晏殊、晏几道、欧阳
修）——第二期的词人及其作品（柳永、张先、秦观、贺
铸）——第三期的词人及其作品（苏轼、黄庭坚）——第四
期的词人及其作品（周邦彦、李清照）

第五节　南宋及南宋以后的词 ………………………… 125
总论——前期的词人及其作品（辛弃疾、陆游、朱敦儒、刘
过、刘克庄、朱淑贞）——后期的词人及其作品（姜夔、吴
文英、蒋捷、周密、王沂孙、张炎）——南宋以后的词人及
其作品

第三章　戏曲 ……………………………………………… 140
第一节　戏曲的演变 …………………………………… 140
第二节　元代以前的戏曲 ……………………………… 142
唐代的歌舞及古剧——宋代的杂剧及鼓子词——金人的
杂剧拐弹词及连厢词

第三节　元代的戏曲 …………………………………… 147
总论——关汉卿及其作品——王实甫及其作品——白朴
及其作品——马致远及其作品——郑光祖及其作品——
乔吉甫及其作品

第四节　明代的戏曲 …………………………………… 158
四大传奇——与《西厢记》齐名的《琵琶记》——临川四
梦——阮大铖的《燕子笺》——明代的杂剧

第五节　清代的戏曲 …………………………………… 169
李渔的十种曲——蒋士铨的九种曲——孔尚任的《桃花
扇》——洪昇的《长生殿》——其他戏曲作家——昆曲与
二黄

第四章　小说 ……………………………………………… 179
第一节　小说的发达 …………………………………… 179
第二节　六朝的小说 …………………………………… 180
神怪小说——人事小说

第三节　唐代的小说 ·················· 182
　　总论——豪侠类——艳情类——神怪类

第四节　宋代的小说 ·················· 192
　　总论——《大宋宣和遗事》——《新编五代史平话》——
　　《大唐三藏法师取经诗话》——《京本通俗小说》

第五节　元代的小说 ·················· 199
　　总论——《水浒传》(它的作者、它的版本、它的批评)——
　　《三国志演义》

第六节　明代的小说 ·················· 215
　　《西游记》及其他——《金瓶梅》及其他——三言两拍及
　　其他

第七节　清代的小说 ·················· 232
　　总论——言情小说(《红楼梦》、《海上花列传》)——社会
　　小说(《儒林外史》、《镜花缘》、《官场现形记》、《二十年目
　　睹之怪现状》、《孽海花》、《老残游记》)——侠义小说(《儿
　　女英雄传》、《三侠五义》)——弹词小说——笔记小说
　　(《聊斋志异》、《阅微草堂笔记》)

结　论　中国文学之南北观及文化中心之迁移 ·········· 270
　　　　　——附中国文学家的地理分布表

附录:中国历代文学家籍贯生卒年表 ·········· 279

绪论——一般文学与中国文学概说

一

文学的定义　　文学的定义,无论中外皆有广狭之别。在中国,广义的文学是指一切用文字发表的东西,如政教、礼制、言谈、书简、学术、文艺等,即《释名》所谓"文者会集众字,以成辞义"之意。狭义的文学是单指描写人生,发表情感,且带有美的色彩,使读者能与之共鸣共感的作品。这样的文学观念,在中国文人中很不多见。有之,要首推南朝的梁氏兄弟为近是。梁昭明以"一事出沉思,义归翰藻"者为文学。梁元帝《金楼子》篇云:"吟咏风谣,流连哀思,谓之文。……至如文者:须绮縠纷披,宫徵靡曼,唇吻遒会,情灵摇荡。"这可称为中国文人中最早认识文学者!

在外国,英国文学家庞科士(Pan Coast)说:"文学有二义:一则统包字义,凡由字母发为记载,可以写录,号称书籍者,皆为文学——是为广义。一则专为述作之殊名,惟宗主情感,以娱志为归者,如诗歌、历史、传记、小说、评论,乃足以当之——是为狭义。"戴昆西(De. Quincey)亦说:"文学之别有二:一属于知,一属于情。属于知者,其职在教,——是为广义。属于情者,其职在感,——是为狭义。"又说:"与人以魔力者(用在感人),则为文学;与人以知识者(用在教人),则非文学。"这样,一般治文学的人,当舍广义的而取狭义的,庶不失于庞杂,侵占了别的学科的园地。

近人罗家伦在他的《什么是文学》里,参照了各家的文学的定义，而定出一个比较完善的，今引之如下：

> 文学是人生的表现和批评，从最好的思想里写下来的，有想象，有感情，有体裁，有合于艺术的组织。集此众长，能使人类普遍心理，都觉得他是极明了，极有趣的东西。

从这个定义里，我们可以知道文学是人生的写照，是思想和艺术的结晶，文学家对于人生的种种，观察得最为周到，或主观，或客观，或片面，或综合，或内里，或外表，都能深刻的详为写述。他们无论是写诗歌，写戏剧，或写小说，皆是人生的表现和批评。换言之：离了人生便无所谓文学。文学固不外乎人生，亦当有高尚的思想和丰富的想象，用艺术的手腕、创作的精神，去委婉的、灵妙的、真挚的表现出来，绝不剽袭，不模仿，使读者感到清爽有趣与作者起共鸣之感。否则，便无文学上的价值。

文学的特质　　在日人本间久雄的《文学概论》里，有讲文学的特质的一章。他说，文学有三个特质：一是永久性，二是个性，三是普遍性，兹略引述之。

1. 永久性——纯文学是属于力的，非属于知的，一般人关乎知识的东西，完全明了后，就不想再读它了。关乎力的篇什，倘有文学价值者，我们读后深受感动，还想再读，伟大的文学作品，便是反复读几次，决不会厌倦的，如《红楼梦》、《西厢记》之类。

2. 个性——读一篇文学的作品，如果我们加以探讨，可知充满了作家的个性或人格。法国勃封（Buffon）曾说："文体是人。"由此可知无论怎样的文体，结局都是作者人格的表现。亨德（Hunt）曾将"文体是人"，倒转来说，"人是文体"。这就是说在人与文体之间，有不可分离的关系。我们若换个说法，"作品是人"，"人是作品"，亦是同样的。在中国赵执信的《谈龙录》说："文中宜有人在。"方植之《昭昧詹言》说："诗中须有我在。"这和勃封、亨德所说几无二致。

3. 普遍性——凡是文学作品，都有普遍性的，譬如就父母爱子的情绪来说，不问地的东西，时的古今，那性质总是不变的。不止是爱的情绪，就是喜悦、悲哀、惊骇、恐怖等情绪，都是一样，今日我们读太古原始民族的歌谣，或是读莎翁的戏曲，空间与时间虽有不同，而读后所得到的感动，古今中外是共感的，所以说文学是超越时间与空间的，是普遍的。

文学的起源与原始的文学　文学的发生，自人类有语言始，远在文字之前；因为人生不能无情感，有感于中，即发泄于外。班固说："哀乐之心感，而歌咏之声发。"朱熹说："有欲则不能无思，有思则不能无言，言所不能尽，而发于咨嗟咏叹之余者，必有自然之影响节奏，而不能已。"这就是文学的起源。

风谣是原始的文学的头胎儿，因为原始的人类，在胞腹嬉戏的时候，感着山川之伟大，云霞之美丽，心中鼓舞欣感到了极端，便随性情所至，自然流露的发出赞叹歌慕之声。——赞美自然歌。由赞美而怀疑，而幻想，遂发生种种神话，这时神话便成了文学的中心，比风谣尤重要。后来便把"神"当做真的存在，除感谢神给他们的衣食住，又发生其他的希望，就有祷神、求神种种举动。这时就用音乐的格调，风谣的方式，加上神话中的事实，便产生了颂歌和赞语。这以上都是在未有文字以前的原始的文学。

韵文与散文发生之前后　一般研究文学者，都承认韵文发生在先，而散文后出，诗歌是哥哥，散文是弟弟。我们都知道在未有诗歌文字之前，已有言语了。既有言语，随生诗歌，因为有感于中，便流露于外，而声音亦自然和谐可听，此之所谓天籁，非造作所能。且所歌者，既是脱口而出，当时无文字可记，若不合韵，便易遗忘，此韵文之所由起。散文发生当在文字制作以后，因为名字既起，人事渐繁，若求宣教达事，合契致远，非用文字记之不可，此散文之所由兴。总之，韵文是发生在有文字以前，是哥哥，散文是发生在有文字以后，是弟弟。

音乐、跳舞与文学　在原始民族的生活状态中，音乐、跳舞与诗歌是不可分离的。我们知道人类在未能发出语言之前，已经有叫声了，和叫声同时的有模仿和姿势，这叫声带有节奏便是音乐的发生,模仿和姿势带有节奏,便是跳舞的发生。原始的人类和猴子一样的好动,决不会静默安坐,像后代学禅入定的人,那么,他们自然的要发生热闹的跳舞。因为当时情感太兴奋了,遂唱歌来合拍着,这歌不过是人类的叫声,有调和的音调而已。这时的音乐、跳舞和诗歌,是象征狩猎蛮族行祭礼时,所不可缺的一种三位一体的仪式。《吕氏春秋·古乐》篇说:"葛天氏之乐,三人掺牛尾投足,以歌《八阕》。"在《毛诗序》上说:"诗者,志之所之也。在心为志,发言为诗。情动于中,而形于言;言之不足,故嗟叹之;嗟叹之不足,故永歌之;永歌之不足,不知手之,舞之,足之,蹈之也。"这样看来,可知在未有文字以前,音乐、跳舞与文学,确有密切的关系了。

二

中国文字与文学　　文字是文学的工具,对于文学的发展上很有关系。我国文字沿用象形文字,与世界盛行的拼音文字不同。它是一种单音的孤立语,因之应用于文学中变化就少,用法较难;便于模拟,不便于创造,并且易为一般好堆砌字面的人所利用,皆足以阻碍文学上的自然发展。不过有弊亦有利,它对于中国文学比较好的影响:一、文章简洁,二、便于造对语,三、音韵和谐。

有人说,文学是有字的图画,象形文字使我们看了,很容易给我们种种的印象和概念,因为它是单音的、孤立的,使用时感觉不便,不得已只有将文章做简洁了。近来白话文兴,一般持反对论者说,文言简洁,白话繁赘,这是有相当的理由的。

中国既是象形字,孤立语,所以各语是完全独立,既无曲折,又少变化。而且因其是单音,所以一语是由一音一字而集成的,更加它有四声的分别,因之一方面可以义取比对,一方面可以字分阴阳,中国的骈文和律诗,就是基于此而成立的。骈文和律诗虽有缺点,亦自有其相当的文学价值,如王勃的"落霞与孤鹜齐飞,秋水共长天一色。"骆宾王的"一抔之土未干,六尺之孤何托?"及王维的"明月松间照,清泉石上流,竹喧归浣女,莲动下渔舟。"在骈文和律诗中,这都是极有名的佳句。

中国文字之用韵,不仅限于韵文,而散文中亦常有用韵的,因为读来可以帮助文字有音节之美,除押韵外,句中常用双声叠韵及重言诸法,以补音节之不足。重言,如"关关"形容雎鸠之音,"夭夭"形容桃花之色等皆是。双声,如"丁东"为双声,因为"丁东"的发音,都是注音字母的"ㄉ",拼之为ㄉ丨ㄥㄉㄨㄥ,故名之为双声。"窈窕"为叠韵,因为"窈窕"的收音都是"ㄠ",拼之为丨ㄠㄊ丨ㄠ,故名之为叠韵。亦间有双声兼叠韵者,如前之"丁东"二字。在中国文学作品中,用双声叠韵和重音以和谐音韵者很多,试读任何诗一首,即可举出之。

中国文学的特色　　中国文学的特色有二:

1. 纯粹而有系统——中国为世界三大文化发源地之一,其他二发源地为希腊与印度。印度亡于英国,至今不能独立;希腊沦于异族之下,约二千余年,近虽有复兴之象,因含有其他民族文化的分子太多,远不如中国一脉相传,纯粹而有系统。

2. 文学的数量多——中国开国最古,文化最早。领土亦最广,所以文学家之多和作品之富,决非他国所能及的。查中国历代的文学,皆有其特殊处:如楚之骚,汉之赋,唐之诗,宋之词,元之曲,明清之小说,皆各有异彩,足为一代冠。即就诗家而论:唐有作家两千余,宋亦有其数,作家既如是之多,作品可想而知。若再加上词曲作家和小说作家的作品,其数量之多,恐任何国家无有能出其右者——以上便是中国文学的两个特点,很可以向各国自豪的。

中国文学的弱点　　中国文学的弱点,约言之亦有二:

1. 文体多模仿古人——一般作家多不肯用他们当时最通俗的文字来表现思想,往往好剿袭模仿古来的文体,扬雄的一部《法言》,便是首先仿《尚书》体而作的。他是模仿古人的始作俑者,遂给后来的作家以最恶的影响,——模仿古人文体成了千部一腔的老调子。

2. 思想陈腐缺少悲剧——中国文学中最缺乏的是悲剧的观

念,无论是戏剧,是小说,结尾处总是一个美满的团圆。这大概不如此,便显不出作者的福善祸淫,救世劝人的苦心。所以中国文学常是教训式的。俗云:"善有善报,恶有恶报,善恶不报,时晨未到。"在中国文学中充满了这样的思想,一般人总以为善人以悲剧终场,未免可惜,非把他团圆封王不可,殊不知悲剧的意味深长,最能发人猛省!

中国第一文学集及第一文学家　《诗经》的作品,大半是春秋战国的产物,较早的为周颂,是周初的东西。据传《诗经》原有三千多首,经孔子删存三百零五篇,流行于世,这可称为中国最早的文学集——诗集,嗣后昭明太子的《文选》和徐陵的《玉台新咏》乃立后来文学总集的规模。

古并无文学专家,三百篇大半不知作者姓氏,且为代表社会的作品,不足表现作者个性,其他如周、孔、孟、荀等人,又只是以其余力及于文学,不得谓之文学专家。文学专家当首推屈原为第一人,因为从他的《离骚》等作品中,处处可以表现他的人格和个性来。此后曹植和陶潜等,皆是继屈原而起的文学家。

第一章　诗　歌

第一节　先秦的诗歌——《诗经》与《楚辞》

先秦时代的学术、思想,甚为发达,而文学则较差。当时除了《诗经》与《楚辞》可称为伟大的作品,余几无可称。故欲研究中国文学,应自《诗经》与《楚辞》始。至《诗经》时代以前的东西:如尧时的《击壤歌》、《康衢歌》,舜时的《卿云歌》、《南风歌》,禹时的《涂山歌》,以及箕子的《麦秀歌》,伯夷、叔齐的《采薇歌》,不是记载该歌的原书是伪作,便是诗的体格与当时不相符合,所以我们只好在这里缺疑不论了。

《诗经》　《诗经》是北方文学的代表作品,是许多无名诗人心血的结晶,是中国最早的文学集,它在中国文学上的影响很大。兹分述之:

（一）**作者**　观三百篇之内容,大概不外是词臣——作乐诗的贵族诗人和民间诗人所作。其中尤以民间无名诗人的作品为最多,为最好。能知道作者姓名的,仅有几个贵族诗人,如《小雅》的《节南山》,言"家父作诵,以究王讻。"《大雅》的《嵩高》、《烝民》俱言吉甫作诵。据传《诗经》原有三千余篇,经孔子删定,编存了三百零五篇,这可称作家是无名氏,编定者是孔子了。不过后来有许多学者,怀疑孔子删诗之说,以为他不曾删过,这几成了中国文人聚讼纷纭的一个大问题了。

（二）**分类**　《诗经》有风、雅、颂三种。风有十五,雅有大雅、小雅,颂分周颂、鲁颂、商颂,总名为四诗。亦有人以"南"为诗之一体,同风、雅、颂为四诗的——此说较是。风诗,为闾巷风土、男女情思之词,其文字言近而旨远。雅诗,为燕享朝会、公卿大夫之作,其文字有抑扬顿挫之妙。颂诗,为鬼神宗庙、祭祀歌舞之乐,其文字有庄严深远之趣。风是只能讽诵的,雅是可用音乐合起来唱的,颂不但可唱,兼可舞的。据说孔子删诗后,把风亦制出谱来,后来亦可唱了。

（三）**体制**　有赋、比、兴三种,合前之风、雅、颂,称为六义。朱子《诗传》说:"兴者,先言他物,以引起所咏之辞也。赋者,敷陈其事,而直言之者也。比者,以彼物比此物也。"简言之,赋是直述其事的——直;比是假物的言志的——显;兴是托物兴辞的——隐。说个比方,如实写美人为赋;辞言花而意实指美人为比;因桃花而思及人面为兴。

（四）**影响**　《诗经》对于中国文学上的影响,可分四方面说:

1. **诗体**　《诗经》大半是四言诗体,可是也有三言("振振鹭")、五言("谁谓雀无角")、六言("我姑酌彼金罍")、七言("交交黄鸟止于桑")和八言("胡瞻尔庭有悬貆兮")等,开后来乐府词曲之先声,此诗体之影响于后世者。

2. **修辞**　《渔洋诗话》谓:"诗三百篇真如化工之肖物,如《燕燕》之伤别,《籊籊竹竿》之思归,《蒹葭苍苍》之怀人,《小戎》之典制,《硕人》次章,写美人之姚冶,《七月》七章,写阳春之明丽……遂为唐人六朝之祖。"此修辞之影响于后世者。

3. **风格**　《诗经》的风格,对于后来的影响亦不少。自韦孟的《讽谏诗》、东方朔的《诫子诗》、韦玄成的《自劾诗》、唐山夫人的《安世房中歌》、傅毅的《迪志》、仲长统的《述志诗》、曹植的《责躬》,乃至陶潜的《停云》等,都是很显然地受了《诗经》的风格的感化。

4. **应用**　在春秋战国时,一般政治家及文人,常引用《诗经》以为辩论讽谏的根据。论文家及传道者,常用它以为宣传或讨论的佐证。孔子曾说:"小子何莫学乎诗:诗可以兴,可以观,可以群,可以怨,迩之事父,远之事君,多识于鸟兽草木之名。"又说:"不学诗,无以言。"及"诵诗三百,授之以政,不达,使于四方,不能专对,虽多亦奚以为?"这足可见《诗经》在当时社会的地位与价值有多么高大了。到了汉朝以后,《诗经》的权威更大,因为被汉儒的曲解,把一部文学的作品,当成了讲文王之化、后妃之德的道学书。《诗经》的地位固然是抬得更高了,变成了中国式的《圣经》,但它在文学上的影响,就渐渐地衰微了。

(五)编辑 孔子虽不是一个纯文学家,但他对于文学的作品,很有欣赏力和鉴别力。我们看他教子弟常以诗为先,又看他所编定的《诗经》,先风,次雅,后颂,以通俗平易的诗在前,典雅庄重的诗在后,由浅入深,用以引起读者的兴趣,这很合乎现在教育心理的原则。按难易深浅的次序说,孔子所编定原无可厚非处,不过若以诗的产生先后论,恰与原书的排列相反。颂是产生在先,而《周颂》尤为早,大概是西周初年的作品,《商颂》和《鲁颂》较晚,大概是周室东迁以后的东西。雅因为音乐的关系,分大小雅。大雅产生于西周,小雅产生于西周末与东周初,小雅和国风差不多是在同时。国风较雅稍后,除了豳、桧及秦风一半以外,均东周作品。它们产生的次序,最早是豳风,次桧风,次为秦风,次为王风,次为卫风——内含邶、鄘二风,因该二风亡失,后人以卫诗独多,遂分之于邶、鄘,次为唐风,次为齐风,次为魏风,次为郑风,次为曹风,后为陈风。二南在四诗中最为晚出,大概是东迁后的楚诗,这与从前认二南为西周初年的作品,大不相同。——上说见陆侃如、冯沅君合编的《中国诗史》。

(六)内容 诗三百篇都歌咏的是什么?我们若一一究其内容,不外是写人生和社会的。有人说,读了《诗经》,如到了十字街头,觉有脚踏实地的入世之感。总言之,《诗经》是人生的艺术,其中所写,有关于恋爱的,有关于征役的,有关于政治的,亦有关于家庭的,真是一部人生和社会大写真!今略引几篇如下,以见一斑。

1. 静女　（邶风）

静女其姝,俟我于城隅;爱而不见,搔首踟蹰。

静女其娈，贻我以彤管；彤管有炜，说怿女美。

自牧归荑，洵美且异；匪女之为美，美人之贻。

2. 鸡鸣　　（齐风）

鸡既鸣矣！朝既盈矣！匪鸡则鸣，苍蝇之声。

东方明矣！朝既昌矣！匪东方则明，月出之光。

虫飞薨薨，甘与子同梦。会且归矣！无庶予子憎！

3. 子衿　　（郑风）

青青子衿，悠悠我心！纵我不往，子宁不嗣音！

青青子佩，悠悠我思！纵我不往，子宁不来！

挑兮达兮，在城阙兮！一日不见，如三月兮！

4. 伯兮　　（卫风）

伯兮朅兮！邦之桀兮！伯也执殳，为王前驱。

自伯之东，首如飞蓬；岂无膏沐？谁适为容！

其雨其雨，杲杲出日；愿言思伯，甘心首疾。

焉得谖草，言树之背；愿言思伯，使我心痗。

5. 君子于役　　（王风）

君子于役，不知其期，曷至哉！鸡栖于埘，日之夕矣，羊牛下来；君子于役，如之何勿思？

君子于役，不日不月，曷其有佸？鸡栖于桀，日之夕矣，羊牛下括；君子于役，苟无饥渴？

6. 黍离　　（王风）

彼黍离离，彼稷之苗。行迈靡靡，中心摇摇。知我者谓我心忧，不知我者谓我何求？悠悠苍天！此何人哉？

彼黍离离，彼稷之穗，行迈靡靡，中心如醉。知我者谓我心忧，不知我者谓我何求？悠悠苍天！此何人哉？

彼黍离离，彼稷之实。行迈靡靡，中心如噎。知我者谓我
心忧，不知我者谓我何求？悠悠苍天！此何人哉？

7. 硕鼠 　　（魏风）

硕鼠！硕鼠！无食我黍。三岁贯女，莫我肯顾。逝将去
女，适彼乐土。乐土！乐土！爰得我所。

硕鼠！硕鼠！无食我麦。三岁贯女，莫我肯德。逝将去
女，适彼乐国。乐国！乐国！爰得我直。

硕鼠！硕鼠！无食我苗。三岁贯女，莫我肯劳。逝将去
女，适彼乐郊。乐郊！乐郊！谁之永号？

8. 凯风 　　（邶风）

凯风自南，吹彼棘心。棘心夭夭，母氏劬劳。

凯风自南，吹彼棘薪。母氏圣善，我无令人！

爰有寒泉，在浚之下，有子七人，母氏劳苦！

睍睆黄鸟，载好其音，有子七人，莫慰母心！

9. 氓 　　（卫风）

氓之蚩蚩，抱布贸丝，匪来贸丝，来即我谋。送子涉淇，至
于顿丘，匪我愆期，子无良媒。将子无怒！秋以为期。

乘彼垝垣，以望复关。不见复关，泣涕涟涟，既见复关，载
笑载言。尔卜尔筮，体无咎言。以尔车来，以我贿迁。

桑之未落，其叶沃若。于嗟鸠兮，无食桑葚！于嗟女兮，
无与士耽！士之耽兮，犹可说也，女之耽兮，不可说也！

桑之落矣，其黄而陨，自我徂尔，三岁食贫。淇水汤汤，渐
车帷裳。女也不爽！士贰其行！士也罔极，二三其德！

三岁为妇，靡室劳矣！夙兴夜寐，靡有朝矣！言既遂矣，
至于暴矣！兄弟不知，咥其笑矣！静言思之，躬自悼矣！

及尔偕老，老使我怨！淇则有岸，隰则有泮。总角之宴，
言笑晏晏，信誓旦旦，不思其反。反而不思，亦已焉哉！

《楚辞》 先秦时代的文学,除了北方的诗三百篇外,代表南方作品的,要推《楚辞》了。它的产生虽较《诗经》为晚,可是它的影响比《诗经》还大,因为它自来就被一般文人认为是文学的,不像《诗经》到后来被人认为是一部宗教式的《圣经》,渐湮没了文学上的价值。

(一)**作者** 《楚辞》非一人所作,不过除宋玉、景差等的数篇外,大多数为屈原作。他因为生不逢辰,既不见知于君王,又被谗于小人,前途茫茫,大有身世之感,故悲愤忧思,而作《离骚》,后竟投汨罗江以死。其遭遇之可怜,可谓中国文人中的空前者了。屈原不但是中国第一个可怜的文人,他亦是中国第一个文学家,因为在他以前,还没有第二人像他这样作如此多的文学作品呢。

(二)**名称** 所以称《离骚》者,乃是以第一篇的篇名而名书,其意义是指遭忧而言,班固说:"离,犹遭也;骚,忧也。"《离骚》篇是他自己的叙事诗,长有三百七十余句,自叙他的生平和他的志愿,其中充满了丰富的想象和幽沉的悲思,以之名书,不但可代表屈原的为人,亦可代表当时南方所流行的新诗体。除《离骚》外,又称《楚辞》,这是因为屈、宋诸篇,皆是楚人,用楚语,作楚声,纪楚地,名楚物,故谓之《楚辞》。《楚辞》的风格,想必是当时楚地所最流行的,正如《诗经》的风格,盛行于北方一样。

(三)**影响** 《楚辞》是中国古代文学中的伟大作物,其影响之深远,较《诗经》为尤甚。《诗经》自被汉儒曲解后,人不敢以文学作品目之,它的影响似乎在汉六朝以后,就没有人再去摹拟它的句法了。《楚辞》不然,它在文学上的威权与影响,并没有遭过什么厄运,它的影响,可说自汉初至清末是不曾间断的。它是一切辞赋之祖,如有所谓古赋者,两汉、魏晋之赋属于此,著名的有贾谊的《吊屈原》、枚乘的《七发》、司马相如的《上林》与《子虚》、班固的《两都》、左思的《三都》皆是。俳赋,六朝的赋属于此,如鲍照的《芜城赋》、谢惠连的《雪赋》、江淹的《恨赋》与《别赋》、庾信的《哀江南赋》皆是。律赋,唐代的赋和明清时代帖括式的词赋属于此,不过除了杜牧的《阿房宫赋》外,比较好的很少。文赋,宋代的赋属于此,这是唐赋的反动，以散文做赋，注重说自然，而不注重音韵，如欧阳修的《秋声赋》、苏轼的《赤壁赋》。总之，《楚辞》的风格、情绪和辞句，影响了历代的作家。其范围除辞赋外，诗歌和散文也都间接地受了不少的感发和资料。这样看来：自战国以后的文学，几乎无不受到《楚辞》的影响了。

（四）**批评** 关乎《楚辞》文艺的批评，历来是很多的，今只引蒋之翘批评《楚辞》的话于下，以见一斑。

> 观其悲壮处，似高渐离击筑，荆卿和歌于市，相乐也，已而相泣，旁若无人。悽惋处，似穷旅相思，当西风夜雨之际，哀蛩叫湿，残灯照愁。幽奇处，似入山径无人，但闻猩啼蛇啸，木魅山鬼习人语来向人拜。艳逸处，似美人走马，玉鞭珠勒，披锦绣，佩琳琅，对春风唱一曲《杨白华》。仙韵处，似王子晋骑白鹤，驻缑山最高峰，吹玉笙作凤鸣，挥手谢时人，人皆可望不可到。

从这个批评里，足可见《楚辞》的状人、状物、写景、言情，其艺术的手腕是如何的高妙，是如何的神奇了。

（五）**《诗经》与《楚辞》的比较** 《诗经》是中国北方诗歌的总集，以黄河流域为中心，代表北方民族性的文学，是征伐时代——弱政府时代——的产物，是民间的歌谣，一般征夫或忧时者的叹声与愤歌，多数是平民的作品，富有写实的意味，所谓十字街头读《诗经》，大有脚踏实地入世之感。《楚辞》是南方诗歌的总集，以长江流域为中心，代表南方民族性的文学，是混战时代——无政府时代——的产物，是诗人的创作，自诉他们幽怀愁思的，都是贵族作品，富于浪漫思想，所谓象牙之塔读《楚辞》，大有虚无缥缈梦幻之思。以上是二者不同处。其同处，二者全是诗的体裁，不过在艺术上，《楚辞》较《诗经》为进步，不但形式自由，而且结构亦错综复杂多了。

（六）**屈、宋的传略及其作品** 屈平（公元前343至290?），字原，一名正则，字灵均，与楚王同族，曾为怀王的左徒。他既是贵族，家庭的生活和少年时代的教育，自然是很好的，怀王原来亦非常信任他。司马迁说他："明于治乱，娴于辞令；入则与王图议国事，以出号令；出则接遇宾客，应对诸侯。"这足见他当时在政治上的地位是很高的。不过因作《宪令》，被上官大夫所忌，楚王不察，竟听小人的谗言，把屈原疏远了。后来怀王因不听屈原的话，冒然入秦，以致入秦不返。及顷襄王即位，亦不信任他，且逐放于外。他因忧国悲时，愤慨万分，遂投汨罗江死了。他的作品，据前人说有二十五篇，但近人研究，多认为只有《离骚》、《天问》及《九章》之半，即《橘颂》、《抽思》、《哀郢》、《涉江》和《怀沙》是真的，其余都是伪作。《九歌》是先乎屈原而流行于民间的颂歌，曾经原的修正，亦不能算是他的创作。他所创作的，虽仅如上述的七篇，但其艺术上的最好成绩，亦足够当文学家而无愧色了。

宋玉（公元前 290？至 222？），字子渊，他的事迹不详，旧之传说多不可靠。我们从他的作品里——《九辩》及《招魂》，仅知道他是楚国的一个贫士，曾为考烈王的小臣，不久即失职了。失职后，便潦倒终身。他的遭遇，亦不算好。他的作品。据前人说，有十六篇，但其中伪作不少，靠得住的仅有《九辩》与《招魂》两篇。《九辩》和《离骚》同为长篇的抒情诗，内容是因秋景的萧索而感到身世的落魄，所以全篇写得最好处，便是悲秋的部分。如"悲哉，秋之为气也！萧瑟兮草木摇落而变衰，憭慄兮若在远行，登山临水兮送将归。"王夫之赞之为"千秋绝唱"，至后来把"宋玉悲秋"四字，变成文学上的习语，这足见其感力之大了。《招魂》是当病人垂危时，家人为之叫魂归来的一篇民间流行的巫歌。这大概不是宋玉的创作，和屈原对于《九歌》一样，曾加过一番润色。其中充满了神话的意味，描写得无论人事方面，或景物方面，都是淋漓尽致，栩栩欲生。像这样的写法，写得好了固然是深刻优美，否则，很易有堆砌呆板之弊。后来辞赋家没有屈宋的才学和魄力，所以多有此种通病，这是宋玉当时所料想不到的。

怀沙　（九章之一）　　　　　　　　　屈原

　　滔滔孟夏兮，草木莽莽。伤怀永哀兮，汩徂南土，眴兮杳
杳，孔静幽默。郁结纡轸兮，离慜而长鞠。抚情效志兮，冤屈
而自抑。刓方以为圜兮，常度未替。易初本迪兮，君子所鄙。
章画志墨兮，前图未改。内厚质正兮，大人所晟。巧倕不斫
兮，孰察其拨正。玄文处幽兮，矇瞍谓之不章。离娄微睇兮，
瞽谓之无明。变白以为黑兮，倒上以为下。凤皇在笯兮，鸡鹜
翔舞。同糅玉石兮，一概而相量。夫惟党人鄙固兮，羌不知余
之所臧。任重载盛兮，陷滞而不济。怀瑾握瑜兮，穷不知所
示。邑犬之群吠兮，吠所怪也；非俊疑杰兮，固庸态也。文质
疏内兮，众不知余之异采。材朴委积兮，莫知余之所有。重仁
袭义兮，谨厚以为丰。重华不可遌兮，孰知余之从容。古固有
不并兮，岂知其何故也。汤禹久远兮，邈而不可慕也。惩违改
忿兮，抑心而自强。离慜而不迁兮，愿志之有像。进路北次
兮，日昧昧其将暮。舒忧娱哀兮，限之以大故。

　　乱曰：浩浩沅、湘，分流汩兮。修路幽蔽，道远忽兮。怀质
抱情，独无匹兮。伯乐既没，骥焉程兮。民生禀命，各有所错
兮。定心广志，余何畏惧兮！曾伤爰哀，永叹喟兮。世溷浊莫
吾知，人心不可谓兮。知死不可让，愿勿爱兮。明告君子，吾
将以谓类兮！

九辩　（节录）　　　　　　　　　　　宋玉

　　悲哉，秋之为气也！萧瑟兮，草木摇落而变衰。憭慄兮若
在远行，登山临水兮送将归。泬寥兮天高而气清，寂寥兮收潦
而水清。憯悽增欷兮，薄寒之中人。怆怳忼悢兮，去故而就
新。坎廪兮，贫士失职而志不平。廓落兮，羁旅而无友生。惆
怅兮而私自怜。

　　燕翩翩其辞归兮，蝉寂漠而无声。雁廱廱而南游兮，鹍鸡
啁哳而悲鸣。独申旦而不寐兮，哀蟋蟀之宵征。时亹亹而过
中兮，蹇淹留而无成。

第二节　两汉的诗歌

汉初的帝王作家　　秦代四十年间，没有一个可称为文学家者，这总算是秦始皇"焚诗书，坑儒士"，禁锢人民思想的结果。到了汉朝，高祖虽是一个以马上得天下的英雄，他尚能于衣锦还乡时，歌《大风歌》，于叹息悲愤时，为戚夫人作《鸿鹄歌》，尤以他的《大风歌》为著名，竟能和项羽的《垓下歌》成为后来乐府的鼻祖。至汉武帝时，竭力提倡文学，诗歌更为发达。武帝的作品，柔和惋伤，辞意优美，我们从他的《秋风辞》、《李夫人歌》和《落叶哀蝉曲》就可见他的作风之一斑了。此外有昭帝的《淋池歌》亦很好。

大风歌　　　　　　　刘　邦

大风起兮云飞扬，威加海内兮归故乡，安得猛士兮守四方?!

鸿鹄歌　　　　　　　刘　邦

鸿鹄高飞，一举千里。羽翼已就，横绝四海，又可奈何?虽有缯缴，将安所施?

垓下歌　　　　　　　项　羽

力拔山兮气盖世，时不利兮骓不逝。骓不逝兮可奈何，虞兮虞兮奈若何!

李夫人歌　　　　　　刘　彻

是耶?非耶?立而望之。偏何姗姗其来迟。

落叶哀蝉曲　　　　　刘　彻

罗袂兮无声，玉墀兮尘生，虚房冷而寂寞，落叶依于重扃。望彼美之女兮，安得感余心之未宁。

淋池歌　　　　　　　　　　刘弗陵

秋素景兮泛洪波，挥纤手兮折芰荷。凉风凄凄扬棹歌，云光开曙月低河，万岁为乐岂云多。

五七言诗的成立　　　五言诗，据说是起源于苏武、李陵的赠答诗，但经近代学者的考定是伪作。《古诗十九首》是最早而且最好的五言诗，有诗母之称。相传有西汉枚乘、东汉傅毅的作品，这也未见其确。不过无论如何，西汉不能没有五言诗，我们看汉武时李延年所作的《北方有佳人》即可见一斑。到了东汉有蔡文姬的《悲愤诗》，更是可靠的五古名篇了。

七言诗，有人说起于汉武帝的《柏梁诗》，为后人联句之祖，亦有人说，观其内容似为伪作。至后来有乌孙公主的《悲愁歌》亦是七言诗。按此诗虽是八个字组成的，但其中的兮字，只是和声，并不是词，所以得称为七言诗。至五七言诗成立的先后，学者亦莫衷一是。有人说，诗的发展程序是：先有三言，四言，而后五言，七言，逐步进行的。又有人说，继四言而起的，便是七言，七言之后，始有五言。总之：他们的先后，我们虽不能确指，但他们的起源，可无疑的说都在汉朝，而且相距的时间，并不在远。

李陵与苏武诗三首　（录一）　（有人疑为伪作）

良时不再至，离别在须臾，屏营衢路侧，执手野踟蹰。仰视浮云驰，奄忽互逾迈。风波一失所，各在天一隅。长当从此别，且复立斯须。欲因晨风发，送子以贱躯。

古诗十九首　（录二）

行行重行行，与君生别离。相去万余里，各在天一涯。道路阻且长，会面安可知！胡马依北风，越鸟巢南枝。相去日已远，衣带日已缓。浮云蔽白日，游子顾不返。思君令人老，岁月忽已晚。弃捐勿复道，努力加餐饭。

明月何皎皎，照我罗床帏。忧愁不能寐，揽衣起徘徊。客行虽云乐，不如早旋归，出户独彷徨，愁思当告谁！引领还入房，泪下沾裳衣。

美人歌　　　　　　　　李延年

北方有佳人，绝世而独立。一顾倾人城，再顾倾人国。宁不知倾城与倾国，佳人难再得。

悲愁歌　　　　　　　　乌孙公主

我家嫁我兮天一方，远托异国兮乌孙王。穹庐为室兮毡为墙，以肉为食兮酪为浆。居常土思兮心内伤，愿为黄鹄兮归故乡！

悲愤诗　　　　　　　　蔡　琰

汉季失权柄，董卓乱天常。志欲图篡弑，先害诸贤良。逼迫迁旧邦，拥主以自强。海内兴义师，欲共讨不祥。卓众来东下，金甲耀日光。平土人脆弱，来兵皆胡羌。猎野围城邑，所向悉破亡。斩截无孑遗，尸骸相撑拒。马边悬男头，马后载妇女。长驱西入关，迥路险且阻。还顾邈冥冥，肝脾为烂腐。所略有万计，不得令屯聚。或有骨肉俱，欲言不敢语。失意几微间，辄言毙降虏。要当以亭刃，我曹不活汝。岂敢惜性命？不堪其詈骂。或便加棰杖，毒痛参并下。旦则号泣行，夜则悲吟坐，欲死不能得，欲生无一可。彼苍者何辜，乃遭此厄祸？边荒与华异，人俗少义理。处所多霜雪，胡风春夏起。翩翩吹我衣，肃肃入我耳。感时念父母，哀叹无穷已。有客从外来，闻之常欢喜。近问其消息，辄复非乡里。邂逅徼时愿，骨肉来迎己。已得自解免，当复弃儿子。天属缀人心，念别无会期。存亡永乖隔，不忍与之辞。儿前抱我颈，问母欲何之。"人言母当去，岂复有还时？阿母常仁恻，今何更不慈？我尚未成人，奈何不顾思？"见此崩五内，恍惚生狂痴。跪泣手抚摩，当发复回疑。兼有同时辈，相送告离别。慕我独得归，哀叫声摧裂。马为立踟蹰，车为不转辙，观者皆嘘唏，行路亦呜咽。去去割情恋，遄征日遐迈。悠悠三千里，何时复交会？念我出腹子，胸臆为摧败。既至家人尽，又复无中外。城郭为山林，庭宇生荆艾。白骨不知谁，纵横莫覆盖？出门无人声，豺狼号且吠。茕茕对孤影，怛咤糜肝肺。登高远眺望，魂神忽飞逝。奄若寿命尽，旁人相宽大。为复强视息，虽生何聊赖？托命于新人，竭心自勖厉。流离成鄙贱，当恐复捐废。人生几何时，怀忧终年岁？

女性作家的辈出　汉朝的文学，承《诗经》与《楚辞》而起，颇为发达，帝王的作家，我们已见一斑，女性的作家，亦相继而出。汉朝第一个女诗人是卓文君，文君对于司马相如可称爱情浓厚而深挚，不料要被这喜新厌故的薄倖儿司马相如抛弃了，她是如何的悲愤哀怨呢？所以咏《白头吟》以感之，好在相如尚有天良，遂和她相爱如初了。其次乌孙公主——细君，因武帝令之嫁与乌孙王作为政治和外交的工具，她虽不愿，亦何敢辞？故作《悲愁歌》，歌其远嫁异国之苦，及思乡念亲之情，辞虽寥寥数语，意甚哀惋动人。到元帝时，因毛延寿的作祟，把个绝世的佳人王昭君误许于匈奴为阏氏，延寿固为可恨，这亦是汉家传统的和亲外交政策把她害了。昭君出塞，其沉痛苦闷之情，读她的《怨诗》可想而知。成帝时有宫人班婕妤，因赵飞燕的谮言而失宠，乃作《咏扇诗》以自伤，和卓文君的《白头吟》同为女性的表爱的佳作，不过一和平，一激烈罢了。

东汉的女诗人亦不少，最著名者有蔡文姬与徐淑，至继其兄作《汉书》及《女诫》的班昭、曹大家，其诗歌并无可称。蔡文姬名琰，蔡邕的女儿，汉末天下大乱，曾被匈奴掳去，为左贤王妻，居胡中十二年，生有二子。后来曹操痛其父蔡邕无子，遂遣使至匈奴以金赎归之。她的《悲愤诗》就是叙她自己的遭遇，写得非常凄切悲楚，可令读者下泪，真是至情之作！徐淑和她的丈夫秦嘉爱情弥笃，二人常作赠答诗，以写其夫妇间的唱随之乐。此二女诗人遭遇虽异，而诗之婉美,可为同工。此外尚有一位可称述的女诗人,便是苏伯玉妻。她的姓名已失传,曾为其夫作《盘中诗》,诗情和诗体都和前几位女作家不同。除徐淑外,卓文君和班婕妤的诗,是因失宠而作的;细君、昭君和文姬是远嫁异国而作的;苏伯玉妻的《盘中诗》,既非失宠,又非远嫁,乃是思念她的丈夫而作。《盘中诗》的故事,谓"伯玉出使蜀,久不归,其妻思念之,因作诗写之盘中,屈曲成立,故曰《盘中诗》"。至于诗体,前者有五言、七言,而《盘中诗》乃多是三言的。至其词意回环之妙,颇为难能可贵。前人有称之为绝作者,可见称誉一斑了。

白头吟 （有人疑为伪作）　　　　　　　卓文君

皑如山上雪,皎若云间月,闻君有两意,故来相决绝。今日斗酒会,明旦沟水头。躞蹀御沟上,沟水东西流。凄凄复凄凄,嫁娶不须啼。愿得一心人,白头不相离。竹竿何袅袅,鱼尾何簁簁。男儿重意气,何用钱刀为?!

咏扇诗 （亦名怨歌行,有人疑为伪作）　　　　班婕妤

新裂齐纨素,皎洁如霜雪。裁成合欢扇,团团似明月。出入君怀袖,动摇微风发。常恐秋节至,凉飙夺炎热。弃捐箧笥中,恩情中道绝。

怨　诗　　　　　　　　　　　　　　王昭君

秋水萋萋,其叶萎黄。有鸟处山,集于苞桑。养育毛羽,形容生光。既得升云,上游曲房。离宫绝旷,身体摧藏。志念抑沉,不得颉颃。虽得委食,心有徊徨。我独伊何,来往变常。翩翩之燕,远集西羌。高山峨峨,河水泱泱,父兮母兮,道里悠长。呜呼哀哉! 忧心侧伤。

答夫秦嘉诗　　　　　　　　　　　　徐　淑

妾身兮不令,婴病兮来归。沉滞兮家门,历时兮不差。旷

发兮待觐，情敬兮有违。君今兮奉命，远适兮京师。悠悠兮离别，无因兮叙怀。瞻望兮踊跃，伫立兮徘徊。思君兮感结，梦想兮容晖。君发兮引迈，去我兮日乖。恨无兮羽翼，高飞兮相追。长吟兮永叹，泪下兮沾衣。

盘中诗　　　　　　　　苏伯玉妻

山树高，鸟鸣悲。泉水深，鲤鱼肥。空仓雀，常苦饥。吏人妇，会夫稀。出门望，见白衣。谓当是，而更非。还入门，中心悲。北上堂，西入阶。急机绞，杼声催。长叹息，当语谁？君有行，妾念之！出有日，还无期。结巾带，长相思。君忘妾，未之知。妾忘君，罪当治。妾有行，宜知之。黄者金，白者玉。高者山，下者谷。姓者苏，字伯玉，人才多，智谋足。家居长安身在蜀，何惜马蹄归不数？羊肉千筋酒百斛，令君马肥麦与粟。今时人，知四足。与其书，不能读，当从中央周四角。

几个有名的诗人　　西汉除了几篇帝王作品，和几个女性作家外，有名的男性作家，实在寥寥可数。苏武与李陵的《赠答诗》和《古诗十九首》中，枚乘所作的几篇如果是真的话，其数量就止于此了。或问西汉诗人何以如此之少？这大概因一般文人都向辞赋方面去发展了，辞赋成了汉朝唯一的时髦作物，诗歌自然无人过问。还是到了东汉，才有几个男性诗人的作品出现，这就是梁鸿的《五噫歌》、张衡的《四愁诗》、秦嘉的《赠妇诗》，和蔡邕的《饮马长城窟行》。《五噫》、《四愁》的体格风调，都很特别，音节情感，亦颇可取，观其内容全是有感而发，并非游戏之笔，所以有文学上的价值。秦嘉夫妇爱情虽笃，因不能久相共处，享他们的甜蜜生活，故只有作诗唱答，藉以减少精神上寂寞的痛苦，其《赠妇诗》除四言一首外，尚有五言的三首，情致都是很优美的。蔡邕本非诗人，故作品不多，仅有《饮马长城窟行》，是一篇可称述的东西，比他别的作品，有生气多了。此外还有两位不知其身世的作家，即是辛延年与宋子侯，他们的声誉虽不及以上数人，可是他们的作品都很能动人。辛作《羽林郎》、宋作《董娇娆》，此两诗不但叙事婉妙，言情亦颇深刻，在汉诗中真是难得的佳作。

五噫歌　　　　　梁　鸿

陟彼北芒兮，噫！顾瞻帝京兮，噫！宫阙崔巍兮，噫！民之劬劳兮，噫！辽辽未央兮，噫！

四愁诗　　　　　张　衡

我所思兮在太山，欲往从之梁父艰。侧身东望涕沾翰。美人赠我金错刀，何以报之英琼瑶。路远莫致倚逍遥，何为怀忧心烦劳？

我所思兮在桂林，欲往从之湘水深。侧身南望涕沾襟。美人赠我金琅玕，何以报之双玉盘。路远莫致倚惆怅，何为怀忧心烦伤？

我所思兮在汉阳，欲往从之陇阪长。侧身西望涕沾裳。美人赠我貂襜褕，何以报之明月珠。路远莫致倚踟蹰，何为怀忧心烦纡？

我所思兮在雁门，欲往从之雪纷纷。侧身北望涕沾巾。美人赠我锦绣段，何以报之青玉案。路远莫致倚增叹，何为怀忧心烦惋？

留郡赠妇诗三道　（录一）　　　秦　嘉

人生譬朝露，居世多屯蹇。忧艰常早至，欢会常苦晚。念当奉时役，去尔日遥远。遣车迎子还，空往复空返。省书情凄怆，临食不能饭。独坐空房中，谁与相劝勉。长夜不能眠，伏枕独辗转。忧来如寻环，匪席不可卷。

饮马长城窟行　　　　　蔡　邕

青青河边草，绵绵思远道。远道不可思，宿昔梦见之。梦见在我傍，忽觉在他乡。他乡各异县，展转不可见。枯桑知天风，海水知天寒。入门各自媚，谁肯相为言？客从远方来，遗我双鲤鱼。呼童烹鲤鱼，中有尺素书。长跪读素书，书中竟何如？上言加餐食，下言长相忆。

羽林郎　　　　　　　　　辛延年

昔有霍家奴，姓冯名子都，依倚将军势，调笑酒家胡。胡姬年十五，春日独当垆。长裙连理带，广袖合欢襦。头上蓝田玉，耳后大秦珠。两鬟何窈窕！一世良所无。一鬟五百万，两鬟千万余。不意金吾子，娉婷过我庐。银鞍何煜爚！翠盖空踟蹰。就我求清酒，丝绳提玉壶。就我求珍肴，金盘脍鲤鱼。贻我青铜镜，结我红罗裙。不惜红罗裂，何论轻贱躯？男儿爱后妇，女子重前夫。人生有新故，贵贱不相逾。多谢金吾子，私爱徒区区！

董娇娆　　　　　　　　　宋子侯

洛阳城东路，桃李生路傍。花花自相对，叶叶自相当。春风东北起，花叶正低昂。不知谁家子，提笼行采桑。纤手折其枝，花落何飘飏！请谢彼姝子，何为见损伤？高秋八九月，白露变为霜。终年会飘堕，安得久馨香？秋时自零落，春月复芬芳。何时盛年去，欢爱永相忘？吾欲竟此曲，此曲愁人肠。归来酌美酒，挟瑟上高堂。

民歌与乐府　诗三百篇，民歌占大多数。汉初离三百篇时代尚不算远，故民歌的发达，自在意中。在文帝时，民间有"一尺布尚可缝，一斗米尚可舂，兄弟二人不相容"之歌。武帝时有"生男无喜生女无怒，独不见卫子夫霸天下"之谣。至比较长篇有关乎战争的，如《战城南》及《十五从军征》；关乎爱情的，如《陌上桑》及《艳歌行》；关乎家庭的，有《孤儿行》、《上山采蘼芜》，及最有名的、古今第一长诗《孔雀东南飞》。这都是无名诗人，有感于心，自然流露出来的，所以情致朴质，颇能动人，较之文人作品，实有过之而无不及。

因之遂有人传写下来,把他们收到《乐府》里去。乐府本是官署名,即乐官所居之处,后人即以他们所采集的诗歌,名为乐府。创立乐府的是汉武帝,他曾令采赵、代、秦、楚之讴,以歌诵之,使李延年为乐府官——协律都尉主其事,于是有不少的民歌,遂保存在乐府里。因民歌得到了写定的机会,文人与它接触受了影响,亦不由的模仿民歌,要做几首所谓"乐府"的诗。这样看来,民歌收在乐府里的,叫做"乐府",而文人模仿民歌做的乐歌,也叫做"乐府",而后来文人模仿古乐府作的,不能入乐的诗歌,也叫做"乐府",或"新乐府",如唐朝白居易的《新乐府》和宋朝柳永的《新乐府》皆是。乐府的特色,便是打破三言、四言及五言的拘束,而自由成章,为后来长短句——词的滥觞,可见其影响之远了。

战城南

战城南,死郭北,野死不葬乌可食。为我谓乌:"且为客豪。野死谅不葬,腐肉安能去子逃?"水深激激,蒲苇冥冥,枭骑战斗死,驽马徘徊鸣。梁筑室,何以南?何以北?禾黍不获君何食?愿为忠臣安可得?思子良臣,良臣诚可思!朝行出攻,暮不夜归!

十五从军征

十五从军征,八十始得归,道逢乡里人,"家中有阿谁?""遥望是君家,松柏冢累累。兔从狗窦入,雉从梁上飞。中庭生旅谷,井上生旅葵。"烹谷持作饭,采葵持作羹。羹饭一时熟,不知贻阿谁。出门东向望,泪落沾我衣。

陌上桑

日出东南隅,照我秦氏楼。秦氏有好女,自名为罗敷,罗敷善蚕桑,采桑城南隅,青丝为笼系,桂枝为笼钩。头上倭堕髻,耳中明月珠。湘绮为下裙,紫绮为上襦。行者见罗敷,下担捋髭须,少年见罗敷,脱帽著帩头。耕者忘其犁,锄者忘其锄。来归相怨怒,但坐观罗敷。

使君从南来,五马立踟蹰。使君遣吏往,问是谁家姝。"秦氏有好女,自名为罗敷。""罗敷年几何?""二十尚不足,十五颇有余。"使君谢罗敷:"宁可共载不?"罗敷前致辞:"使君一何愚!使君自有妇,罗敷自有夫。"

"东方千余骑,夫婿居上头。何用识夫婿?白马从骊驹,青丝系马尾,黄金络马头。腰中鹿卢剑,可值千万余。十五府小吏,二十朝大夫,三十侍中郎,四十专城居。为人洁白皙,鬋鬋颇有须,盈盈公府步,冉冉府中趋。坐中数千人,皆言夫婿殊。"

孤儿行

孤儿生。孤子遇生,命独当苦。父母在时,乘坚车,驾驷马。父母已去,兄嫂令我行贾:南到九江,东到齐与鲁。腊月来归,不敢自言苦。头多虮虱,面目多尘。大兄言办饭,大嫂言视马。上高堂,行取殿下堂,孤儿泪下如雨。使我朝行汲,暮得水来归。手为错,足下无菲。怆怆履霜,中多蒺藜。拔断蒺藜肠肉中,怆欲悲。泪下渫渫,清涕累累。冬无复襦,夏无单衣。居生不乐,不如早去,下从地下黄泉。春气动,草萌芽,三月桑蚕,六月收瓜。将是瓜车,来到还家。瓜车反覆,助我者少,啖瓜者多。"愿还我蒂!兄与嫂严,独且急归,当兴校计。"

乱曰:里中一何诡诡!愿欲寄尺书,将与地下父母,兄嫂难与久居。

上山采蘼芜

上山采蘼芜,下山逢故夫,长跪问故夫:"新人复何如?""新人虽言好,未若故人姝。颜色类相似,手爪不相如。'新人从门入,故人从阁去。'新人工织缣,故人工织素,织缣日一匹,织素五丈余,将缣来比素,新人不如故。"

第三节　魏晋的诗歌

曹氏父子及建安七子　　自屈原以后，一直到汉末，几无一个重要的大诗人出现。汉朝除武帝和几位女作家的作品外，大多数都是民歌。因民歌采入了乐府，一般文人受了影响，亦来模仿乐府而作诗歌，于是文学上遂别开生面，成了一个新的趋势——乐府诗大为流行。所以魏晋以后，乐府不全采民歌，而文人亦在努力用古乐府的旧曲改作新词了。这时五言、七言，正式成立，四言诗业已过去，除曹操的《短歌行》，可读的就很少了。当时新诗坛的领袖为曹氏父子，而尤为曹植为最伟大，可称屈原以来的第一个大诗人。

曹操（155至220），字孟德，沛国谯人（今安徽亳县）。他是个政治家而兼文学家，他的诗一如其人，慷慨沉毅，时露霸气，其雄壮处，有如骁将，我们看他的《短歌行》和《苦寒行》，即可知其一斑。曹丕（187至226），字子桓，操之长子，性好文学，所著《典论·论文》，为中国最早的文学批评。他的诗没有雄劲气，却甚清廉缠绵，便娟多情，其婉约处，有如美媛，看他的《寡妇诗》和《燕歌行》就可知了。曹植（192至232），字子建，操之少子，因他被封陈王，死后谥曰思，故世人又称之为陈思王。他幼有才思，十岁即善属辞，有"七步成章"的佳话。不幸为其兄丕所妒，郁郁不得志，因之发而为诗，不惟情绪直挚迫切，铸词亦极精妙绝伦，无怪乎他的作品，驾于他的父兄之上，为当时诸文士的领袖了。谢灵运曾说："天下才共一石，子建独占八斗，我得一斗，天下共分一斗。"钟嵘说："陈思之于文章也，譬人伦之有周孔，鳞羽之有龙凤，音乐之有琴笙，女工之有黼黻……"因之在他的《诗品》里，把曹植列为上品，这可见子建的才调和文章是如何的富赡精美了。有人说，他的诗哀而不伤，有如贵宾，我们看他的《七哀诗》、《瑟调歌辞》和《名都》等篇，即可知之。至依附曹氏父子，有所谓建安七子者，为孔融、陈琳、王粲、徐幹、阮瑀、应玚、刘桢。他们的作品，都不如曹氏父子。若和子建相比，子建是清光泻地的明月，七子是闪熠的群星，不过其中亦有佳作,如刘桢的《赐五官中郎将》,慷慨磊落,堪称杰构。他的五言诗,有"妙绝当时"之说,思王以下,无有及者。桢字公幹,东平人(今山东泰安),在七子中他是第一个以诗见称的。王粲的《七哀诗》,沉郁悲痛,哀楚动人,是一篇极好的社会悲剧诗。粲(177至217),字仲宣,山阳高平人(今河南修武)。粲除诗外,他的《登楼赋》亦最有名,元人曾取材以为杂剧。

苦寒行　　　　　　　　　　　曹　操

北上太行山,艰哉何巍巍!羊肠坂诘屈,车轮为之摧。树木何萧瑟!北风声正悲。熊罴对我蹲,虎豹夹路啼,谿谷少人民,雪落何霏霏!延颈长太息,远行多所怀。我心何怫郁!思欲一东归。水深桥梁绝,中路正徘徊。迷惑失故路,薄暮无宿栖。行行日已远,人马同时饥。担囊行取薪,斧冰持作糜。悲彼《东山》诗,悠悠使我哀。

燕歌行　　　　　　　　　　　曹　丕

秋风萧瑟天气凉,草木摇落露为霜。群燕辞归雁南翔。念君客游思断肠,慊慊思归恋故乡。君何淹留寄他方?贱妾茕茕守空房。忧来思君不可忘,不觉泪下沾衣裳。援琴鸣弦发清商,短歌微吟不能长。明月皎皎照我床,星汉西流夜未央。牵牛织女遥相望,尔独何辜限河梁!

七哀诗　　　　　　　　　　　曹　植

明月照高楼,流光正徘徊。上有愁思妇,悲叹有余哀。借问叹者谁?言是宕子妻,君行逾十年,孤妾常独栖。君若清路尘,妾若浊水泥,浮沉各异势,会合何时谐?愿为西南风,长逝入君怀。君怀良不开,贱妾当何依!

瑟调歌辞　　　　　　　　　　曹　植

吁嗟此转蓬,居世何独然?长去本根逝,夙夜无休闲。东西经七陌,南北越九阡,卒遇回风起,吹我入云间。自谓终天路,忽然下沉泉。惊飙接我出,故归彼中田。当南而更北,谓东而反西,宕宕当何依,忽亡而复存。飘摇周八泽,连翩历五山,流转无恒处,谁知吾苦艰?愿为中林草,秋随野火燔。糜灭岂不痛?愿与根荄连。

七哀诗　　　　　　　　　王　粲

西京乱无象,豺虎方遘患。复弃中国去,委身适荆蛮。亲戚对我悲,朋友相追攀。出门无所见,白骨蔽平原。路有饥妇人,抱子弃草间。顾闻号泣声,挥涕独不还。"未知身死处,何能两相完?"驱马策之去,不忍听此言。南登霸陵岸,回首望长安。悟彼泉下人,喟然伤心肝。

正始竹林七贤与太康八诗人　　中国文学到了晋朝很显明的有两种特点:一、无论韵文与散文,都骈体化了,及至南北朝,骈俪的色彩,更加浓厚,因之专于造词,而忽于情意,一般作者,不是成了文匠,便成了词匠。前人的诗都是意胜于词的,到了晋朝就大开词胜于意之风了。二、晋人学老庄,好清谈,一般作家多是消极的态度,竹林七贤固不必说,就是后者的八诗人,亦何尝不是甘于隐逸呢?

竹林七贤为:嵇康、阮籍、山涛、向秀、刘伶、阮咸、王戎。他们七人志同道合,颇为友善,因常集于竹林之下,肆意酣畅,故世称"竹林七贤"。这七贤的作品,比较有新意境可读者,当推阮籍。籍(210至263),字嗣宗,陈留尉氏人,前建安七子中阮瑀的儿子。据《晋书》说他:"容貌瑰杰,志气宏放,傲然独得,任性不羁,而喜怒不形于色。或闭户视书,累月不出;或登临山水,经日忘归。博览群籍,尤好《老》《庄》。嗜酒能啸,善弹琴,当其得意,忽忘形骸,时人多谓之痴。"这便是他的为人。他生逢乱世,对于环境之不满,又不敢明说,只有将悲愤的情感,寄于诗中。我们看他的《咏怀诗》八十二首,即可见一斑。钟嵘在《诗品》上说他的诗:"出于小雅,无雕虫之功，而咏怀之作，可以陶性灵，发幽思。言在耳目之内，情在八荒之表。洋洋乎会于风雅，使人忘其鄙近。自致远大，颇多感慨之词，厥旨渊放，归趣难求。"这是很确切的评语。

八诗人为：二陆（机、云），三张（载、华、协），两潘（岳、尼），一左（思）。太康时，称他们为文学中兴之将，其实他们醉于骈偶，工于造词，并无深情表现。就八人之诗论，以左思、陆机、潘岳为较好，而尤以左思为最。陆机（261 至 303），字士衡，吴郡人，臧荣绪谓机，"天才秀逸，辞藻宏丽。"张华称机，"人之为文常恨才少，而子更患其多。"他的诗以拟古为最妙。钟嵘曾评其拟古诗十四首云："文温以丽，意悲而远，惊心动魄，一字千金。"与弟云入洛后，声望高乎三张。当时有"二陆入洛，三张减价。"可见诗名之大了。潘岳（240？ 至 300），字安仁，荥阳中牟人。据《晋书》所载："美姿仪，辞藻绝丽，尤善作哀诔之文。少时常挟弹出洛阳道，妇人遇之者，皆连手萦绕，投之以果，遂满载以归。张载甚丑，每行，小儿争以瓦石掷之，委顿而返。"谢混评岳诗云："潘诗烂若舒锦，无处不佳；陆文如披沙简金，往往见宝。"我们看他的《悼亡诗》，是一首呜咽的哭声，悲苦的诉语，读着没有不与之表同情的。左思（250？ 至 305？），字太冲，齐国临淄人。他最有名的是《三都赋》，构思十年始成，洛阳为之纸贵。然此种作品，在今日视之，已无多大意味，还是他的《咏史诗》和《招隐诗》有不朽的价值。《沧浪诗话》曾评其诗道："晋人舍陶渊明、阮嗣宗外，左太冲高出一时，陆士衡独在诸公之下。"这足可见左思在当日诗坛上的地位了。

咏怀诗 （录三）　　　　　　　　阮　籍

夜中不能寐，起坐弹鸣琴。薄帷鉴明月，清风吹我襟。孤鸿号外野，翔鸟鸣北林。徘徊将何见？忧思独伤心。

嘉树下成蹊，东园桃与李，秋风吹飞藿，零落从此始。繁华有憔悴，堂上生荆杞，驱马舍之去，去上西山趾。一身不自保，何况恋妻子？凝霜被野草，岁暮亦云已。

鸿鹄相随飞，飞飞适荒裔。双翮临长风，须臾万里逝。朝餐琅玕实，夕宿丹山际。抗身青云中，网罗孰能制？岂与乡曲士，携手共言誓。

拟青青河畔草　　　　　　　　　　陆　机

靡靡江离草，熠熠生河侧。皎皎彼姝女，阿那当轩织。粲粲妖容姿，灼灼美颜色。良人游不归，偏栖常只翼。空房来悲风，中夜起叹息。

为顾彦先赠妇　（四首之二）　　　　陆　云

悠悠君行迈，茕茕妾独止。山河安可逾？永路隔万里。京师多妖冶，粲粲都人子。雅步襲纤腰，巧笑发皓齿。佳丽良可羡，衰贱安足纪！远蒙眷顾言，衔恩非望始。

悼亡诗　（三首之二）　　　　　　　潘　岳

皎皎窗中月，照我室南端。清商应秋至，溽暑随节阑。凛凛凉风升，始觉夏衾单。岂曰无重纩？谁与同岁寒？岁寒无与同，朗月何胧胧？展转眄枕席，长簟竟床空。床空委清尘，室虚来悲风。独无李氏灵，仿佛睹尔容。抚衿长叹息，不觉泪沾胸。沾胸安能已？悲怀从中起。寝兴目存形，遗音犹在耳。上惭东门吴，下愧蒙庄子，赋诗欲言志，此志难具纪。命也可奈何？长戚自令鄙！

咏史诗八首　（录一）　　　　　　　左　思

荆轲饮燕市，酒酣气益震。哀歌和渐离，谓若傍无人。虽无壮士节，与世亦殊伦。高眄邈四海，豪右何足陈？贵者虽自贵，视之若埃尘。贱者虽自贱，重之若千钧。

招隐二首　（录一）　　　　　　　　左　思

杖策招隐士，荒途横古今。岩穴无结构，丘中有鸣琴。白云停阴冈，丹荍曜阳林。石泉漱琼瑶，纤鳞或浮沉。非必丝与竹，山水有清音。何事待啸歌？灌木自悲吟。秋菊兼糇粮，幽兰间重襟。踟蹰足力烦，聊欲投吾簪。

晋朝唯一的大诗人陶潜　在陶潜以前，可配称为大诗人的，为屈原与曹植，此外就要数陶潜为最伟大的作者了。潜（372？至427），字渊明，浔阳柴桑人，世称靖节先生。家贫，好酒，爱自然，不肯为五斗米折腰而作官，其清高如此。故他的诗处处都能表现旷逸恬雅的性格，田园山野的意趣，和贫困好酒的生活。他实在是中国诗中自然派的开山祖，田园诗的创始人，后之王维、孟浩然、韦应物、柳宗元等作家，都是受他的影响。他虽生于骈体化的时代，当时的一般文人，不是工于拟古，便是仿古诗乐府，堆砌字面，雕琢辞句，把自然真朴之美完全消失了；独潜不受时代的薰染，而能自然的写其情思，述其幽怀，不求工而自工，把建安以后的一切辞赋化、骈偶化、古典化的恶习气都扫除了。他的诗在六朝文学史上，实在可称得一个大革命！姜白石评其诗曰："陶渊明天资既高，趣诣又远，故其诗散而庄，澹而腴，断不容作邯郸步也。"苏东坡云："陶诗质而实绮，癯而实腴。"洪亮吉曰："陶彭泽诗有画工气象，余则惟能描摹山水，刻画风云，如潘、陆、鲍、左、二谢是矣。"这样的批评，是否真实，我们看他的《归田园居》、《饮酒》、《读山海经》、《拟古》、《责子》等篇就可知了。

归田园居　（录二）

少无适俗韵，性本爱丘山。误落尘网中，一去三十年。羁鸟恋旧林，池鱼思故渊。开荒南野际，守拙归园田。方宅十余亩，草屋八九间。榆柳荫后檐，桃李罗堂前。暧暧远人村，依依墟里烟。狗吠深巷中，鸡鸣桑树颠。户庭无尘杂，虚室有余闲。久在樊笼里，复得返自然。

野外罕人事，穷巷寡轮鞅。白日掩荆扉，虚室绝尘想。时时墟曲中，披草共来往。相见无杂言，但道桑麻长。桑麻日已长，我土日已广。常恐霜霰至，零落同草莽。

饮酒二十首 （录一）

结庐在人境，而无车马喧。问君何能尔，心远地自偏。采菊东篱下，悠然见南山。山气日夕佳，飞鸟相与还，此中有真意，欲辨已忘言。

读山海经

孟夏草木长，绕屋树扶疏。众鸟欣有托，吾亦爱吾庐。既耕亦已种，时还读我书。穷巷隔深辙，颇回故人车。欢言酌春酒，摘我园中蔬。微雨从东来，好风与之俱。泛览周王传，流观山海图。俯仰终宇宙，不乐复何如？

责　子

白发被两鬓，肌肤不复实。虽有五男儿，总不好纸笔。阿舒已十六，懒惰故无匹。何宜行志学，而不爱文术。雍端年十三，不识六与七。通子垂九龄，但觅梨与栗。天运苟如此，且进杯中物。

几个女诗人及其作品　　甄夫人，中山无极人，是甄逸的女儿，年九岁，即喜读书写字，尝曰："古之贤女，未有不读书者。"后嫁袁绍次子熙为妻，因袁败灭，曹丕私纳为夫人。在先曹植亦有意于她，所以文帝对植时常疑忌，植便郁郁终身不得志，甄夫人亦因此为郭后所赐死。植在她死后一年，曾作《感甄赋》以悼之，后来明帝改为《洛神赋》，赋中的女主人，便是甄夫人，若和她的《塘上行》对读，更可看出曹植与她的一段关系来。她的诗凄惋欲绝，读之令人想见她可怜的身世。左芬是左思的妹子，诗赋俱佳，晋武帝召之宫中，初拜修仪，后为贵嫔，因姿容不美，未蒙宠爱，但她的才德很好，故亦颇加敬重。她的诗存于今者，有答其兄左思的《感离诗》。谢道韫是安西将军谢奕的女儿,聪明有才辨,嫁于王凝之,曾为其小叔献之解辨围难。后凝之为孙恩所害,她抽刀出门,手杀敌人数辈,始被虏。此后寡居会稽,生活甚是悲苦,她有《登山诗》。苏蕙字若兰,年十六嫁于扶风人窦滔为妻,颇有才色,惜性好妒。时滔有宠姬赵阳台,善歌舞,若兰甚恨之。后滔镇襄阳,若兰不愿同往,滔只偕阳台而去。不久她悔恨自伤,因织锦字为回文诗,名曰《璇玑图》,使人送至襄阳。滔大受感动,遂送阳台至关中,迎其前来。按此图纵横八寸,题诗二百余首,计八百余言,纵横反覆,皆成章句,是为同文诗之始。其中虽不免有牵强失真处,但其才艺之高,可谓千古无匹了! 此外魏刘勋妻(王宋)因无子被休的《自悼诗》,和丹阳女子孟珠的《阳春歌》,晋王献之妾桃叶和王珉嫂婢谢芳姿的《团扇歌》,亦都是在当时很有名的。

塘上行　　　　　　　　　　甄夫人

蒲生我池中,绿叶何离离。岂无蒹葭艾? 与君生别离。念君去何时,独愁常苦悲,想见君颜色,感结伤心脾。念君常苦悲,夜夜不能寐。莫以贤豪故,弃捐素所爱。莫以鱼肉贱,弃捐葱与薤。莫以麻枲贱,弃捐菅与蒯。倍恩者苦枯,瓠船常苦没。教君安息定,慎莫致仓卒! 与君一别离,何时复相对? 出亦复愁苦,入亦复愁苦。边地多愁风,树木何搜搜。从军致独乐,延年寿千秋。

感离诗　　　　　　　　　　左　芬

自我离膝下,倏忽逾载期。邈邈情弥远,再奉将何时? 披省所赐告,寻玩悼离词。仿佛想容仪,嘘欷不自持。何时当奉面? 娱目于诗书。何以诉厥苦? 告情于文辞。

登山诗　　　　　　　　　　谢道韫

峨峨东岳高,秀极冲青天。岩中间虚宇,寂寞幽以元。非工复非匠,云构发自然。气象尔何物,遂令我屡迁。逝将宅斯字,可以尽天年。

自悼诗二首　　　　　　王　宋

翩翩床前帐,张以蔽光辉。昔得尔同去,今将尔共归。缄藏笥箧里,当复何时披!

谁言去妇薄,去妇情更重。千里不唾井,况乃昔所奉?望远未为伤,踟蹰不得共。

阳春歌三首 （录二）　　　　孟　珠

阳春二三月,草与水同色。道逢游冶郎,恨不早相识。

望观四五年,实情将懊恼。愿得无人处,回身就郎抱。

团扇歌　　　　　　桃　叶

七宝画团扇,灿烂明月光。与郎却暄暑,相忆莫相忘。

团扇歌　　　　　谢芳姿

白团扇,辛苦五流连,是郎眼所见。
白团扇,憔悴非昔容,羞与郎相见。

第四节　南北朝的诗歌

总论　　中国诗到了这个时期,因为骈体文正在风行,所以诗歌亦受了影响,一般作者多在字句上费工夫。汉魏以前的作品,是意胜于词的,自晋朝开了词胜于意之风,到了南北朝其势更张,于是文人成了文匠,诗人成了词匠,诗文中最应注意的情与意,反多疏忽了。自沈约发明四声八病之后,对于声律尤为讲求,因之就开了唐朝律诗的端绪。在《诗数》里有这样的话:"晋、宋之交,古今诗道之大限乎? 魏承汉后,虽浸尚华靡,而淳朴余风,隐约尚在。……士衡、安仁一变，而排偶开矣；灵运、延年再变，而排偶盛矣；玄晖三变，而排偶愈工，淳朴愈散，汉道尽矣。"这样看来，南北朝的诗，实在是由古体诗演变为近体诗的一个大关键。

元嘉诗人及其作品　　宋文帝时，有谢、颜、鲍者，为当时三大诗人，其实颜不如谢，谢不如鲍。谢为谢灵运（385至433），陈郡，阳夏人（今河南太康附近），是晋名将谢玄的孙子，袭封康乐公，世称谢康乐。他性好娱乐，游山水，因之他的诗多写山色水光，遂开诗的"山水"一派，与陶潜开"田园"一派相同。其诗有如"出水芙蓉"之美。族弟惠连（394至430），亦有诗名，二人颇友爱，有《答惠连》诗，并诗思屡因念及惠连而益发，曾对人说："每有篇章，对惠连辄得佳句。"又曾作诗竟日不就，忽梦惠连，即得"池塘生春草"句，以为此是神功，非彼所能。这可见他因友爱的情深，有感发他的诗兴了。颜为颜延之（384至456），字延年，琅邪临沂人（今南京附近），性情和谢相仿，因与谢齐名，号曰"颜谢"。不过按之实际，他的诗就不如谢灵运了，谢诗虽亦雕琢，却近自然，颜无谢才，不能化雕琢为自然。所以汤惠休说："谢诗如出水芙蓉，颜诗似镂金错彩。"鲍明远亦尝对颜延年说："谢诗如初发芙蓉，自然可爱，君诗若铺锦列绣，亦雕绘满眼。"评论的非常确切。鲍为鲍照（415？至470？），字明远，东海人（今江苏灌云附近），是一个有天才的诗人，他的诗辞遒劲，一扫浮靡之风，杜甫最佩服他，曾有"清新庾开府，俊逸鲍参军"之称。他的拟古乐府诗最有名，如《拟行路难》、《代白纻曲》等，都是很好的作品。他有妹名令晖，亦有诗名，制造颇工，拟古尤胜。看她的《代郭沙门妻郭小玉作》及《寄行人》便可见一斑。此外还有两个和尚诗人，顺便亦在此一述：一个是汤惠休，他有《白纻歌》；一个是宝月，他有《估客乐》，都是非常的艳丽，很不像出家人的话，无怪有人说汤作是"委巷中的歌谣"了。

晚出西射堂　　　　　　　　　　　　　　　谢灵运

步出西城门，遥望城西岑。连障叠巇嶙，青翠杳深沉。晓霜枫叶丹，夕曛岚气阴。节往戚不浅，感来念已深，鹍雌恋旧侣，迷鸟怀故林。含情尚劳爱，如何离赏心？抚镜华缁鬓，揽带缓促衿。安排徒空言，幽独赖鸣琴。

答惠连　　　　　　　　谢灵运

怀人行千里，我觉盈十旬。别时花灼灼，别后叶蓁蓁。

东阳溪中赠答　　　　　　谢灵运

可怜谁家妇，缘流洒素足。明月在云间，迢迢不可得！
可怜谁家郎，缘流乘素舸。但问情若为，月就云中堕！

代白纻曲　　　　　　　　鲍　照

朱唇动，素手举，洛阳少年邯郸女。古称《渌水》今《白纻》，催弦急管为君舞。穷秋九月何叶黄，北风驱雁天雨霜！夜长酒多乐未央。

春风澹荡使恩多，天色净绿气妍和。桃含红萼兰紫芽，朝日灼烁发园花，卷幌结帷罗玉筵，秦讴齐吹庐女弦，千金一笑买芳年。

拟行路难　　　　　　　　鲍　照

对案不能食，拔剑击柱长叹息："丈夫生世会几时？安能蹀躞垂羽翼？"弃置罢官去，还家自休息。朝出与亲辞，暮还在亲侧。弄儿床前戏，看妇机中织。自古圣贤尽贫贱，何况我辈孤且直！

寄行人　　　　　　　　　鲍令晖

桂吐两三枝，兰开四五叶。是时君不归，春风徒笑妾。

白纻歌　　　　　　　　　汤惠休

少年窈窕舞君前，容华艳艳将欲然。为君娇凝复迁延，流目送笑不敢前。长袖拂面心自煎,愿君流光及盛年。

估客乐　　　　　　　　　宝　月

郎作十里行,侬作九里送。拔侬头上钗,与郎资路用。

有信数寄书,无信心相忆。莫作瓶落井,一去无消息。

大艑珂峨头,何处发扬州? 借问艑上郎,见侬所欢不?

竟陵八友及其作品　　　齐武帝第二子竟陵王子良爱文学,喜宾客,他们下有所谓八友者即范云、萧琛、任昉、王融、萧衍、谢朓、沈约、陆倕,世称"竟陵八友"。这八人中,对于诗界影响最深者,为沈约。约(441 至 513),字休文,吴兴武康人(今浙江武康附近)。幼孤贫,笃志好学,常夜读不倦,其母恐他生病,每于暗中减其灯油。他倡四声八病之说,且和庾信主张属对精密,造成了后来的律诗。这在文学进化上不无恶的影响,因为他给诗界定下许多的规矩绳墨,千古以下的作家,为之束缚得动弹不得,简直好像下在诗的监狱中去了。当时谢朓、王融等都附和他的主张,凡诗都注重音律,以平上去入四声制韵,不再如古诗的混用,世称之为"永明体"——齐武帝年号。他的诗如《临高台》、《洛阳道》等都很好,至于他的《六忆诗》更为有名,和武帝《江南弄》,同被推为词曲之祖。沈约外,谢朓亦为八人中之佼佼者。朓(464 至 499),字玄晖,陈郡阳夏人(今河南太康附近)。尝为宣城太守,世称谢宣城,亦号小谢——谢灵运为大谢。他的诗清丽秀雅,五言诗尤好。梁高祖曰:"不读谢朓诗,三日口臭。"沈约曰:"二百年来无此诗也。"李太白尤屡称道他,有诗云:"解道澄江净如练,令人长忆谢玄晖。"又云:"明登新林浦,空吟谢朓诗。"李固"一生低首谢宣城",而老杜亦尝赞扬他说:"谢朓每篇堪讽诵。"我们看他的《玉阶怨》、《王孙游》和《晚登三山还望京邑》等篇,即可知他的作风如何了。至范云(451 至 503)之《送别》与《闺思》,——云字彦龙,南阳舞阴人,——亦颇清便婉转。王融(468 至 494)之古意亦甚自然谐适。——融字元长,琅邪临沂人。其他较为少逊。八友之外，尚有可称述的为：江淹（444 至505），字文通，济阳考城人（今河南开封附近）。他的赋很有名，如《别赋》、《恨赋》，读之都能使人黯然泪下。他有一段"梦笔生花"的故事，所谓"江郎才尽"，即由此起。淹诗多任情奔放，不受一切羁绊，和他的赋是一样的充满了人类的热情。我们就举他的《咏美人春游》当为代表作罢。

临高台   沈 约

高台不可望，望远使人愁。连山无断绝，河水复悠悠。所思竟何在？洛阳南陌头。望远不可见，何用解人忧！

洛阳道   沈 约

洛阳大道中，佳丽实无比。燕裙傍日开，赵带随风靡。领上蒲萄绣，腰中合欢绮。佳人殊未来，薄暮空徒倚！

六忆诗 （录一）   沈 约

忆来时，灼灼上阶墀。勤勤叙别离，慊慊道相思。相看常不足，相见乃忘饥。忆眠时，人眠强未眠，解罗不待劝，就枕更须牵。复恐傍人见，娇羞在烛前。

玉阶怨   谢 朓

夕殿下珠帘，流萤飞复息。长夜缝罗衣，相思此何极！

王孙游   谢 朓

红草蔓如丝，杂树红英发。无论君不归，君归芳已歇。

送 别   范 云

东风柳线长，送郎上河梁。未尽樽前酒，妾泪已千行。不愁书难寄，但恐鬓将霜，望怀白首约，江上早归航。

闺　思　　　　　　　　范　云

　　春草醉春烟，深闺人独眠。积恨颜将老，想思心欲然。几回明月夜，飞梦到郎边。

古　意　　　　　　　　王　融

　　游禽暮知反，行人独不归。坐销芳草气，空度明月辉。輠容入朝镜，思泪沾春衣。巫山彩云没，淇上绿条稀。待君竟不至，秋雁双双飞。

咏美人春游　　　　　　江　淹

　　江南二月春，东风转绿苹，不知谁家子，看花桃李津！白雪凝琼貌，明珠点绛唇。行行感息驾，争拟洛川神。

萧氏父子及其作品　　梁之武帝萧衍（464至549），字叔达，兰陵人（今江苏武进附近）。本是八友之一，他即位后，其余的七人，都为其臣，有人说，这是他们先有成约的。他爱好文学，尤好艳诗。其子简文帝与元帝一如其人。他们父子在诗坛的地位与影响，和曹氏父子一样，可以先后媲美。他的诗不但字句和谐可读，且描写的情绪亦极深刻入微，我们看他的《东飞伯劳歌》、《河中之水歌》和《子夜歌》就可知了。简文帝讳纲（503至551），字世缵，是武帝第三子，昭明太子弟。他的诗辞藻艳丽，伤于绮靡，时号"宫体"，我们看他的《咏内人昼眠》和《江南弄》中的《江南曲》、《笼笛曲》，就可知道是如何香艳了。元帝讳绎（508至554），字世诚，是武帝第七子，诗亦如其父兄，有《采莲曲》、《燕歌行》等佳作。除三帝的宫体诗外，尚有昭明太子的《文选》、刘勰的《文心雕龙》和钟嵘的《诗品》。前者是文学的总集，后二者是文学的批评，都是有名的作品，是值得在此一提的。

东飞伯劳歌　　　　　　萧　衍

　　东飞伯劳西飞燕，黄姑织女时相见，谁家女儿对门居？开颜发艳照里间，南窗北牖挂明光，罗帏绮帐脂粉香。女儿年几十五六，窈窕无双美如玉：三春已暮花从风，空描可怜与谁同！

子夜歌　　　　　　　　　萧　衍

恃爱如欲进，含羞未肯前。朱口发艳歌，玉指弄娇弦。
阶上香入怀，庭中草照眼。春心一如此，情来不可限。

咏内人昼眠　　　　　　　　萧　纲

北窗聊就枕，南簷日未斜，攀钩落绮幛，插捩举琵琶。梦笑开娇靥，眠鬟压落花。簟文生玉腕，香汗浸红纱。夫婿恒相伴，莫误是倡家。

江南曲　　　　　　　　　萧　纲

枝中木上春并归。长杨扫地桃花飞。清风吹人光照衣。光照衣，景将夕，掷黄金，留上客。

龙笛曲　　　　　　　　　萧　纲

金门玉堂临水居，一弹一笑千万余。游子去还愿莫疏。愿莫疏，意何极？双鸳鸯，两相忆。

采莲曲　　　　　　　　　萧　绎

碧玉小家女，来嫁汝南王。莲花乱脸色，荷叶杂衣香。因持荐君子，愿袭芙蓉裳。

陈之君臣及其作品　　陈后主（553 至 604），讳叔宝，字元秀，吴兴人。他上承梁代"宫体"的余风，又加他是生性浪漫，好酒赋诗，日在美女队中，声乐场里过生活，对于国家大事，政治得失，漠不关心，视天下如敝履，以歌乐为要务，他真可称为风流天子第一了。他的诗新颖绮丽，如《玉树后庭花》、《临风乐》、《三妇艳词》及《自君之出矣》，都是他有名的作品。当时为后主所垂青的作家，要首数江总。总（519 至 594），字总持，是江淹的同乡。据《陈书·本传》说："后主之世，总当权宰，不持政务，但日与后主游宴后庭，共陈、暄、孔、范、王、瑗等十余人，当时谓之狎客。"他的诗自然亦是和后主一派了，我们可看他的《闺怨篇》。陈代诗人，除后主与江总外，尚有可称述者，为徐陵。陵（507 至 583），字孝穆，东海郯人（今山东南部），亦是宫体健将，读他的《咏织妇》等诗可知。且他编《玉台新咏》，将民歌采入得很多，如汉朝最有名的《孔雀东南飞》，就是由徐陵首先从民众口头上以文字写定，放在他集子中的。这样看来，他对于文学的见解，比昭明太子还要高了。

玉树后庭花　　　　　　　　　陈叔宝

丽宇芳林对高阁，新妆艳质本倾城。映户凝娇乍不进，出帷含态笑相迎。妖姬脸似花含露，玉树流光照后庭。

三妇艳词　　　　　　　　　　陈叔宝

大妇西北楼，中妇南陌头。小妇初妆点，同眉对月钩。可怜还自觉，人看反更羞。

大妇爱恒偏，中妇意长坚。小妇独娇笑，新来画烛前。新来诚可惑，为许得新怜。

自君之出矣　　　　　　　　　陈叔宝

自君之出矣，房空帷帐轻。思君如昼烛，怀心不见明。

自君之出矣，绿草遍阶生。思君如夜烛，垂泪著鸡鸣。

闺怨篇　　　　　　　　　　　江总

寂寂青楼大道边，纷纷白雪绮窗前。池上鸳鸯不独自，帐中苏合还空然。屏风有意障明月，灯火无情照独眠。辽西水冻春应少，苏北鸿来路几千。愿君关山及早度，念妾桃李片时妍。

咏织妇　　　　　　　　徐　陵

　　纤纤连玉指，脉脉正蛾眉，振蹑开交缕，停梭续断丝。檐前初月照，洞户朱帷垂；弄机行掩泪，弥令织素迟。

王褒、庾信及其作品　　北朝因为是新兴的民族，他们富有北方强悍之气，无所谓南方绮丽之风。他们本没有什么作家，所以作品亦寥寥可数。能代表北朝文学的作家，还是由南朝而北来的王褒与庾信。王褒（500? 至563?），字子渊，琅邪临沂人，本仕梁，及元帝降魏，王褒等俱至长安，后周帝甚信任之。他的诗以拟乐府体为最好，如《高句丽》及《燕歌行》等篇是。他的五言诗亦清雅可诵，如《渡河北》及《咏月赠许椽》等，都是精心结构之作。庾信（513 至581），字子山，南阳新野人。他的诗和徐陵都主"绮艳"，世人号为"徐庾体"，一时有"南徐北庾"之称。这"徐庾体"是继续梁简文帝"宫体"的新作，人多争摹拟之。梁元帝时，使他出聘西魏，遂留长安，至周孝闵帝尤信用之，官至骠骑大将军开府，仪同三司，世称"庾开府"。其后南朝陈氏与周通好，南北寓人，可各回故土，惟周帝因爱其才，不放庾信及王褒回南，这是他们俩所同为抱恨的，信的《哀江南赋》便是为此而作。他的诗本主绮丽，后受北朝强悍之风，其诗遂另成一格，老杜称其诗为"清新"、"老成"，我们看他的乐府《舞媚娘》和《咏怀诗》便可见一斑。除这两位南来的诗人，给北朝文学界添了些点缀，不致太寂寞外，尚有北魏胡太后作的《杨白花》，情韵自然，大有南朝绮丽之风。据说，这诗是因为她的情人杨华怕得罪于朝，遂逃到南方，她思念之极，乃作这歌，使宫人连臂踏足同唱，这真是爱情超越一切了。

高句丽　　　　　　　　王　褒

　　萧萧易水生波，燕赵佳人自多。倾杯覆碗滟滟，垂手奋袖婆娑。不惜黄金散尽，只畏白日蹉跎。

咏月赠许椽　　　　　　　　王　褒

月色当秋夜，斜晖映薄帷。上弦如半璧，初魄似蛾眉。渡云光忽驶，中天影更迟。高阳怀许椽，对此益相思。

舞媚娘　　　　　　　　庾　信

朝来户前照镜，含笑盈盈自看。眉心浓黛直点，额角轻黄细安。只疑落花谩去，复道春风不还。少年惟有欢乐，饮酒那得留残！

咏怀诗二十七首　（之一）　　　　庾　信

榆关断音信，汉使绝经过。胡笳落泪曲，羌笛断肠歌。纤腰减束素，别泪损横波。恨心终不歇，红颜无复多。枯木期填海，青山望断河。

杨白花　　　　　　　　胡太后

阳春二三月，杨柳齐作花。春风一夜入闺闼，杨花飘荡落南家。含情出户脚无力，拾得杨花泪沾臆。秋去春还双燕子，愿衔杨花入窠里！

南北朝的民歌　　南北朝的文学，多失之于矫揉造作而不自然，这是单指当时的文人作品而言，民间的歌谣，却在例外。他们无雕琢刻画之弊，而有天真烂熳之美，这无论是南朝北朝的民歌，统是一样的。不过要知道南北朝的民歌，亦大有不同处，即一是儿女文学，一是英雄文学。

中国文学因地域上的关系，自来就有南北之别，最早的如北方的《诗经》，是一部写实的人生录；南方的《楚辞》，是一部浪漫的幻想书，一朴实直爽，一缠绵婉转。到了南北朝，因割据分裂的时期较长，又加南北民族的生活迥异，所以南北文学的不同，其色彩更为浓厚。南朝诗人的作品，我们已经知道是很绮靡清丽的，民间的歌谣也是一样的缠绵婉转，柔媚多情，不过较诗人的作品自然罢了。我们可先看最著名的《子夜歌》，按《子夜歌》是有女子名子夜因甚哀苦，乃造此声。不过歌有数百首，决非一人所作，大概都是民间的歌谣。《子夜歌》外，还有《华山畿》、《懊侬歌》、《读曲歌》等，这些民歌都是字字生香、句句有情的作品，我们可称之为儿女文学。

北朝的文学和南朝就大不同了，文人的作品虽不算多，但民间的歌谣却不少，且充满了北方民族的特性，慷慨激昂，尚武好勇，词意都很直爽粗豪，可称之为英雄文学。如《敕勒歌》、《折杨柳歌辞》、《陇头歌》、《陇上歌》，以及最有名的《木兰辞》等，令人读了都要为之兴奋激扬，精神一振的。至咏男女间的爱情，如《地驱歌》、《折杨柳歌》、《捉搦歌等》，也是直率洒落，干脆得很。她们只会唱"老女不嫁，蹋地唤天"，和"阿婆不嫁女，那得孙儿抱？"的真情实话，绝不会忸怩作态的歌"婉伸郎膝上，何处不可怜"，和"郎君未可前，待我整容仪"的柔媚话。今举歌证之。

子夜歌

宿昔不梳头，缘发被两肩。婉伸郎膝上，何处不可怜？

朝思出前门，暮思还后渚。语笑向谁道，腹中阴忆汝。

年少当及时，蹉跎日就老。若不信侬语，但看霜下草。

夜长不得眠，明月何灼灼！想闻欢唤声，虚应空中诺。

子夜四时歌

春林花多媚，春鸟意多哀。春风复多情，吹我罗裳开。

反覆华簟上，屏帐了不施。郎君未可前，待我整容仪。

自从别欢来，何日不相思？常恐秋叶零，无复连条时。

途涩无人行，冒寒往相觅。若不信侬时，但看雪上迹。

华山畿 （录四）

奈何许！天下人何限，慊慊只为汝！

不能久长离。中夜忆欢时，抱被空中啼。

相送劳劳渚。长江不应满，是侬泪成许。

未敢便相许。夜闻侬家论，不持侬与汝。

读曲歌 （录四）

打杀长鸣鸡，弹去乌白鸟。愿得连冥不复曙，一年都一晓。

逋发不可料，憔悴为谁睹？欲知相忆时，但看裙带缓几许。

折杨柳。百鸟园林啼，道欢不离口。

百花鲜。谁能怀春日，独入罗帐眠？

敕勒歌

敕勒川，阴山下，天似穹庐，笼罩四野。天苍苍，野茫茫，风吹草低见牛羊。

折杨柳歌辞

遥看孟津河，杨柳郁婆娑。我是虏家儿，不解汉儿歌。

健儿须快马，快马须健儿，跸跋黄尘下，然后别雄雌。

陇头歌

陇头流水，流离山下。念吾一身，飘然旷野。

朝发欣城，暮宿陇头。寒不能语，舌卷入喉。

陇头流水，鸣声呜咽。遥望秦川，心肠断绝。

李波小妹歌

李波小妹字雍容，褰裳逐马如转蓬，左射右射必叠双。女子尚如此，男子安可逢！

地驱歌

驱羊入谷，白羊在前。老女不嫁，蹋地唤天。

折杨柳歌

门前一株枣，岁岁不知老。阿婆不嫁女，那得孙儿抱？

捉搦歌

黄桑柘屐蒲子履，中央有丝两头系。小时怜母大怜婿，何不早嫁论家计？

第五节　隋唐的诗歌

隋之作家及其作品　　隋文帝统一了南北以后，颇厌恶当时文人的骈俪体，曾下诏如有作雕琢淫艳文章的仕民，送官严办，因此六朝绮靡之风，受一打击。不料炀帝即位——文帝次子名广，华阴人（580？至618）。——大反父道，好声乐，喜艳诗，他的《春江花月夜》，简直就是后主的《玉树后庭花》。于是六朝淫丽之风，又恢复了旧态，这真是文帝所料想不到的！按《玉树后庭花》是陈时宫中演习的新调，《春江花月夜》是隋时宫中演习的新调，他们二君除好作艳体诗外，又都好声乐。后主常择艳诗谱成曲调，令宫女千余人习唱之，炀帝更甚，常制艳曲，令许多女子，都穿锦绣彩绘的戏衣，以供演唱，歌乐之声，远达数十里。这二位亡国之君的好尚，前后如同一人，真可称无独有偶了。炀帝的臣下能诗者，要推薛道衡为最有名。道衡(540至609)，字玄卿，河东汾阴人，性好学，有才名，他的诗亦佳，可惜为炀帝所忌，竟因"空梁落燕泥"句而遭害，不能有深的造就，这真是不幸得很！

春江花月夜　　　　　　　杨　广

暮江平不动，春花满正开。流波将月去，潮水带星来。夜露含花气，春潭漾月晖。汉水逢游女，湘川值两妃。

悲　秋　　　　　　　杨　广

故年秋始去，今年秋复来。露浓山气冷，风急蝉声哀。鸟击初移树，鱼寒欲隐苔。断雾时通日，残云尚作雷。

昔昔盐　　　　　　　薛道衡

垂柳覆金堤，蘼芜叶复齐。水溢芙蓉沼，花飞桃李蹊。采桑秦氏女，织锦窦家妻。关山别荡子，风月守空闺。恒敛千金笑，长垂双玉啼。盘龙随镜景，彩凤逐帷低。飞魂同夜鹊，倦寝忆晨鸡。暗牖悬蛛网，空梁落燕泥。前年过代北，今岁往辽西。一去无消息，那能惜马蹄。

人日思归　　　　　　　薛道衡

据云道衡曾聘陈，为人日诗，前二句作成时南人嗤之曰："是底言！谓此虏解作诗！"及后二句成，乃喜曰："名下固无虚士。"

入春才七日，离家已二年。人归落雁后，思发在花前。

唐诗总论　　中国诗到了唐朝，发达已及顶点，可谓集诗歌的大成了。以体言：什么五七绝、五七律，什么拟古、拟乐府、新乐府，什么近体、古体、长短句，凡从前所已有，或未有的诗体，到了唐朝无不应有尽有。以格言：什么神圣仙凡，什么娇艳鬼怪，无所不有。以调言：什么飘逸雄浑，什么精深博大，什么绮丽清奇，无所不备。以人言：什么帝王将相，什么村夫野老，什么僧道妇孺，无有不能。据《全唐诗》共有九百卷，作家二千二百余人，诗四万八千九百首，这三百年的成绩，较自《诗》、《骚》至隋末千余年间要多过数倍，真可称为诗歌的黄金时代了。至诗歌所以发达之故，约有以下数端：一、由于承袭六朝诗歌的蓬勃，而更扩大之。二、由于唐朝以诗歌取仕，故猎官者争相作诗以自效。三、由于明皇爱声乐，好文学，提倡之功实为最大。他是一个浪漫好美的皇帝，此时思想极其自由解放，一般文人自然受他的影响，要放言高论的吟咏了。四、由于唐诗多能合乐度腔，切于实用。此时民间文学和文士文学，合而为一，从其中产生了不少的新辞新调，给诗界添了很大的异彩和光荣。此时民间的和文士的作品，几无显明的畛域了。

自来论唐诗者，多分初唐、盛唐、中唐和晚唐四个时代。初唐的诗放纵绮靡，犹不脱六朝习气；盛唐、中唐万汇毕集，称为极品；晚唐雕绘文缛，渐趋卑下。所谓物极必反，诗歌亦不能例外。今分述之：

第一期　初唐诗

——自高祖武德元年，至睿宗先天元年，凡九十五年（618至712）。

初唐四杰及其作品　四杰为王、杨、卢、骆。他们是骈体大家，但文字畅顺，意旨明显，较之六朝的骈体，已见革新，所以有人称他们为"当时体"。这个"当时体"，可以说是由六朝诗到唐诗所必经的一个阶段。王名勃（650？至675），字子安，绛州龙门人，他是个短命诗人，活了不满三十岁，因往交趾省父，不幸落水而死。从他过南昌时，作的《滕王阁序》可以想见他的才气。序中的"落霞与孤鹜齐飞，秋水共长天一色"，真是绝妙对语，无怪阁公叹为："真天才也！"相传他作文时，初不深思，先将墨磨好，蒙头而睡，及醒一挥而成，不易一字，时人称之为"腹稿"。他的诗一如其文，骈丽而清畅，如《仲春郊外》和《思归》等，都是可诵的。杨名炯（650？至695？），华阴人，幼有神童之称，为文好用古人名字，时人号之为"点鬼簿"。他对于四杰之名，曾说"我愧在卢前，耻居王后"。可见他的自负。其诗如《有所思》、《折杨柳》等，亦实不在王勃下。卢名照邻（650？至689？），字昇之，范阳人，他是个残废诗人，因身有宿疾，不堪其苦，自投颖水而死。他的遭遇实在太可怜了，我们看他的《羁卧山中》和《释疾文》等，可见他生活的一斑。骆名宾王（650？至684？），义乌人，他作文好用数目字，人称之为"算博士"。《讨武曌檄文》中有警句云"一抔之土未干，六尺之孤何托"，虽武后读之，亦感佩不置，致有"宰相安得失此人"之叹。他的诗多长篇，如《畴昔篇》长至一千二百余字，是自叙他身世的一篇伟大作品。他们四人的作品，虽都称"当时体"，亦不尽同。约言之，"王勃高华，杨炯雄厚，照邻清藻，宾王坦易"，这是一般的批评。至于他们的遭际，除杨炯外，都是不得其死的。

在这个时代，尚有一个怪诗人王梵志者，他的诗纯是白描素写，毫无时下绮艳之风，更无雕琢之弊，可称为当时的白话说理诗人。他的诗被湮没有千余年，近因敦煌写本发现，才被人知。据胡适在《白话文学史》上推定，他的年代约在590到660年，他的身世很奇怪，已经神话化了。在冯翊《桂苑丛谈》内，有一条说："王梵志，卫州黎阳人也。黎阳城东十五里有王德祖者，当隋之时，家有林檎树，生瘿如斗。经三年其瘿朽烂：德祖见之，乃撤其皮；遂见一孩儿抱胎而出，因收养之。至七岁能语，问曰，'谁人育我？'及问姓名，德祖具以实告：'因林木而生曰梵天——后改曰志——我家长育，可姓王也。'作诗讽人，甚有义旨，盖菩萨示化也。"因梵志既是菩萨示化，所以诗多说理讽人，在艺术上不得谓之诗，只可谓之格言，然亦有几首描写他贫而乐的生活的诗，非常的有趣，在当时的诗坛上，是很难得的作品。

仲春郊外　　　　　　　　　　　　王　勃

东园垂柳径，西堰落花津。物色连三月，风光绝四邻。鸟飞村觉曙，鱼戏水知春。初晴山院里，何处染嚣尘。

思　归　　　　　　　　　　　　　王　勃

长江悲已滞，万里念将归。况复高风晚，山山黄叶飞。

折杨柳　　　　　　　　　　　　　杨　炯

边地遥无极，征人去不还。秋容凋翠羽，别后损红颜。望断流星驿，心驰明月关。蘼砧何处在，杨柳自堪攀。

释疾文　　　　　　　　　　　　　卢照邻

岁将暮兮欢不再，时已晚兮忧来多。东郊绝此麒麟笔，西山秘此凤凰柯。死去死去今如此，生兮生兮奈汝何！

在狱闻蝉　　　　　　　　　　　　骆宾王

西陆蝉声唱，南冠客思侵。那堪玄鬓影，来对白头吟？露重飞难进，风多响易沉。无人信高洁，谁为表予心？

忆蜀地佳人　　　　　　　　　　　骆宾王

东西吴蜀关山远，鱼来雁去两难闻。莫怪常有千行泪，只为阳台一片云！

王梵志的诗

吾有十亩田，种在南山坡。青松四五树，绿豆两三窠。热即池中浴，凉便岸上歌。遨游自取足，谁能奈我何！

梵志翻着袜，人皆道是错。乍可刺你眼，不可隐我脚。

沈、宋之律诗与陈、张之古诗　　　四杰之后，有沈佺期与宋之问者。沈（650？至715？），字云卿，相州内黄人。宋（650？至712？），字延清，汾州人，一说弘农人。他们都是提倡声律的，大开唐律之风，当时号为"沈宋体"——所谓律诗者，于是就正式成立了。这与后来的诗歌很有影响，因此后讲求格律，吟咏不能自如，常有强截文情，或虚增蛇足之弊，诗的价值便多被抹煞了。这不是说律诗都无价值可言，不过因过于讲求声律，易束缚人的思想，不能自由抒写罢了。

当时"沈宋体"甚为风行，独有陈子昂与张九龄不受他们的影响，特别创一风格——五言古诗，扫除了当时艳丽的旧习，而趋于清劲质朴。唐代虽因沈、宋而律诗成立，但诗中常有汉魏遗风，不尽流于逶迤颓靡者，乃是受了陈、张的作风的影响。陈子昂（656至698），字伯玉，梓州射洪人。他有《感遇诗》三十八首，其风格和阮籍的《咏怀》、左思的《咏史》相似，潇洒豪迈，自由成章，毫不受沈、宋的牢笼。张九龄（673至740），字子寿，韶州曲江人，有《感遇诗》十二首，亦和子昂一样，注重意境，不尚辞藻。总之，他们二人的诗，全不受时染，风骨颇高。此外不受沈、宋影响者，还有刘希夷与张若虚辈。刘有《代悲白头翁》，张有《春江花月夜》，都是不朽的名作。

古意呈补阙乔知之 　　　　沈佺期

卢家少妇郁金堂，海燕双栖玳瑁梁。九月寒砧催木叶，十年征戍忆辽阳。白狼河北音书断，丹凤城南秋夜长。谁谓含愁独不见，更教明月照流黄。

渡汉江 　　　　宋之问

岭外音书断，经冬复历春。近乡情更怯，不敢问来人。

度大庾岭

度岭方辞国，停轺一望家。魂随南翥鸟，泪尽北枝花。山雨初含霁，江云欲变霞。但令归有日，不敢恨长沙。

感遇诗 （录一）　　　　　　　　　陈子昂

朔风吹海树，萧条边已秋。亭上谁家子，哀哀明月楼。自言幽燕客，结发事远游。赤丸杀公吏，白刃报私仇。避仇至海上，被役此边州。故乡三千里，辽水复悠悠。每愤胡兵入，常为汉国羞。何知七十战，白首未封侯！

感遇诗 （录一）　　　　　　　　　张九龄

江南有丹橘，经冬犹绿林。岂伊地气暖，自有岁寒心。可以荐嘉客，奈何阻重深。运命唯所遇，循环不可寻。徒言树桃李，此木岂无阴！

代悲白头翁　　　　　　　　　　　刘希夷

洛阳城东桃李花，飞来飞去落谁家？洛阳女儿好颜色，行逢落花常叹息！今年花落颜色改，明年花开复谁在？已见松柏摧为薪，更闻桑田变成海。古人无复洛城东，今人还对落花风。年年岁岁花相似，岁岁年年人不同。寄言全盛红颜子，应怜半死白头翁。此翁白头真可怜！伊昔红颜美少年。公子王孙芳树下，清歌妙舞落花前。光禄池台开锦绣，将军楼阁画神仙。一朝卧病无相识，三春行乐在谁边？宛转蛾眉能几时，须臾鹤发乱如丝。但看古来歌舞地，惟有黄昏鸟雀悲！

春江花月夜　　　　　　　　　　　张若虚

春江潮水连海平，海上明月共潮生。滟滟随波千万里，何处春江无月明？江流宛转绕芳甸，月照花林皆似霰。空里江霜不觉飞，汀上白沙看不见。江天一色无纤尘，皎皎空中孤月轮。江畔何人初见月？江月何年初照人？人生代代无穷已，江月年年只相似。不知江月待何人，但见长江送流水。白云一片去悠悠，青枫浦上不胜愁。谁家今夜扁舟子？何处相思明月楼？可怜楼上月徘徊，应照离人妆镜台，玉户帘中卷不去，捣衣砧上拂还来。此时相望不相闻，愿逐月华流照君。鸿雁长飞光不度，鱼龙潜跃水成文。昨夜闲潭梦落花，如何春半不还家。江水流春去欲尽，江潭落月复西斜。斜月沉沉藏海雾，碣石潇湘无限路。不知乘月几人归，落月摇情满江树。

第二期　盛唐诗

——自玄宗开元元年，至代宗永泰元年，凡五十三年（713 至765）。

李白、杜甫及其作品　　能代表唐诗与中国诗的作家，我们可无疑的说就是李白和杜甫了。他们二人颇是友善，但作风完全不同。李白是代表南方的诗人，杜甫是代表北方的诗人。一个是浪漫的，出世的，受了道家的影响，赞美自然，崇拜酒色，颇有超脱之思。其诗飘逸清骏，如天马行空，汗漫自适，无往而不见其卓越的天才。一个是写实的，入世的，本儒教的见地，悲叹人生，感怀时事，大有救世之心。其诗沉静庄肃，如明月丽天，循规蹈矩，自守其天才于绳墨之中。这是他们的不同处。

李白（701 至 762），字太白，号青莲，蜀人，少有逸才，志气豪壮，生逢盛唐，又遇明皇，大可乘时会，登青云而直上，发展他的天才，实行他的怀抱，不料命运多乖，冤家路狭，竟因脱靴事，被高力士在贵妃前坏了他锦绣的前程，以致潦倒一生，放荡不羁，过他及时行乐、浪漫厌世的生活。贺知章叹他为"天上谪仙人"，故后人称为诗仙。他的作品好的太多了，引不胜引，只看他的《月下独酌》、《春日醉起言志》、《寄远》、《行路难》、《长干行》及《当涂赵炎少府粉图山水歌》等，可见他的思想与作风之一斑。李白的诗，在乐府方面亦有绝大的贡献：第一，乐府本起民间，只因文人受了六朝浮华文体的余毒，不敢充分地运用民间的语言和风趣，到了李白，容纳民歌的风格，运用民间的语言，很少雕琢，最近自然。第二，别人作乐府歌辞，多先存求功名科第的念头，无形中受了不少的束缚，李白奔放自由，如骏马行空，不受一切羁绊，故能充分地解放诗体，为后人开了不少的生路。第三，从前作乐府的诗人，很少能表现个性的，李白的乐府有时是酒后放歌，有时是离筵别曲，有时是任发议论,有时是颂赞山水,有时上天下地作神仙语,有时描摹小儿女情态,处处都可表现他的个性。——语见胡适《白话文学史》。

杜甫(712 至 770),字子美,号少陵,本襄阳人,后徙居河南巩县。为人忠厚老成,忧君爱民,因他生逢乱世,处处都是呼愁叫苦,个个都是心战胆惊,所以他的诗由浪漫而回到写实了,由天上而回到人间了,由华丽而回到平淡了,由活跃而回到严肃了。我们看他的作品,所描写的都是赤裸裸的现实的人生,一点也没有浪漫的色彩,神秘的意味,他诗中的"入门闻号咷,幼子饥已卒",及"朱门酒肉臭,路有冻死骨",是在李白诗中很少见的。杜甫虽逢乱世,遭流离,他却不灰心,不消极,我们看他的《茅屋为秋风所破歌》,就可知他老先生虽受小儿的欺负,被风雨的侵袭,苦得不堪,而他还怡然自乐,在那里幻想"广厦千万间,大庇天下寒士俱欢颜"呢。如果那幻想真个成为事实,虽其庐破人亡,亦所情愿,这真是所谓仁者之心了! 在他《自京赴奉先县咏怀》中,有"杜陵有布衣,老大意转拙,许身一何愚,窃比稷与契。……穷年忧黎元,叹息肠内热,取笑同学翁,清歌弥激烈。非无江海志,潇洒送日月,直逢尧舜君,不忍便永诀……兀兀遂至今,忍为尘埃没,纵愧巢与由,未能易其节"。看他怀的报国济世之心,而自比稷与契,宁可取等同学翁,亦不愿学巢与由,他的精神真是积极的,入世的,和李白大不相同。所以在他一听到官军收了河南河北,他便兴奋得要跳起来欢舞了。

总之,李白的诗,是浪漫的,婉丽的,活跃的,消极出世的,正是南方文学所有的特点。杜甫的诗,是写实的,严肃的,沉郁的,积极入世的,正是北方文学的特色。二人作风虽有南北之别,但是异曲而同工,一个结束了八世纪中叶以前的浪漫文学,一个开展了八世纪中叶以下的写实文学。韩愈称"李杜文章在,光焰万丈长",真是的评!

月下独酌 　　　　　李 白

花间一壶酒,独酌无相亲。举杯邀明月,对影成三人。月既不解饮,影徒随我身。暂伴月将影,行乐须及春。我歌月徘徊，我舞影零乱。醒时同交欢，醉后各分散。永结无情游，相期邈云汉。

春日醉起言志　　　　　　　　李　白

处世若大梦，胡为劳其生。所以终日醉，颓然卧前楹。觉来眄庭前，一鸟花间鸣。借问此何时？春风语流莺。感之欲叹息，对酒还自倾。浩歌待明月，曲尽已忘情。

寄远　（二首）　　　　　　　　李　白

长短春草绿，缘阶如有情。卷葹心独苦，抽却死还生。睹物知妾意，希君种后庭。闲时当采掇，念此莫相轻。

美人在时花满堂，美人去后余空床。床中绣被卷不寝，至今三载闻余香。香亦竟不灭，人亦竟不来。相思黄叶落，白露湿青苔。

行路难　　　　　　　　　　　　李　白

金尊清酒斗十千，玉盘珍羞值万钱。停杯投箸不能食，拔剑四顾心茫然。欲渡黄河冰塞川，将登太行雪满山。闲来垂钓碧溪上，忽复乘槎梦日边。行路难！行路难！多岐路，今安在？长风破浪会有时，直挂云帆济沧海。

金陵酒肆留别　　　　　　　　李　白

风吹柳花满店香，吴姬压酒劝客尝。金陵子弟来相送，欲行不行各尽觞。请君试问东流水，别意与之谁短长？

羌村　（二首）　　　　　　　　杜　甫

峥嵘赤云西，日脚下平地。柴门鸟雀噪，归客千里至。妻孥怪我在，惊定还拭泪。世乱遭飘荡，生还偶然遂。邻人满墙头，感叹亦歔欷。夜阑更秉烛，相对如梦寐。

群鸡正乱叫，客至鸡斗争。驱鸡上树木，始闻叩柴荆。父老四五人，问我久远行。手中各有携，倾榼浊复清。苦辞酒味薄，黍地无人耕。兵革既未息，儿童尽东征。请为父老歌，艰难愧深情。歌罢仰天叹，四座泪纵横。

石壕吏　　　　　　　　　　　杜　甫

暮投石壕村，有吏夜捉人。老翁逾墙走，老妇出门看。吏呼一何怒，妇啼一何苦！听妇前致词："三男邺城戍。一男附书至，二男新战死。存者且偷生，死者长已矣！室中更无人，惟有乳下孙。有孙母未去，出入无完裙，老妪力虽衰，请从吏夜归，急应河阳役，犹得备晨炊。"夜久语声绝，如闻泣幽咽。天明登前途，独与老翁别。

茅屋为秋风所破歌　　　　　　　杜　甫

八月秋高风怒号，卷我屋上三重茅。茅飞渡江洒江郊，高者挂罥长林梢，下者飘转沉塘坳。南村群童欺我老无力，忍能对面为盗贼，公然抱茅入竹去，唇焦口燥呼不得，归来倚杖自叹息。俄顷风定云墨色，秋天漠漠向昏黑。布衾多年冷似铁，骄儿恶卧踏里裂。床头屋漏无干处，两脚如麻未断绝。自经丧乱少睡眠，长夜沾湿何由彻？安得广厦千万间，大庇天下寒士俱欢颜，风雨不动安如山？呜呼，何时眼前突兀见此屋？吾庐独破受冻死亦足！

闻官军收河南河北　　　　　　　杜　甫

剑外忽传收蓟北，初闻涕泪满衣裳。却看妻子愁何在，漫卷诗书喜欲狂。白日放歌须纵酒，青春作伴好还乡。即从巴峡穿巫峡，便下襄阳向洛阳。

绝句漫兴　　　　　　　　　　　杜　甫

隔户杨柳弱袅袅，恰似十五女儿腰。谁谓朝来不作意？

狂风挽断最长条。

江畔独步寻花　　　　　　　　　杜　甫

黄四娘家花满蹊,千朵万朵压枝低。留连戏蝶时时舞,自在娇莺恰恰啼。

王维、孟浩然及其作品　　　盛唐除李、杜外,有号称为"祖陶宗谢"的田园诗人,即王维与孟浩然是。王维(699至759),太原祁人,因好佛,故字摩诘,工书画,能琵琶,善诗歌,不愧为一艺术家。晚年隐居辋川。他的诗画,时人称为,"诗中有画,画中有诗。"安史乱起,一度被拘,因咏"万户伤心生野烟,百僚何日更朝天? 秋槐落叶深宫里,凝碧池头奏管弦"。乱平后,以此诗免罪。官至尚书右丞,故世人又以王右丞称之。王渔洋论盛唐人诗,以李白好神仙,杜甫好儒,王维好佛,故有诗仙、诗圣、诗贤之说。他的诗除咏自然与田园生活外,还有写征戍、田猎的。写田园,叫我们读后感觉到如一阵清风,微微地拂过花径,为之怡然陶醉;写征戍,亦颇沉郁悲壮,令人感到边塞风雪之苦。属于前者,如《渭川田家》、《终南别业》、《山居秋暝》、《田园乐》等;后者,如《观猎》、《少年行》、《陇西行》、《出塞》等。

孟浩然(689至740),襄阳人,少好节义,淡于功名,曾隐鹿门山不仕。其诗冲淡温雅,一如其人。有名句:"微云淡河汉,疏雨滴梧桐",时人以为妙绝,均不可及。王维是他的好友,一日私请他入内署,适明皇至,浩然伏匿床下,维不敢隐,因奏闻,帝喜曰:"朕素闻其人而未见也。"诏浩然出,令吟其诗,至"不才明主弃,多病故人疏"句,帝不乐道:"卿不求仕,朕何尝弃卿,奈何诬我!"因未得仕。其实他对于功名心,本甚淡怀,后来又有人欲荐他于朝,至期,他竟与友人大饮酒肆,而忘所约。所以李白赠其诗道:"吾爱孟夫子,风流天下闻,红颜弃轩冕,白头卧松云。醉月频中圣,迷花不事君,高山安可仰,从此揖清芬。"他的人格是否如此清高,我们再看看他自己的诗如何?

过故人庄　　　　　　　　　　　孟浩然

故人具鸡黍，邀我至田家。绿树村边合，青山郭外斜。开轩面场圃，把酒话桑麻。待到重阳日，还来就菊花。

宿建德江　　　　　　　　　　　孟浩然

移舟泊烟渚，日暮客愁新。野旷天低树，江清月近人。

终南别业　　　　　　　　　　　王　维

中岁颇好道，晚家南山陲。兴来每独往，胜事只自知。行到水穷处，坐看云起时。偶然值林叟，谈笑无还期。

山居秋暝　　　　　　　　　　　王　维

空山新雨后，天气晚来秋。明月松间照，清泉石上流。竹喧归浣女，莲动下渔舟。随意春芳歇，王孙自可留。

田园乐　　　　　　　　　　　　王　维

桃红复含宿雨，柳绿更带朝烟。花落家童未扫，莺啼山客犹眠。

辋川集　（二十首之二）　　　　王　维
鹿　柴

空山不见人，但闻人语响。返景入深林，复照青苔上。

竹里馆

独坐幽篁里，弹琴复长啸。深林人不知，明月来相照。

观　猎　　　　　　　　　　　　王　维

风劲角弓鸣，将军猎渭城。草枯鹰眼疾，雪尽马蹄轻。忽过新丰市，还归细柳营。回看射雕处，千里暮云平。

少年行　　　　　　　　王　维

新丰美酒斗十千，咸阳游侠多少年。相逢意气为君饮，系马高楼垂柳边。

出身仕汉羽林郎，初随骠骑战渔阳。孰知不向边庭死，纵死犹闻侠骨香！

岑参、高适及其作品　　古无所谓边塞诗，到了盛唐，岑、高辈大概受了北朝民歌的影响，乃用北地的风物，边塞的情况，咏为边塞诗，给诗坛开了一条新的出路。岑参（720？至770？），南阳人，少孤贫，好学，登天宝进士第，官至嘉州刺史。因尝侍从代宗参与戎幕，对于边塞生活，曾身领亲受过，故他的作品多悲壮豪放，气骨遒劲，把征夫役戍之苦，写得淋漓尽致，读后令人感叹不置。据说，其诗"每一篇出，人竞传写"，可见其动人之深了。

高适（700？至765），字达夫，沧州渤海人，少不治生产，尝求乞自活。年五十，始学为诗，学而即工。据说"数年之间，体格渐变，以气质自高，每吟一篇，已为好事者传诵"。后作官至刑部侍郎，封渤海县侯。当时诗人中，官运亨通，无有出其右者。他曾为猛将哥舒翰掌书记，故诗多咏边塞战争之事。他的诗的风格，亦是慷慨悲壮，气骨高古，和岑参一样。

除岑、高外，有王昌龄（京兆人，有"诗天子"之称）的《出塞》及《闺怨》，王之涣（并州人）及王翰（晋阳人）的《凉州词》，都是边塞诗。王翰的《凉州词》，称为"无瑕之璧"；之涣的《凉州词》，是在旗亭中赢得优胜之名的。

凉州馆中与诸判官夜集　　　　岑　参

弯弯月出挂城头，城头月出照凉州。凉州七里十万家，胡人半解弹琵琶。琵琶一曲肠堪断，风萧萧兮夜漫漫。河西幕中多故人，故人别来三五春。花门楼前见秋草，岂能贫贱相看老？一生大笑能几回？斗酒相逢须醉倒。

走马川行 （奉送出师西征）　　　岑　参

君不见走马川行雪海边，平沙莽莽黄入天。轮台九月风夜吼，一川碎石大如斗，随风满地石乱走。匈奴草黄马正肥，金山西见烟尘飞，汉家大将西出师。将军金甲夜不脱，半夜军行戈相拨，风头如刀面如割。马毛带雪汗气蒸，五花连钱旋作冰。幕中草檄砚水凝。虏骑闻之应胆慑，料知短兵不敢接，车师西门伫献捷。

逢入京使　　　岑　参

故园东望路漫漫！双袖龙钟泪不干。马上相逢无纸笔，凭君传语报平安。

碛中作　　　岑　参

走马西来欲到天，辞家见月两回圆。今夜不知何处宿，平沙万里绝人烟。

燕歌行　　　高　适

汉家烟尘在东北，汉将辞家破残贼。男儿本自重横行，天子非常赐颜色。摐金伐鼓下榆关，旌旆逶迤碣石间。校尉羽书飞瀚海，单于猎火照狼山。山川萧条极边土，胡骑凭陵杂风雨。战士军前半死生，美人帐下犹歌舞。大漠穷秋塞草衰，孤城落日斗兵稀。身当恩遇常轻敌，力尽关山未解围。铁衣远戍辛勤久，玉箸应啼别离后。少妇城南欲断肠，征人蓟北空回首。边庭飘飘那可度，绝域苍茫更何有？杀气三时作阵云，寒声一夜传刁斗。相看白刃血纷纷，死节从来岂顾勋？君不见沙场征战苦，至今犹忆李将军。

出塞　　　王昌龄

秦时明月汉时关，万里长征人未还。但使龙城飞将在，不教胡马度阴山。

闺　　怨　　　　　　　　王昌龄

闺中少妇不曾愁，春日凝妆上翠楼。忽见陌头杨柳色，悔教夫婿觅封侯。

凉州词　　　　　　　　王之涣

黄河远上白云间，一片孤城万仞山。羌笛何须怨杨柳，春风不度玉门关。

凉州词　　　　　　　　王　翰

葡萄美酒夜光杯，欲饮琵琶马上催。醉卧沙场君莫笑，古来征战几人回！

第三期　中唐诗

——自代宗大历元年，至文宗太和九年，凡七十年（766 至835）。

白居易及其诗友的作品　　胡适在《白话文学史》上说："李白结束八世纪中叶以前的浪漫文学，杜甫开展八世纪中叶以下的写实文学。"到了白居易等，写实的文学于是乃大盛行。杜甫的写实文学，在当时是无意的，并无所谓主张，只是忍不住当时的愤感与牢骚，有话直说而已。白等不但忍不住要直说，且有他们的主张。主张为何？ 便是："为君，为臣，为民，为物，为事而作，不为文而作也。"（白之《新乐府自序》语）换句话说，他们的文学主张，就是文学是为人生作的，是为救人救世作的，不是无所为而作的。拿文学上的新术语来说，他们的文学，是"人生的艺术"，不是"艺术的艺术"。这在中国文学史上是一个值得纪念的转变！

白居易（772 至846），字乐天，号香山居士，太原人（一说陕西下邽人）。幼甚颖悟，生六七月，即识"之无"二字，百试不爽；五六岁便学为诗，真可称为神童了。相传居易初入举时，名尚不大，尝以诗歌投谒顾况。况见其名，戏之曰："长安米贵，居大不易。"及披读其《芳草诗》，至"野火烧不尽，春风吹又生"句，乃曰："有才如此，居亦不难！我谓斯文遂绝，今复得子矣，老夫前言戏之耳。"他的诗完全是杜派，要用诗歌来讽刺时政，批评社会，写实人生，与从前之徒发牢骚，或咏风弄月者，大不相同。诗句明白如话，老妪都解，他真可称为一个平民文学家。他的作品之多，为唐以来所未有。他《与元稹书》曾说："自长安抵江西三四千里，凡乡校逆旅行舟之中，往往有题仆诗者；士庶僧徒，孀妇处女之口，每有咏仆诗者。"相传每一诗出，可易一金，甚至高丽、日本均有来购者，其声誉之高且广，可想见了。他官至左赞善大夫，后因事贬江州司马，最有名的《琵琶行》，即作于斯时。与《琵琶行》齐名的，尚有《长恨歌》。故唐宣宗吊白居易诗有："童子能解《长恨》曲，胡儿能唱《琵琶》篇"之句。至其他不朽之作亦颇多，如《卖炭翁》、《新丰折臂翁》、《秦中咏》等，皆是与世道人心有关的作物，血和泪的结晶。所谓"篇篇无空文，皆歌生民痛"，真非虚语。有《白氏长庆集》传世。

元稹(779至813)，字微之，河南(洛阳附近)人，本是北魏拓跋氏帝室的后代，曾一度为宰相，以诗著名，尝传入禁中，宫人皆能歌唱，称之为元才子。他的诗完全由社会的环境中逼出来的，所以写得格外动人，与白居易相友善，互相酬咏，世称"元白"，号为"元和体"。他的诗，我们看他的长篇《连昌宫词》和短章《行宫》等，便可知其作风之一斑了。有《元氏长庆集》及《会真记》传世。

刘禹锡(772至843)，字梦得，彭城人，曾为监察御史，后因依附王叔文被贬为朗州司马。尝和乐天、微之相酬唱，元死后，与白齐名，世称"刘白"。他因久在蛮方，作风不甚与元白相同，他的短歌多受蛮人情歌的影响，这看他的《竹枝词》便知。

张籍(765？至830？)，字文昌，东郡(今河北濮阳附近)人，但亦有人说他是苏州吴人或和州乌江人的，不易断定。曾登进士第，为太常寺太祝，晚年为国子司业，时人号为张司业。相传他很佩服杜甫，曾将杜诗一卷，燃成灰烬，和蜜糖食之，曰："令我肝肠，从此改易。"因之他的诗很近于杜甫和白居易一派——社会诗人。他的作品中，尤以乐府诗为最好，白居易读他的古乐府云："张君何为乎？业文三十春，尤工乐府词，举代少其伦。为诗意如何？六义互铺陈，风雅比兴外，未尝著空文。读君《学仙诗》，可讽放佚君。读君《董公诗》，可诲贪暴臣。读君《商女诗》，可感悍妇仁。读君《勤齐诗》，可劝薄夫敦。上可裨教化，舒之济万民，下可理情性，卷之善一身。……"这可为推崇备至了。籍因诗宗杜甫，故社会色彩颇浓厚，社会问题中他尤关心于妇女问题，他常代她们鸣冤诉告，可称为一个最早的妇女解放运动者。

新丰折臂翁　（新乐府）　　白居易

新丰老翁八十八，头鬓眉须皆似雪，玄孙扶向店前行，左臂凭肩右臂折。问翁臂折来几年，兼问致折何因缘？翁云贯属新丰县，生逢圣代无征战，惯听梨园歌管声，不识旗枪与弓箭。无何天宝大征兵，户有三丁点一丁。点得驱将何处去？五月万里云南行。闻道云南有泸水，椒花落时瘴烟起。大军徒涉水如汤，未过十人二三死。村南村北哭声哀，儿别爷娘夫别妻，皆云前后征蛮者，千万人行无一回。是时翁年二十四，兵部牒中有名字，夜深不敢使人知，偷将大石捶折臂。张弓簸旗俱不堪，从兹始免征云南。骨碎筋伤非不苦，且图拣退归乡土。此臂折来六十年，一肢虽废一身全。至今风雨阴寒夜，直到天明痛不眠。痛不眠，终不悔，且喜老身今独在。不然当时泸水头，身死魂孤骨不收，应作云南望乡鬼，万人冢上哭呦呦。老人言，君听取：君不闻开元宰相宋开府，不赏边功防黩武？又不闻天宝宰相杨国忠，欲求恩幸立边功？边功未立生人怨，请问新丰折臂翁。

买　花　（《秦中吟》之一）　　白居易

帝城春欲暮，喧喧车马度。共道牡丹时，相随买花去。贵贱无常价，酬直看花数。灼灼百朵红，戋戋五束素。上张幄幕庇，旁织笆篱护。水洒复泥封，移来色如故。家家习为俗，人人迷不悟。有一田舍翁，偶来买花处，低头独长叹，此叹无人谕：一丛深色花，十户中人赋。

卖炭翁 （新乐府） 白居易

卖炭翁，伐薪烧炭南山中。满面尘灰烟火色，两鬓苍苍十指黑。卖炭得钱何所营？身上衣裳口中食。可怜身上衣正单，心忧炭贱愿天寒。夜来城上一尺雪，晓驾炭车辗冰辙，牛困人饥日已高，市南门外泥中歇。翩翩两骑来是谁？黄衣使者白衫儿。手把文书口称敕，回车叱牛牵向北。一车炭重千余斤，宫使驱将惜不得。半匹红纱一丈绫，系向牛头充炭直。

田家词 元稹

牛吒吒，田确确，旱块敲牛蹄趵趵，种得官仓珠颗谷。六十年来兵簇簇，月月食粮车辘辘。一日官军收海服，驱牛驾车食牛肉。归来收得牛两角，重铸锄犁作斤劚。姑春妇担去输官，输官不足归卖屋。愿官早胜仇早复，农死有儿牛有犊，誓不遣官军粮不足！

行 宫 元稹

寥落古行宫，宫花寂寞红。白头宫女在，闲坐说玄宗。

竹枝词 刘禹锡

山桃红花满上头，蜀江春水拍山流。花红易衰似郎意，水流无限似侬愁！

杨柳青青江水平，闻郎江上踏歌声。东边日出西边雨，道是无晴还有晴。

乌衣巷 刘禹锡

朱雀桥边野草花，乌衣巷口夕阳斜。旧时王谢堂前燕，飞入寻常百姓家。

乌夜啼引 张籍

秦乌啼哑哑，夜啼长安吏人家。吏人得罪囚在狱，倾家卖产将自赎。少妇起听夜啼乌,知是官家有赦书,下床心喜不重寐,未明上堂贺舅姑。少妇语啼乌:汝啼慎勿虚！借汝庭树作高巢,年年不令伤尔雏。

征妇怨　　　　　　张　籍

九月匈奴杀边将,汉军全没辽水上。万人无人收白骨,家家城下招魂葬。妇人依倚子与夫,同居贫贱心亦舒。夫死葬场子在腹,妾身虽存如昼烛。

节妇吟　　　　　　张　籍

君知妾有夫,赠妾双明珠。感君缠绵意,系在红罗襦。妾家高楼连苑起,良人执戟明光里:知君用心如日月,事夫誓拟同生死。还君明珠双泪垂,恨不相逢未嫁时。

韩愈及其诗友的作品　　韩愈(768 至 824),字退之,河南南阳(今河南沁阳附近)人。其先世居昌黎,故称韩昌黎,曾作监察御史,因爱说话,屡得罪政府,后来被贬潮州刺史,就是因为谏迎佛骨而惹的祸。他是个古文家,亦是个诗人,不过因文名太高,将诗名遮掩住了。他因提倡古文,反对当时的骈体,所以作起诗来,一如作文。然他的"作诗如作文",开了宋人"作诗如说话"的风气,这不能不算是诗的一种解放与进步。但是有不少的人,对于他的作风不大赞成,如沈括说:"退之诗押韵之文耳,虽健美富赡,然终不是诗。"王世贞说:"韩退之于诗本无所辞,宋人呼为大家,直是势利！"这可见人的眼光不同了。最近章太炎批评韩愈的诗,可称平允。他说:"昌黎之诗,习杜之遗风,更爱用典故,并爱用难识的字,每况愈下了。但自然之风尚存,所以得列于诗林。"我们看他的诗,是否作诗如作文,自然之风尚存,在《寄卢仝诗》有这样开首的两句话:"玉川先生洛城里,破屋数间而已矣。"他的《山石诗》完全是一种说话式的诗体,豪放痛快,极其自然,这在韩愈作品里,可称为上乘,宋诗受其影响不浅。

孟郊（751 至 814），字东野，湖州武康人，少隐居嵩山，故亦称洛阳人。他是一个不遇的诗人，与韩愈为"忘形交"。愈很佩服他的诗，甚而比之杜甫。他屡举不第，年至五十始成进士，有诗云："昔日龌龊不足嗟，今朝旷荡思无涯。青春得意马蹄疾，一日看尽长安花。"年已半百，而犹称青春，真是得意忘形，不知老之将至了。但是他的官运不亨，生活常在穷愁失意中，如他有诗道："食荠肠亦苦，强歌声无欢；出门即有碍，谁谓天地宽？"又道："本望文字达，今因文字穷，影孤别离同，衣破道路中。"（《叹命》）这可见他郁郁不得志的情形。因他生活如此，故诗亦蹇涩穷僻，常带有寒酸气，这在他的作品中可处处看到的。

贾岛（788 至 843），字浪仙，范阳（今河北北平附近）人，初为僧，后因韩愈劝他还俗而中进士。曾为长江主簿，时号贾长江。他同孟郊是一样的苦吟者，二人齐名，有"郊寒岛瘦"之称，且同为韩愈所赏识。愈有赠岛诗："孟郊始葬北邙山，日月星辰颇觉闲。天恐文章中断绝，再生贾岛在人间。"可见推崇他们二人之一斑。岛少时，尝骑驴过街，时秋风正紧，黄叶可扫，即吟得一句，"落叶满长安"，再求一联而不可得，迷不知身之所往，竟冲犯了京兆尹刘栖，被拘了一夜，后来他终于得到一联为："秋风吹渭水，落叶满长安。"当他在法乾寺为僧时，宣宗一日微行到寺，取阅他桌上的诗集，岛不知是宣宗，把诗集抢过说："你也会做诗么？"宣宗不动声色的走了。所以程铸说他"骑驴冲太尹，夺卷忤宣宗"。据传当他赴举在京时，一日驴上得句云："鸟宿池边树，僧敲月下门。"思易"敲"为"推"，因不能决，引手作推敲之势，时韩愈为京兆尹，车骑方出，岛不觉又冲犯了愈，愈乃为之决定用"敲"字。岛又尝得一联云："独行潭底影，数息树边身。"并自注道："二句三年得，一吟双泪流，知音如不赏，归卧故山秋。"这亦可见他苦吟之一斑了。

李贺（790 至 816），字长吉，是唐室的支裔，籍贯不详，有人说是昌谷人。他性情孤冷，身纤瘦，通眉，长指爪，善感多愁，不与众合。幼有奇才，七岁便能辞章，以《高轩过》见知于韩愈，故得名颇早。相传他每天骑驴漫游，使小奚奴背古锦囊相从，偶得佳句，辄疾书投其中，夜晚归来，在灯下加以整理，即成为诗。其母尝使奴婢探囊中，见诗句多，即曰："是儿要呕出心血乃已耳。"他的诗奇诡桀敖，有"太白天才，长吉鬼才"之说。他只活了二十七岁，和王勃是同样的短命诗人，据《摭言》谓："李贺尝以诗卷谒韩退之，韩暑卧方倦，欲使阍人辞之。开其诗，卷首乃《雁门太守行》，读而奇之，乃束带出见。"现在我们就举这首诗，当为他的代表作罢。

卢仝（790？至 835），是贾岛的同乡，一说是济源人。初隐登封县少室山，自号玉川子。他的诗怪诞奇特，比李贺还厉害，其中充满了迷信、滑稽的意味，句子长短不拘，且多是白话成篇。他有长诗名《月蚀》，约一千八百余言，因常和韩愈相酬唱，愈曾将此诗改删为五六百字，较原诗固称简炼，但卢仝奇特的语言和大胆创造的精神却没有了。

山 石　　　　　　　　韩 愈

山石荦确行径微，黄昏到寺蝙蝠飞。升堂坐阶新雨足，芭蕉叶大栀子肥。僧言古壁佛画好，以火来照所见稀。铺床拂席置羹饭，疏粝亦足饱我饥。夜深静卧百虫绝，清月出岭光入扉。天明独去无道路，出入高下穷烟霏。山红涧碧纷烂漫，时见松枥皆十围。当流赤足蹋涧石，水声激激风吹衣。人生如此自可乐，岂必局束为人靰？嗟哉吾党二三子，安得至老不更归？

闻 砧　　　　　　　　孟 郊

杜鹃声不哀，断猿啼不切。月下谁家砧，一声肠一绝！杵声不为客，客闻发自白；杵声不为衣，欲令游子归。

感 怀　　　　　　　　孟 郊

晨登洛阳坂，目极天茫茫，群物归大化，六龙颓西荒，豺狼日已多，草木日已霜。饥年无遗粟，众鸟去空场。路傍谁家子？白首离故乡！含酸望松柏，仰面诉穹苍。去去勿复道，苦饥形貌伤。

题李凝幽居　　　　　　　　贾　岛

闲居少邻并，草径入荒村。鸟宿池边树，僧敲月下门。过桥分野色，移石动云根。暂去还来此，幽期不负言。

雁门太守行　　　　　　　　李　贺

黑云压城城欲摧，甲光向日金鳞开。角声满天秋色里，塞上胭脂凝夜紫。半卷红旗临易水，霜重鼓塞声不起，报君黄金台上意，提携玉龙为君死。

示添丁　　　　　　　　　　卢　仝

春风苦不仁，呼逐马蹄行人家。惭愧瘴气却怜我，入我憔悴骨中为生涯。数日不食强强行，何忍索我抱看满树花？不知四体正困惫，泥人啼哭声呀呀。忽来案上翻墨汁，涂抹诗书如老鸦。父怜母惜捆不得，却生痴笑令人嗟。宿春连晓不成米，日高始进一碗茶。气力龙钟头欲白，凭仗添丁莫恼爷。

村　醉　　　　　　　　　　卢　仝

村醉黄昏归，健倒三四五。摩挲青莓苔，莫嗔惊著汝。

韦应物、柳宗元及其作品　　自晋之陶、谢开田园诗派的作风后，盛唐有王、孟继之，到了中唐，又有韦、柳称为后期的田园诗人。韦应物（735？至830？），长安京兆人，曾为苏州刺史，人称韦苏州。他的诗高雅闲澹，自成一家，有人比之陶潜，故有"陶韦"之称。诗尤以五言为最擅长，苏东坡有诗云："乐天长短三千首，却逊韦郎五字诗。"可知其五言之造诣甚深了。

柳宗元（773至819），字子厚，河东（今山西永济附近）人，诗名亦如韩愈被文名所掩，其实他的诗晶莹动人，亦是一位有名的田园诗家。初党于王叔文，后王失败，柳被贬为永州司马。此后因环境

关系,诗文日有进步,田园诗多作于永州。后迁柳州刺史而卒,人
称之为柳柳州。

除韦、柳外,尚有刘长卿(河间人)、秦系(会稽人)及顾况(海盐
人)等,皆是田园派诗人。当时尚有所谓大历十才子者,即韩翃、卢
纶、钱起、李端、司空曙、崔峒、吉中甫、耿沣、苗登、夏侯审,皆喜为
五言诗,彼此唱和,字句力求工秀整齐,不免有雕琢不自然之讥。
他们中间以韩(南阳人)、卢(河中蒲人)、钱(吴兴人)、李(赵郡人)
四人为最出名,其他就稍差了。

滁州西涧　　　　　　　　韦应物

独怜幽草涧边生,上有黄鹂深树鸣。春潮带雨晚来急,野
渡无人舟自横。

寄全椒山中道士　　　　　　韦应物

今朝郡斋冷,忽忆山中客。涧底拾枯松,归来煮白石。欲
持一瓢酒,远寄风雨夕。落叶遍空山,何处寻行迹?

渔　翁　　　　　　　　柳宗元

渔翁夜傍西岩宿,晓汲清湘燃楚竹。烟消日出不见人,欸
乃一声山水绿。回看天际下中流,岩上无心云相逐。

江　雪　　　　　　　　柳宗元

千山鸟飞绝,万径人踪灭。孤舟蓑笠翁,独钓寒江雪。

送灵澈　　　　　　　　刘长卿

苍苍竹林寺,杳杳钟声晚。荷笠带斜阳,青山独归远。

晚秋拾遗朱放访山居　　　　秦　系

不逐时人后,终年独闭关。家中贫自乐,石上卧常闲。坠
栗添新味,寒花带老颜。侍臣当献纳,那得到空山?

题明霞台　　　　　　　顾　况

野人本自不求名，欲向山中过一生。莫嫌憔悴无知己，别有烟霞似弟兄。

闲居自述　　　　　　　顾　况

荣辱不关身，谁为疏与亲？有山堪结屋，无地可容尘。白发偏添寿，黄花不笑贫。一樽朝暮醉，陶令果何人？

寒食诗　　　　　　　　韩　翃

春城无处不飞花，寒食东风御柳斜。日暮汉宫传蜡烛，青烟散入五侯家。

塞下曲　　　　　　　　卢　纶

月黑雁飞高，单于夜遁逃。欲将轻骑逐，大雪满弓刀。

第四期　晚唐诗

——自文宗开成元年，至昭宗末年，凡七十一年（836 至 906）。

诗至晚唐，乃随国势而日下，不但作家比不上盛唐和中唐，就是作品亦萎靡不振，国势与文运，真有密切的关系。当时有名的诗人，不过三五而已。他们没有创造力，多是模仿前人字句，只求堆砌雕琢，意思尽尚艳丽淫靡，这便是晚唐诗的特色。

温庭筠、李商隐及其作品　　温庭筠（820？至 870？），字飞卿，太原人，才思艳丽，好狭邪游，因他作赋常八叉手而成，故时人号之为"温八叉"。他的诗与李义山齐名，称为"温李"。有《乐府倚曲》三十二篇，多是写儿女之情的。此外他的词亦很好，五代的词人多受他的影响，为后来花间派之冠，可见被词人推崇之至了。

李商隐（813 至 858），字义山，自号玉溪子，怀州河内人，性情和温庭筠相似。据近人的考据，他交接的女性比温还多，宫中的宫女和庵中的尼姑，多有在暗中同他发生关系的——见雪林著《李义山恋爱事迹考》——他的诗寓意隐晦，字句雕琢，喜用典故,好写爱情,他的《锦瑟》诗,至今尚议论纷纭,不知他究竟用意何在。他写恋爱的诗,大都题作"无题",描写女方心理者尤多。他的作风,所以如此者,这对于他的为人很有关系罢。后来宋朝有所谓"西崑体"者,即以李为祖师。他对于诗上的影响,和温对于词一样。

三洲词　　　　　　　　温庭筠

团圆莫作波中月,洁白莫为枝上雪。月随波动碎潾潾,雪似梅花不堪折。李娘十六青丝发,画带双花为君结。门前有路轻别离,唯恐归来旧香灭。

题分水岭　　　　　　　温庭筠

溪水无情似有情,入山三日得同行。岭头便是分头处,惜别潺湲一夜声。

无题(暮春闺思)　　　　李商隐

相见时难别亦难,东风无力百花残。春蚕到死丝方尽,蜡炬成灰泪始干。晓镜但愁云鬓改,夜吟应觉月光寒。蓬山此去无多路,青鸟殷勤为探看。

半　夜　　　　　　　　李商隐

三更三点万家眠,露欲为霜月堕烟。斗鼠上堂蝙蝠出,玉琴时动倚窗弦。

杜牧、韩偓及其作品　　杜牧(803至852),字牧之,京兆万年人,因别于杜甫,时人称为小杜。他的诗豪迈中而有秀丽气,为人放荡不羁,有"十年一觉扬州梦,赢得青楼薄倖名"的艳语。他喜爱李、杜、韩、柳的作品,在《冬至日寄小侄何宜》诗云:"为摘屈宋艳,浓薰班马香,李杜泛浩浩,韩柳摩苍苍;近者四君子,与古争强梁。"其中尤推崇韩、杜,《读韩杜集》有"杜诗韩集愁来读,似倩麻姑痒处搔"之句。所以韩的奇险，杜的整炼，在牧之诗集中，亦颇可寻得之。有《樊川集》。

韩偓，字致尧，小字冬郎，和牧之是同乡，好作艳体诗，李义山甚称许之，有《香奁集》，后人仿之，竟成为"香奁体"。他的诗多写男女的私情，闺阁的燕昵，词虽艳丽，而意不猥亵，故为世人所传诵。他的作风，近于义山，不过没有那么隐晦罢了。

此外尚有吴融（越州山阴人）、皮日休（襄阳人）、陆龟蒙（苏州人）、司空图（河中人）、罗隐（余杭人）、许浑（丹阳人）及郑谷（袁州人）等，都算是晚唐诗人中，较为著名者。

清　明　　　　　　　　　　　杜　牧
清明时节雨纷纷，路上行人欲断魂。借问酒家何处有？牧童遥指杏花村。

泊秦淮　　　　　　　　　　　杜　牧
烟笼寒水月笼纱，夜泊秦淮近酒家。商女不知亡国恨，隔江犹唱后庭花。

赤壁怀古　　　　　　　　　　杜　牧
折戟沉沙铁未销，自将磨洗认前朝。东风不与周郎便，铜雀春深锁二乔。

偶　见　　　　　　　　　　　韩　偓
秋千打困解罗裙，指点醍醐索一尊。见客入来和笑走，手搓梅子掩中门。

闻　雨　　　　　　　　　　　韩　偓
香侵蔽膝夜寒轻，闻雨伤春梦不成。罗帐四垂红烛背，玉钗敲着枕函声。

半 睡　　　　　　　　　　　　韩 偓

抬镜仍嫌重，更衣又怕寒；宵分未归帐，半睡待郎看。

情　　　　　　　　　　　　吴 融

依依脉脉两如何？细似轻丝渺似波。月不长圆花易落，一生惆怅为伊多。

寂 寞　　　　　　　　　　　　郑 谷

江郡人稀便是村，踏青天气欲黄昏。春愁不破还成醉，衣上泪痕和酒痕。

谢亭送别　　　　　　　　　　　　许 浑

劳歌一曲解行舟，红叶青山水急流。日暮酒醒人已远，满天风雨下西楼。

别 离　　　　　　　　　　　　陆龟蒙

丈夫非无泪，不洒离别间。杖剑对樽酒，耻为游子颜。蝮蛇一螫手，壮士疾解腕。所思在功名，离别何足叹？

绵谷回寄蔡氏昆仲　　　　　　　　　　　　罗 隐

一年两度锦江游，前值东风后值秋。芳草有情皆碍马，好云无处不遮楼。山将别恨和心断，水带离声入梦流。今日因君试回首，淡烟乔木隔绵州。

几个女作家及其作品　　　　隋炀帝是个沉迷于女色的昏主，日夜留连迷楼，不问政事，迷楼中所选入的美丽宫女很多，不知怎的将一位容貌妍俊、文才富赡的侯夫人，如汉朝昭君似的给失选了。侯夫人自知恐没有一见颜色的机会，与其将终老长门受永远的孤寂，倒不如一死痛快，免得春华秋月，触景伤怀，于是乃自缢于栋下。遗作有《自感看梅》和《自伤》等诗。

到了唐朝是诗歌的黄金时代，女作家更多了，今择最著名的几位，略为一述。徐惠，谥贤妃，是太宗的妃子，湖州人，生五月即能言语，四岁通《论语》及《诗经》，八岁已善属文。她长于骈赋，诗亦端雅可诵，有《妆殿答太宗》等诗。

江采蘋是杨贵妃的情敌，莆田人，性爱梅，所居遍种梅花。梅花开时留连花下，常至夜半，玄宗戏呼之曰，梅妃。只因性懦，为玉环所胜，迁于上阳东宫。一日玄宗忽想念她，密赐珍珠一斛，妃不受，报之以诗，名《一斛珠》。后禄山叛乱，不幸死于兵燹中。

李冶，字季兰，乌程人，美姿容，性潇洒，善弹琴，尤工诗。后为女道士，曾与文士交游，浪漫雅谑，不拘小节，因此人多轻之。我们看她的《相思怨》、《寄朱放》和《送阎（伯均）廿六赴剡县》等篇，可知她热烈的情绪和清雅的诗词了。

鱼玄机，字幼微，一字蕙兰，长安人，好读书，尤工诗。曾嫁李亿为妾，甚得宠爱，只以为大妇所虐，不能相安，遂出家做女道士去了。她虽是个弱女子，意志却非常豁达，所以情人很多，我们看她的《赠邻女》、《寄李子安》、《冬夜寄温飞卿》和《迎李近仁员外》等诗，可知她的生活之一斑。她的结果很不好，因她笞死了女僮绿翘，亦被定了斩首的死刑。今有《唐女郎鱼玄机诗》一卷传于世。

晁采，小字试莺，大历时人，幼和邻生文茂相爱，约为夫妇，后来果然达到目的，有情人成了眷属了。在他们未达到目的前，不消说是常寄诗通情的，她曾作《子夜歌》多首，寄给她的爱人，词颇婉转凄艳，亦不下于六朝时的《子夜歌》的。

薛涛，字洪度，本长安人，生于元和时代，父名郧，因官流寓于蜀。幼有诗才，一日她的父亲指井上梧桐对她说："庭除一古桐，耸干入云中。"她应声续成："枝迎南北鸟，叶送往来风。"此诗就是她将来生活的预兆，她父亲闻之，愀然不乐，及父死后，果然流入乐籍中了。当时诗人如元稹、白居易、刘禹锡等皆乐与之往来唱和，不过以清白自持，她尝有《蝉诗》以明志。卒时年已七十二，有诗五百首，现存者仅余百首。其中要以《春望词》为最好，不但在艺术上有"真善美"的价值，更可藉以表现作者的人格，无怪为一般人所爱读了。至杜秋娘(李锜妾)的《金缕曲》，和关盼盼(张建封妾)的《燕子楼诗》，亦都是佳作。总之，唐朝诗人之多，不惟男作家超乎前代，女作家亦是空前所未有的。

自　感　（三首）　　　　　　侯夫人

庭绝玉辇迹，芳草渐成窠。隐隐闻箫鼓，君恩何处多？

欲泣不成泪，悲来翻强歌。庭花方烂熳，无计奈春何。

春阴正无际，独步意如何？不及闲花草，翻承雨露多。

看　梅　（二首之一）　　　　　侯夫人

砌雪无消日，卷帘时自颦。庭梅见吾有怜意，先露枝头一点春。

妆殿答太宗　　　　　　　　徐　蕙

朝来临镜台，妆罢暂徘徊。千金始一笑，一召讵能来？

一斛珠　　　　　　　　　　江采蘋

桂叶双眉久不描，残妆和泪污红绡。长门尽日无梳洗，何必珍珠慰寂寥。

相思怨　　　　　　　　　　李　冶

人道海水深，不抵相思半。海水尚有涯，相思渺无畔。携手上高楼，楼虚月华满。弹得相思曲，弦肠一时断。

送阎二十六赴剡县　　　　　李　冶

流水阊门外，孤舟日复西。离情遍芳草，无处不萋萋。妾梦经吴苑，君行到剡溪。归来重相访，莫学阮郎迷。

湖上卧病喜陆鸿渐至　　　　　　李 冶

昔去繁霜月，今来苦雾时。相逢仍卧病，欲语泪先垂！强劝陶家酒，还吟谢客诗。偶然成一醉，此外欲何之？

赠邻女　　　　　　鱼玄机

羞日遮罗袖，愁春懒起妆。易求无价宝，难得有心郎！枕上潜垂泪，花间暗断肠。自能窥宋玉，何必恨王昌！

冬夜寄温飞卿　　　　　　鱼玄机

苦思搜诗灯下吟，不眠长夜怕寒衾。满庭木叶愁风起，透幌纱窗惜月沉。疏散未闲终遂愿，盛衰空见本来心。幽栖莫定梧桐处，暮雀啾啾空绕林。

子夜歌　（二首）　　　　　　晁 采

夜夜不成寐，拥被啼终夕。郎不信侬时，但看枕上迹。

望春　　　　　　薛 涛

风花日将老，佳期犹渺渺。不结同心人，空结同心草。

金缕词　　　　　　杜秋娘

劝君莫惜金缕衣，劝君惜取少年时。花开堪折直须折，莫待无花空枝折！

燕子楼诗　（二首）　　　　　　关盼盼

楼上残灯伴晓霜，独眠人起合欢床。相思一夜情多少，地角天涯不是长。

北邙松柏锁愁烟，燕子楼中思悄然。自埋剑履歌尘散，红袖香销已十年。

第六节　两宋的诗歌

总论　　五代是词的萌发时期，诗无可称。到了宋朝，最初因受唐末五代的靡丽衰颓之风，一般作家仅知剽窃李义山的词句，而不会推陈出新，有所创作。当时有所谓"西崑体"者，诗格卑下，较之晚唐尤有甚焉。迨欧阳修及苏轼等天才诗人出，才把当时的脂粉绮靡的诗风打倒了。此后宋诗的造诣，虽没有《楚辞》的幽怨，汉魏的凄远，唐人的清逸，而另有一种幽奇的风趣。曹学佺谓宋诗："取材广而命意新，不剿袭前人一句。"吴之振亦称："宋人之诗，变化于唐，而出其自得，皮毛尽落，精神独存。"据二子之说，亦可见宋诗的真面目之一斑了。

西崑体之盛行及其反动　　西崑体的领袖为杨亿（字大年，建州蒲城人）、刘筠（字子仪，大名人）及钱惟演（字希圣，吴越王钱俶之子）三人。他们有《西崑酬唱集》，作风是专尚修辞，一宗义山，彼此唱和，竞相模拟，以渔猎掇拾为博，以俪花斗果为工，嫣然华美，而气骨不存，他们虽号称"江东三虎"，这虎也是病的，没有生气。只因他们官高名大，当时士人模仿此派作风者甚众，故号为"西崑体"。在《古今诗话》上说："……后进效之，多窃取义山语。尝御赐百官宴，优人有装为义山者，衣服败裂，告人曰：为诸官职拚扯至此，闻者大噱。"欧阳修亦曾说："杨大年与钱、刘唱和，自西崑集出，时人争效之，诗体一变，而先生老辈患其多用故事，至于语僻难晓，殊不知自是学者之敝。"由以上两说，可见西崑体的风行及其内容了。

当西崑体风行之时，有力矫其弊而不与之同流者，为苏舜钦、梅尧臣等。苏（1008 至 1048），字子美，梓州桐山人。曾居苏州，筑沧浪亭以自适，其诗豪放俊爽，轩昂不羁，笔力矫健，风骨横绝。梅（1002 至 1060），字圣俞，宣城人，有《宛陵集》。其诗古淡深远，精微一似韦、柳。河南王曙谓"其诗有晋宋遗风，自杜子美没后，二百年不见此作矣。"与苏子美并称，号为"苏梅"。欧阳修评以诗道："子美气尤雄，万窍号一噫；……梅翁事清切，石齿漱寒濑。"一个超迈横绝,一个深远闲淡,这是他们的不同点。

和圣俞庭菊　　　　　　　　苏子美

不谓花草稀,实爱菊色好。先时自封植,坐待秋气老。类妆翠羽枝,已喜金靥小。严霜发层英,益见化匠巧。摇疑光艳落,折恐丛薄少。一日三四吟,一吟三四绕。赏专情自迷,美极语难了。得君所赋诗,烂漫惬怀抱。朗咏偿此心,清樽为之倒。

夏　意　　　　　　　　苏子美

别院深深夏簟清,石榴开边透帘明。树阴满地日当午,梦觉流莺时一声。

淮中晚泊犊头　　　　　　　苏子美

春阴垂野草青青,时有幽花一树明。晚泊孤舟古祠下,满川风雨看潮生。

鲁山山行　　　　　　　　梅圣俞

适与野情惬,千山高复低。好峰随处改,幽径独行迷。霜落熊升树,林空鹿饮溪。人家在何许?云外一声鸡。

田　家　　　　　　　　梅圣俞

高树荫柴扉,青苔照落晖。荷锄山月上,寻径野烟微。老叟扶童望,羸羊带犊归。灯前饭何有?白薤露中肥。

欧阳、王、苏及其作品　　欧阳修(1007 至 1072),字永叔,谥文忠,晚号六一居士,庐陵人,四岁即孤,母郑氏甚贤,尝教以画获学书。彼不惟在诗上有所革新,在古文上亦有很大的贡献,实可称为有宋一代的文宗。欧阳的古文是学昌黎的,其诗亦然,不过除韩外又参以李杜,故其诗雄深雅健,毫无西崑绮靡之敝。他的作品,以《庐山高》及《明妃曲》为最佳。他尝自称:"《庐山高》今人莫能为,惟李太白能之;《明妃曲》后篇,太白不能为,惟杜子美能之,而于前篇则子美亦不能,惟吾能之也。"其自许有如斯者!

王安石(1021至1086),是一位大政治家,而兼诗人,字介甫,号半山,临川人。他是一代的怪杰,诗才殊高,所作皆以险绝为功,多未经人道语,有《临川集》。他与苏轼同受知于欧阳修,修有诗赠之云"翰林风月三千首,吏部文章二百年",可见推许之深。他的诗以五绝和七绝为特好,《沧浪诗话》谓:"公绝句最高,其得意处,高出苏、黄、陈之上。"《寒厅诗话》亦称:"王半山备众体,精绝句。"这可见安石的绝句在当时很负盛名了。

苏轼(1036至1101),字子瞻,号东坡,眉州眉山人,与父洵弟辙,并称三苏。为人英辩奇伟,豪放爽朗,他的诗文与词皆如其人。说者称他的诗是豪迈天成,气象宏阔;也有说是才思横溢,触处生春。总之,他的诗风是近于太白,他的诗体是近于昌黎,将二家融汇于一了。赵瓯北曰:"以文为诗,始自昌黎,至东坡益大放厥辞,别开生面。天生健笔一枝,有必达之隐,无难显之情,此所以继李杜而为一大家也。"东坡之诗,不但以豪放著,且能在豪放外,又有冲淡闲远之致,这是很难能的。他不惟上可以追梅、欧,下也可以启山谷、后山。他在北宋如杜甫在唐朝一样,真不愧称为一位承前启后的大作家了。

明妃曲　　　　　　　　　　　欧阳修
　　汉宫有佳人,天子初未识。一朝随汉使,远嫁单于国。绝色天下无,一失难再得。虽能杀画工,于事竟何益? 耳目所及尚如此,万里安能制夷狄? 汉计诚已拙,女色难自夸。明妃去时泪,洒向枝上花。狂风日暮起,飘泊落谁家? 红颜胜人多薄命,莫怨东风当自嗟!

丰乐亭游春　　　　　　　　　欧阳修
　　红树青山日欲斜,长郊草色绿无涯。游人不管春将老,来往亭前踏落花。

江　上　　　　　　　　王安石
江水漾西风,江花脱晚红。离情被横笛,吹过乱山东。

竹　里　　　　　　　　王安石
竹里编茅倚石根,竹茎疏处见前村。闲眠尽日无人到,自有春风为扫门。

书湖阴先生壁　　　　　　王安石
茅檐长扫静无苔,花木成畦手自栽。一水护田将绿绕,两山排闼送青来。

游金山寺　　　　　　　苏　轼
我家江水初发源,宦游直送江入海。闻道潮头一丈高,天寒尚有沙痕在。中冷南畔石盘陀,古来出没随涛波。试登绝顶望乡国,江南江北青山多。羁愁畏晚寻归楫,山僧苦留看落日。微风万顷靴纹细,断霞半空鱼尾赤。是时江月初生魄,二更月落天深黑。江心似有炬火明,飞焰照山栖乌惊。怅然归卧心莫识,非鬼非人竟何物? 江山如此不归山,江神见怪警我顽。我谢江神岂得已,有田不归如江水。

雨晴后　　　　　　　　苏　轼
雨过浮萍合,蛙声满四邻。海棠真一梦,梅子欲尝新。拄杖闲挑菜,秋千不见人。殷勤木芍药,独自殿余春。

六月二十七日望湖楼醉书　　苏　轼
黑云翻墨未遮山,白雨跳珠乱入船。卷地风来忽吹散,望湖楼下水如天。方生鱼鳖逐人来,无主荷花到处开。水枕能令山俯仰,风船解与月裴回。

黄庭坚与江西诗派　　黄庭坚(1045至1105),字鲁直,号山谷道人,又号涪翁,洪州分宁(今江西修水附近)人,为江西诗派的祖师。他虽为苏门四学士之一(其他三人为秦观,字少游,高邮人;张耒,字文潜,淮阴人;晁补之,字无咎,钜野人),但因诗名甚高,与子瞻齐名,并称"苏黄。"其诗奇崛古奥,即只字半句不轻出,同时作家及后人受其影响者甚多。迨其末流,乃至生涩拗拙,几不能读;不过当鲁直之世,尚无此弊。刘後村曰:"国初诗人,如潘阆、魏野,规规晚唐格调,寸步不敢走作。杨、刘则又专为西崑体,故优人有抵扯义山之诮。苏、梅二子,稍变以平淡豪俊,而和之者尚寡。至六一、坡公,巍然为大家数,学者宗焉。然二公亦各极其天才,笔力之所至而已,非必锻炼勤苦而成也。豫章稍后出,荟萃百家句律之长,究极历代体制之变,收猎奇书,穿穴异闻,作为古律,自成一家。虽只字半句不轻出,遂为本朝诗家宗祖。"由此可见山谷之诗,及其影响为何如了。

江西诗派之说,发自吕本中。吕字居仁,曾作《江西诗社宗派图》,说明陈师道等二十五人诗法相传,皆出自黄庭坚。其实所列举者,除陈师道、韩驹及晁冲之等少数人外,并无甚著名之作家。且二十五人中,亦非全是江西产。吕本中之作《江西诗派图》大概他别有用心罢。

陈师道(1053至1101),字无己,号后山,彭城人。其诗虽师山谷,而实远祖少陵。叶石林曰:"世言陈无己每登览得句,即急归卧一榻,以被蒙之,谓之吟榻。家人知之,即猫犬皆逐去,婴儿稚子亦皆抱持至邻家。"山谷有诗句云:"闭门觅句陈无己,对客挥毫秦少游。"其苦吟可见一斑。吕本中因其诗格极高,故选江西宗派以之嗣山谷,其余诸子皆不足当。

临河道中　　　　　　　　　　　　　　黄山谷

　　村南村北禾黍黄,穿林入坞歧路长。据鞍梦归在亲侧,弟妹妇女笑两厢。甥侄跳梁暮堂下,惟我小女始扶床。屋头扑枣烂盈斗,嬉戏喧争挽衣裳。觉来去家三百里,一园蒬丝花气香。可怜此物无根本，依草着木浪自芳。风烟雨露非无力，年年结子飘路傍。不如归种秋柏实，他日随我到冰霜。

题小景扇　　　　　　　　　　　黄山谷

草色青青柳色黄，桃花零落杏花香。春风不解吹愁却，春日偏能惹恨长。

登燕子楼　　　　　　　　　　　陈师道

绿暗连村柳，红明委地花。画梁初着燕，废沼已听蛙。鸥没轻春水，舟横着浅沙。相逢千岁语，犹说一枝花。

妾薄命　　　　　　　　　　　　陈师道

主家十二楼，一身当三千。古来妾薄命，事主不尽年。起舞为主寿，相送南阳阡。忍著主衣裳，为人作春妍。有声当彻天，有泪当彻泉。死者恐无知，妾身长自怜。

南宋四大家及其作品　　宋南渡后，言诗者多称陆游、范成大、杨万里、尤袤四人。其中以陆为第一，堪称南宋的代表作家，范、杨稍次，尤诗多散佚，仅知其长于律，平淡隽永而已。四人虽都曾受江西诗派的影响，但不依傍其门户，而能自创新格。这固因有天才诗人出来了，不肯再拘屈于黄、陈的故套中，亦实因时势改变了，宋为外侮所迫，不得不偏安于江左，一般爱国志士，对此风雨飘泊，将有亡国的局势，怎能还在江西诗派中钻研呢？

陆游（1125 至 1210），字务光，因不拘礼法，人讥其放，乃自号放翁，山阴（今浙江绍兴附近）人。其诗凡三变：初喜藻缋，中务宏肆，晚归恬澹。总其全集而论，不但清新拔俗，而且悲壮慷慨，实不失为一爱国诗人。刘後村曰："近岁诗人，杂博者堆队仗，空疏者窘材料，出奇者费搜索，缚律者少变化。惟放翁记闻足以贯通，力量足以驱使，才思足以发越，气魄足以陵暴，南渡而下，故当为一大宗。"有《剑南诗稿》八十五卷，录诗一万四千余首，真可称为一大作家了。

范成大(1126 至 1193)，字致能，号石湖居士，吴县人。其诗多咏田园生活，称田园诗人。杨万里最佩服他，尝称其诗曰："缛而不酿，缩而不窘，清新媚嫵，奄有鲍、谢；奔俊逸伟，穷追太白。"有《石湖诗集》三十四卷，凡古今体诗一千九百余首。

杨万里(1124 至 1206)，字庭秀，号诚斋，吉水人。尝自称其诗之渊源，谓初学江西，既学后山、半山，晚学唐人，后忽有悟，遂弃其前学，而自成一家，时号"诚斋体"。其诗浅近易晓，可称为宋朝的白话诗人。其中虽时杂俚语，而意境幽雅，至其状物写情，无不入妙。有人称其诗"笔端有口，句中有眼"，确非虚语。他有诗集九种，四十二卷，都四千余首。

北　望　　　　　　　　　陆　游

昔我初生岁，中原失太平。宁如墓木拱，不见塞尘清。京洛无来信，江淮尚宿兵。何时青海月，重照汉家营。

示　儿　　　　　　　　　陆　游

死去元知万事空，但悲不见九州同。王师北定中原日，家祭无忘告乃翁。

剑南道中遇微雨　　　　　陆　游

衣上征尘杂酒痕，远游无处不销魂。此身合是诗人未，细雨骑驴入剑门。

野　步　　　　　　　　　陆　游

蝶舞蔬畦晚，鸠鸣麦野晴。就阴时小息，寻径复微行。村妇窥篱看，山翁拂席迎。市朝那有此，一笑慰余生。

夏日田园杂兴 （之一）　　　范成大

昼出耘田夜绩麻，村庄儿女各当家。儿童未解供耕织，也傍桑阴学种瓜。

自横塘桥过黄山　　　　　　　　　范成大

阵阵轻寒细马骄,竹林茅店小帘招。东风已绿南溪水,更染溪南万柳条。

小　雨　　　　　　　　　杨万里

雨来细细复疏疏,纵不能多不肯无。似妒诗人山入眼,千峰故隔一帘珠。

蝶　　　　　　　　　杨万里

篱落疏疏一径深,树头先绿未成阴。儿童急走追黄蝶,飞入菜花无处寻。

庚子正月五日晓过大皋渡　　　　　　杨万里

雾外江山看不见,只凭鸡犬认前村。渡船满板霜如雪,印我青鞋第一痕。

永嘉四灵及其作品　　四灵为:徐照、徐玑、翁卷及赵师秀,因他们都是永嘉人。照字灵晖,玑字灵渊,卷字灵舒,师秀号灵秀,他们的字又都有个"灵"字,故称永嘉四灵。四灵同一主张,乃是江西诗派之反动者。盖自南宋中叶以还,除陆、范、杨等,多承江西派之末流,而失于拘束粗涩。于是四灵乃效晚唐,以清新便利,来矫正江西派之粗犷,不过因矫枉过正,亦不免有纤弱之诮。总之,四灵诗虽纯模仿唐音,不能别开生面,而诗中全不用典,能道人所知而不能道者,令人读后爽口沁心,较之末流之江西派,不啻一清凉剂也。

妾薄命　　　　　　　　徐　照

初与君相知,便欲肺肠倾。只拟君肺肠,与妾相似生。徘徊几言笑,始悟非真情。妾情不可收,悔思泪盈盈。

五里牌边　　　　　　　　　　　　徐　玑

路绕山根石磴斜,小桥流水树交加。柴门半掩人稀到,五里牌边三四家。

中村步月　　　　　　　　　　　　翁　卷

幽兴苦相引,水边行复行。不知今夜月,曾动几人情?光逼流萤断,寒侵宿鸟惊。欲归独未忍,清露滴三更。

约　客　　　　　　　　　　　　赵师秀

黄梅时节家家雨,青草池塘处处蛙。有约不来过夜半,闲敲棋子落灯花。

辽金之诗人及其作品　　辽以塞北一部落——契丹——乘北宋的衰弱,而以兵马蹂躏中原,其本身原无文化,何有文学? 及金起灭辽,伐宋,据有北方,采取辽宋的遗制,文运因之渐兴,一时诗人辈出。其中如党怀英,字世杰,泰安人,一说陕西冯翊人。赵秉文,字周臣,磁州人,自号闲闲道人,各主文坛盟主者,殆三十年。而尤以金末之元好问为最知名之诗人,可称金朝唯一的代表作家。元字裕之,号遗山,太原定襄人。因作《箕山》、《琴台》二诗,被赵秉文所称赏,谓少陵以后无此作,招以书,于是名誉震京师,称为"元才子"。后金亡于元,不仕,以著作自娱。史称其诗:"奇崛而绝雕刿,巧缛而谢绮丽。"赵瓯北曰:"苏、陆古体,行墨之间尚多排偶,一以肆其博辨,一以侈其藻绘,固才人之能事也。遗山专以单行,绝无偶句,构思窅渺,十步九折,愈折而意愈深,味愈隽,虽苏、陆不及也。唐以来律诗可歌可泣者,少陵十数联外,绝无嗣响。遗山往往有之,沉挚悲凉,自为声调。"遗山诗,所以能造诣到这般田地,一因其生长北方,原有豪健英杰之气,又值金室覆亡,更有宗社丘墟之感,所以诗工意壮,悲歌慷慨。有此二因,再加以有诗的天才,无怪其成为一大作家了。有《中州集》，将金朝诗家的作品，搜罗殆尽，为研究金诗者一绝好资料。相传遗山有妹亦能诗，立志不嫁，张平章当揆，欲娶之，其妹乃赋诗以拒之曰："补天手段暂施张，不许纤尘落画堂。寄语新来双燕子，移巢别处觅雕梁。"论者谓大有乃兄之风云。

西楼曲　　　　　　　　　元好问

游丝落絮春漫漫，西楼晓晴花作团。楼中少妇弄瑶瑟，一曲未终坐长叹。去年与郎西入关，春风浩荡随金鞍。今年匹马妾东还，零落芙蓉秋水寒。并刀不剪东流水，湘竹年年露痕紫。梅枯石烂两鸳鸯，只合双飞便双死。重城车马红尘起，乾鹊无端为谁喜。镜中独语人不知，欲插花枝泪如洗。

横波亭为青口帅赋　　　　　元好问

孤亭突兀插飞流，气压元龙百尺楼。万里风涛接瀛海，千年豪杰壮山丘。疏星淡月鱼龙夜，老木清霜鸿雁秋。倚剑长歌一杯酒，浮云西北是神州。

赋癸巳五月三日北渡　　　　元好问

道旁僵卧满累囚，过去旃车似水流。红粉哭随回鹘马，为谁一步一回头？！

第七节　元明的诗歌

元代诗人及其作品　　　元兴，统一中原，其文学除戏曲特别发达外，诗人亦有可称者，杨载诗如百战健儿，范梈诗如唐临晋帖，揭傒斯诗如美女簪花，虞集诗如汉廷老吏，而尤以元末之杨维桢为一代作家。杨（1296 至 1370），字廉夫，号铁崖，会稽人，因其诗名在当时甚盛，号为"铁崖体"。张甫称其古乐府"出入少陵二李间，有旷世金石声"。宋濂称其诗："震荡凌厉，鬼没神施，典丽之中，别饶隽致。"不过因元季诗歌纤弱，彼矫枉过直，又有失之于怪诞晦涩之处,这是美中的不足。

武昌舟中 揭傒斯

船头放歌船尾和,篷上雨鸣篷下坐。推篷不省是何乡,但见双飞白鸥过。

漫 兴 杨维桢

杨花白白绵初进,梅子青青核未生。大妇当垆冠似鸱,小姑吃酒口如樱。

明诗总论 明代文学,除传奇及小说承了元代的遗风余韵,颇为可观外,诗文二者,实不足道。其故,在不脱模仿前人之窠臼,而不能自创新格。当时所谓一般作家,不是模仿汉魏,便是盛唐,不是崇尚东坡,便是香山。这固在中国文人好古成习,旧疴难除,亦因明太祖嫌忌太甚,只恐有人取而代之,故对于思想方面,一味束缚,不重阳明的良知良能,而一守程朱的旧说。又以八股文取士,使天下才士,尽入其彀中。因之有明一代,论文学之精神,则不如唐之雄伟精壮,思想不如宋之湛深绵密;但论派别之繁,才子之多,任何时代恐亦不及。派别:仅明初即有五个诗派,后又有台阁体与复古派,公安派与竟陵派,及几社与复社。才子:有"明初四杰"与"吴中四子","前七子"与"后七子","十才子"与"五才子",还有"后五子","广五子","续五子"与"末五子",真是热闹得很。兹为爱惜篇幅起见,无暇细论这么多的"派"与"子",仅择其要者一述之。

高启、袁凯及其作品 高启(1336至1374),字季迪,号青丘子,长州人,为吴中四杰之冠——其余为杨基、张羽、徐贲三人——作诗凡千七百余首,王子充称:"季迪之诗,隽而清丽,如秋空飞隼,盘旋百折,招之不肯下。又如碧水芙渠,不假雕饰,翛然尘外。"清《四库大全集提要》曰:"启天才高逸,实据明一代诗人之上,其于诗拟汉魏似汉魏,拟六朝似六朝,拟唐似唐,拟宋似宋,凡古人之所长，无不兼之。振元末纤秾缛丽之习，而返之于古，启实为有力。"惜太祖猜忌过甚，因为魏观撰上梁文，被腰斩于市，年仅三十九，不能有所大成。著有《吹台》、《凤台》、《缶鸣》等集。

袁凯字景文，华亭人，自号海叟，背戴乌巾，倒骑黑牛，游行九峰，间好事者，至绘为图。程孟阳论其诗曰："海叟诗气骨高妙，天然去雕饰，天容道貌，即之冷然。古意二十首，高古激越，雄视一代。七言古诗，笔力豪宕，鲜不如意。七言律诗，自宋、元来，学杜未有如叟之自然者。野逸元澹，疏荡傲兀，往往得老杜兴会。"有《在野集》。以《白燕诗》得名，人呼之"袁白燕"。此外有刘基者，字伯温，青田人，他的诗造诣虽不甚高，但所作尚能自备一格，不全依傍前人。

白　燕　　　　　　　　　袁　凯

故国飘零事已非，旧时王谢见应稀。月明汉水初无影，雪满梁园尚未归。柳絮池塘香入梦，梨花庭院冷侵衣。赵家姊妹多相忌，莫向昭阳殿里飞。

京师得家书　　　　　　　袁　凯

江水三千里，家书十五行。行行无别语，只道早还乡。

张节妇词　　　　　　　　高　启

灵寿张明府嫡母早寡守志。

谁言妾有夫？中路弃妾身先殂。谁言妾无子？侧室生儿与夫似。儿读书，妾辟纑，空房夜夜闻啼乌。儿能成名妾不嫁，良人瞑目黄泉下！

筑城词　　　　　　　　　高　启

去年筑城卒，霜压城下骨。今年筑城人，汗洒城下尘。大家举杵莫住手！城高不用官军守。

李梦阳、何景明及其作品　　此二人为明代复古派之健将，亦即前七子之领袖。先是继高、袁而起者为三杨——士奇、荣、溥——之台阁体。当永乐至成化八十年间，海内升平，三杨历执国政，其所作诗文，平和宽博，雍容文雅，是谓台阁体——官僚文学。及至末流，日趋肤浅，毫无生气。李东阳及其门生李梦阳、何景明乃倡议复古，一洗台阁体之陋习。明诗至此，乃起一大变化。李东阳初宗唐宋，而李梦阳、何景明更进一步，以主张秦汉之文，盛唐之诗相号召。他们主张"不读唐以后书"和"古文之法亡于韩"的。总之，在他们的心目中，是"汉以后无文，唐以后无诗。"其复古之态度，可见一斑。

　　李梦阳（1472 至 1529），字献吉，号空峒子，庆阳人，因庆阳为古北地郡，故世称北地。性傲岸乖戾，才思雄骛，以复古自命。王维桢论其诗曰："七言律自杜甫以后，善用顿挫倒插之法，惟梦阳一人。"他的作风豪迈高古，气魄宏大，颇有北方刚劲之风。

　　何景明（1483 至 1521），字仲默，号大复，信阳人，性耿介，尚节义，鄙荣利，与梦阳初甚相得，后因主张稍有不同，互相诋丑。梦阳主模仿，景明主创造，各不相下。说者谓景明之才不如梦阳，而其诗秀逸稳称，反为过之。沈归愚评二人之诗曰："北地以雄浑胜，信阳以秀朗胜，同是宪章少陵，而所造各异，未易轩轾。"故天下论诗文者，必以李、何并称也。前七子除李、何外，尚有边贡、徐祯卿、康海、王九思及王廷相五人。

赠王文熙　　　　　　　　　　　何景明

　　行子夜中起，月没星尚烂。天明出城去，暮薄长河岸。草际人独归，烟中鸟初散。解缆忽以遥，川光夕凌乱。

怀沈子　　　　　　　　　　　　何景明

　　沈生南国去，别我独凄然。落日清江树，归人何处船？

河之水歌　（有序）　　　　　　李梦阳

　　河水之歌，李子为其子作也，以子追不及。

河之水，流溅溅，望父不见立河干。

童　谣　　　　　　　　　李梦阳

鸡鸣仓黄起，抛孩爷怀里。我但知添水煮糜，岂料南村买
罩离，归来烂了糜！公则骂，婆则打，小姑下床授头发。一缕
发，一缕麻，我母闻知心痛杀。

李攀龙、王世贞及其作品　　　继前七子而为复古派者，有后七
子，即李攀龙、王世贞、谢榛、宗臣、梁有誉、徐中孚、吴国伦。此七
人亦称嘉靖七子。七子中以李、王为领袖，与前七子之李、何，并称
李、何、王、李。李攀龙(1514至1570)，字于麟，号沧溟，历城人，为
人英迈傲物，才思雄劲。其诗尚声调，好摹古，因之不免有生吞活
剥，优孟衣冠之诮。他的七律诗高华矜贵，脱去凡庸，较之五古与
乐府，胜似多了。

王世贞(1526至1590)，太仓人，字元美，号凤洲，又称弇州山人。
他的才学与作品，都高于攀龙，无怪攀龙对人简傲，独心重世贞。攀
龙死后，世贞主持文坛有二十年之久，因才高望重，一时学者莫不奔
走其门下，大有一登龙门，声誉骤起之概。他主张"文必西汉，诗必
盛唐。"不过藻饰太过，亦摹古之弊。论其诗，乐府古体高出攀龙，七
言近体亦规模大家，实后七子中的佼佼者，不愧为一代领袖作家也。

送明卿之江西　　　　　　　李攀龙

青枫飒飒雨凄凄，秋色遥看入楚迷。谁向孤舟怜逐客？
白云相送大江西。

夜度娘　　　　　　　　　　李攀龙

侬来星始集，侬去月将夕。不是地上霜，无人见侬迹。

幽州马行客歌　　　　　　　王世贞

女郎初嫁时，日日称阿母。女郎抱儿归，日日称儿父。

莫州谣　　　　　　　　　　王世贞

兄何在,南伐吴。弟何在,北防胡。老父何在,呼役夫。少妇具晨铺,大妇行唤姑。行唤姑:姑不起。溺床下,波渌渌!

送妻弟魏生还里　　　　　　王世贞

阿姊扶床泣,诸甥绕膝啼。平安只两字,莫惜过江题。

公安体与竟陵体　　　复古派经前七子与后七子的提倡与鼓吹,曾风靡一时,学者虽亦有反对的,只因寡不敌众,未能改变风气,挽狂澜于既倒。自袁宗道兄弟出,始正式树反对复古派的旗帜。他们主张作诗要独抒性灵,不拘格调,要信腕信口,皆成律度,不赞成模仿古人,剿袭旧套。于是明代诗风至此又一变。因袁氏兄弟为公安人,故称公安体。袁氏长者为宗道,次者为宏道,小者为中道,三人皆有才名,而尤以宏道为最著。宏道字无学,号中郎,尝与丘长孺书曰:"大抵物真则贵,真则我面不同君面,而况古人之面貌耶?"在他的《叙小修诗》内说:"……盖诗文至近代而卑极矣。文则必欲准于秦汉,诗则必欲进于盛唐。剿袭模拟,影响步趋。见人有一语不相肖者,则共指以为野狐外道。曾不知文准秦汉矣,秦汉人曷尝字字准六经欤?诗准盛唐矣,盛唐人曷尝字字学汉魏欤?秦汉而学六经,岂复有秦汉之文?盛唐而学汉魏,岂复有盛唐之诗?……"由此可见他主张的一斑,并可知当时文坛的情形了。袁氏弟兄的诗,以清新轻俊胜,不过间有戏谑嘲笑,鄙俚欠雅处。如《西湖诗》云:"一日湖上行,一日湖上坐,一日湖上住,一日湖上卧。"并非好诗,直滑稽之词耳。

后有钟惺及谭元春者出,因见于袁氏弟兄的作品鄙俚欠雅,复一变而为幽深孤峭,以矫公安之弊。二人同评选唐人之诗,为《唐诗归》,又评隋以前诗为《古诗归》,于是钟、谭之名满天下。因均为竟陵人,故称竟陵体。然二人识解多怪僻,不免为通人所讥。总之,以上两派都有点矫枉过直,一失之浅率,一失之晦涩。这大概因明之国运日微,而诗运亦随之日下了。

横塘渡　　　　　　　　　　　　　袁宏道

横塘渡，郎西来，妾东去，感郎千金顾。妾家住红桥，朱门十字路。认取辛夷花，莫过杨柳树！

途中口占　　　　　　　　　　　　袁宏道

文字读未倦，心情放去闲。梦回无一事，只有看西山。

丁酉初度　　　　　　　　　　　　袁宏道

天涯随处是生涯，阔帽宽衫似老年。算马与人三十口，卖奴及宅五千钱。一心槁木寒灰去，几度抛书抱枕眠。古佛阁前温坑里，拽将红袖夜谈禅。

吴中诗人及其作品　　在复古派盛行之下，而不受其影响，作风自成一格，他们以抒写性情为主，虽有时不免伤于绮靡，常杂凡俗语，但这正可以看出他们的天真来。这些诗人以唐寅为中心，祝允明、文徵明及张灵附和之。唐寅（1470 至 1523），字伯虎，一字子畏，号六如，吴县人，有《六如居士集》。家贫，常以卖画为生。钱谦益评其诗，谓："子畏诗，晚益自放，不计工拙，兴寄烂漫，时复斐然。"此评甚是的当。祝允明（1460 至 1526），字希哲，号枝山，又号枝指生，为人狂放，不事生产，其诗多效齐梁体，富有画意者不少。文徵明（1470 至 1559），名壁，原籍衡山，他的画最有名，其诗工力甚深，而或病其纤弱。张灵，字梦晋，也善画能诗，其疏狂尤过于伯虎、枝山。清人钱竹初有《乞食图》一剧，写灵事，殊哀艳动人。

晓起图　　　　　　　　　　　　　唐　寅

独立茅门懒挂筇，鬖丝凉拂豆花风。晓鸦无数盘旋处，绿树枝头一线红。

对　酒　　　　　　　　　　　　　张　灵

隐隐江城玉漏催，劝群须尽掌中杯。高楼明月清歌夜，知是人生第几回！

把酒对月歌　　　　　　　唐　寅

李白前时原有月，惟有李白诗能说。李白如今已仙去，月在青天几圆缺？今人犹歌李白诗，明月还如李白时。我学李白对明月，月与李白安能知？李白能诗复能酒，我今百杯复千首。我愧虽无李白才，料应月不嫌我丑。我也不登天子船，我也不上长安眠。姑苏城外一茅屋，万树梅花月满天。

第八节　清代的诗歌

总论　　前清的文学，可称历代之冠，诗、词、戏曲、小说和古文、骈文，作家之多，好如过江之鲫，而尤以康熙、乾隆两朝为最盛。其故有三：一、学术发达，前清汉学、宋学二者俱臻极盛，故考据与名理各有特长，所以发乎文章，自成佳构。二、国势强盛，前清版图之广，武力之盛，除元朝外，历代未有。康、乾两朝，域内升平，文人辈出，故能在太平歌舞之世，优游于文艺之圃，因之鸿篇巨制，层见叠出。三、朝廷奖进，自满清人主中华，深惧汉人异动，有所报复，故特奖进文学，开博学鸿词科，编纂图书，以笼络人心，使天下有才之士，都在故纸堆中和笔杆头上讨生活。一般文人的气节，虽被怀柔政策给销沉下去了，但文学却因之大昌。有了以上三因，所以前清的文学特别发达。今先就诗歌方面而叙述之：

清初诗人及其作品　　钱谦益与吴伟业为清初最有名之诗人，同为有明遗臣而仕清者。不过一出自愿，一由被动，有所不同。钱（1582 至 1664），字受之，号牧斋，常熟人，崇祯初为礼部尚书，清兵下江南，谦益迎降，时人耻之。其诗出入李、杜、韩、白间，才力富健，学问渊博，所著有《初学》、《有学》二集。因其甘为贰臣，乾隆朝诏毁其集，故在沈德潜的《清诗别裁》中，连他一首也未入选，不过不能以人废言，他的诗沉郁藻丽，高情逸致，亦不在梅村下。

吴伟业（1609 至 1671），字骏公，号梅村，太仓人。明亡，侯方域曾劝他勿仕新朝,后来失节事清,完全是被迫而然的,故在他临死时,遗嘱:"敛以僧服,墓前树一圆石,题诗人吴梅村之墓。"看他遗嘱的用意,比钱谦益的迎降要好多了。在清四库《梅村集提要》论他的诗道:"其少作大抵才华艳发,吐纳风流,有藻思绮合,清丽芊眠之致;及乎遭逢丧乱阅历兴亡,激楚苍凉,风骨弥为遒上,暮年萧瑟,论者以庾信方之。其中歌行一体,尤所擅长,格律本乎四杰,而情韵为深;叙述类乎香山,而风华为胜,韵协宫商,感均顽艳,一时尤称绝调。……"此外有合肥龚鼎孳与钱、吴齐名,只因作品较差,故从略。

狱中杂诗　　　　　　　　　钱谦益

良友冥冥恨下台,寡妻稚子尺书来。平生何限弹冠意,死后空余挂剑哀!千载汗青终有日,十年碧血未成灰。白头老泪西窗下,寂寞封题一雁回!

悼　亡　　　　　　　　　　吴梅村

秋风萧索响空帏,酒醒更残泪满衣。辛苦共尝偏早去,乱离知否得同归?君亲有愧吾还在,生死无端事总非。最是伤心看稚女,一窗灯火照鸣机!

自　叹　　　　　　　　　　吴梅村

误尽平生是一官,弃家容易变名难。松筠敢厌风霜苦,鱼鸟犹思天地宽。鼓柁有心逃甬里,推车何事出长干?旁人休笑陶弘景,神武当年早挂冠。

南施北宋及其作品　　　钱、吴以后的诗人,则推施润章与宋琬,因彼二人为南北名家,故有"南施北宋"之称。施润章(1624至1689),字尚白,号愚山,安徽宣城人,有《学余堂集》。为人和善,好谈忠孝节义事,因此负笈来学者甚多,其诗以温柔敦厚胜。

宋琬(1614至1673),字玉叔,号荔裳,山东莱阳人,有《安雅堂集》。性孝友,虚怀下士,如愚山。惜吴三桂陷成都时,因妻子皆在蜀,忧愤而卒。其诗以磊落雄健胜,与愚山适相反。这大概因他们所生长之地不同,所以气质就有刚柔之别了。

妾薄命　　　　　　　　　　　施润章

妾如木槿花,朝荣愁日暮。君如杨白花,东飞复西去。去去何时还,西度榆林关。不怨妾憔悴,念君非故颜。

过湖北山家　　　　　　　　　施润章

路回临石岸,树老出墙根,野水合诸涧,桃花成一村。呼鸡过篱栅,行酒命儿孙。去矣吾将隐,前峰恰对门。

九日同姜如龙、王西樵、程穆情诸君登慧光阁　宋　琬

塞雁犹未到芜城,载酒登楼雨乍晴。山色浅深随夕照,江流日夜变秋声。上方钟磬疏林满,十里笙歌画舫明。空负黄花羞短发,寒衣三浣客心惊!

神韵派诗人王士祯及其作品　　王士祯(1634至1711),字贻上,号阮亭,自称渔洋山人,世为山东新城右族,仕至刑部尚书。他有见于宋诗的质直,元诗的缛艳,乃主神韵说,倡为"不着一字尽得风流"之言。观其选《唐贤三昧集》,不取李、杜而取王维,可见他用意的所在。因其名高望重,主盟诗坛有五十年之久,天下士子,莫不仰之如泰山北斗,翕然奉以为宗,甚至尊之为清代第一诗人。其诗旖旎风华,情致绵密。钱牧斋评之曰:"贻上之诗,文繁理富,佩实衔华,感时之作,怆恻于杜陵,缘情之什,缠绵于义山。"施愚山曰:"先生诗,举体遥俊,寄兴超远,殆得三唐之秀,而上溯乎晋魏,旁采于齐梁。"此美之者的赞语。而短之者,有汪琬说他"喜用僻事新字";赵执信诋他"缥渺不着";袁枚讥他"主修饰而略性情"。不过平心论之,其诗清新俊逸,秀韵澹远,是其特长,而尤因神韵之妙,在一片天机兴会,不宜长诗,故绝句最为擅长,太白之后,几无其匹。

与王齐名者,有朱彝尊(1629至1709),字锡鬯,号竹垞,浙江嘉兴人,少聪慧绝人,读书过目不忘,他的诗文词均工,可称多方面的著作家。诗牢笼万有苍劲跌宕,与渔洋并峙,为南北二大宗,有《曝书亭集》。

<blockquote>

寄陈伯玑金陵咏柳　　　　　　　　王士禛

东风作意吹杨柳,绿到垂杨第几桥?欲折一枝寄相忆,隔江残笛雨萧萧!

</blockquote>

<blockquote>

青　山　　　　　　　　　　　　王士禛

晨雨过青山,漠漠寒烟织。不见秣陵城,坐爱秋江色。

</blockquote>

<blockquote>

真洲绝句　　　　　　　　　　　王士禛

晓上江楼最上层,去帆婀娜意难胜。白沙亭下潮千尺,直送离心到秣陵。

</blockquote>

<blockquote>

雁门关　　　　　　　　　　　　朱竹垞

白登雁门道,骋望勾注巅。山冈郁参错,石栈纷钩连。度岭风渐生,入关寒凛然。层冰如玉龙,万丈悬蜿蜒。飞光一相射,我马忽不前。抗迹怀古人,千载多豪贤,郅都守长城,烽火静居延。刘琨发广莫,吟啸扶风篇。时来英雄奋,事去陵谷迁。古人不可期,劳歌为谁宣。嗷嗷中泽鸿,聆我慷慨言!

</blockquote>

反神韵派的诗人及其作品　　王渔洋所主张的神韵说,曾风行海内,一时无比,而首唱异议,反对此说者,为赵执信。到乾隆时,有袁枚等大张旗鼓,提倡性灵说,排斥渔洋。至是神韵派渐衰,而无昔时之盛了。赵执信(1661至1741),字伸符,号秋谷,晚号饴山老人,山东益都人,与渔洋为甥舅。时人以渔洋为宗,而赵独不肯执弟子礼。他的诗注重声调,专从事于古诗声调的发挥与模拟,与渔洋的神韵缥渺,大不相同。有《饴山堂诗文集》。

袁枚（1716 至 1797），字子才，号简斋，钱塘人，世称随园先生。为人放荡，不拘形骸，以名士自居，尝收女弟子十三人，教以诗画，亦当时文坛上的艳闻。他反对渔洋，以为诗是人的性情，性情以外无诗。所谓神韵，当然不是诗的真谛。他的作品，因才力横肆，纵笔所至，言无不尽，不过因才气太露，好弄小巧，未免有轻纤之讥。与枚齐名者，有赵翼、蒋士铨，当时称为江左三大家。

赵翼（1726 至 1813），字云松，号瓯北，阳湖人。其诗才气纵横，庄谐并作，笔致灵活可爱，语意明白如话，不过常有因诙谐过甚，而少浑厚处。彼尝曰："吾诗自为赵诗，何知唐宋？"由此可知他亦是主张自抒心性的诗人。有《瓯北集》。

蒋士铨（1725 至 1784？），字心余，一字苕生，号清容，江西铅山人，有《忠雅堂集》。为人有至情，咏忠孝节义事，凄怆激楚，令人感奋。有人评他的叙事诸作，谓："以班、马之才，行杜、韩之法，沉郁顿挫，变化错综。"他有诗才而兼史眼，可称为一部诗史。洪亮吉评他们三人的诗道："袁如通天神狐，醉便露尾；赵如东方正谏，时带谐谑；蒋如剑侠入道，尚余杀机。"这可见三大家诗的特点。

此外有沈德潜（1673 至 1769），字确士，号归愚，长州人。他亦反对神韵说，不过不主张性灵，而提倡格律，他尝说："诗以声为用者也，其微妙在抑扬抗坠之间。"因选《古诗源》和《王朝诗别裁集》，以作规范。高宗最爱他的诗，和御制诗颇多。但因其讲究格律，时有模拟的痕迹，比之袁、赵、蒋三家，稍为逊色。

陇上作　　　　　　　　　　　　　　袁　枚

忆昔童孙小，曾蒙大母怜。胜衣先取抱，弱冠尚同眠。鬓影红灯下，书声白发前。倚娇频索果，逃学免施鞭。敬奉先生馔，亲装稚子棉。掌珠真护惜，轩鹤望腾骞。行乐常扶背，看花屡抚肩。亲邻惊宠极，姊妹妒恩偏。玉陛胪传夕，秋风榜发天。望儿终有日，道我见无年。渺渺言犹在，悠悠岁几迁。果然官锦服，来拜墓门烟。反哺心虽急，含饴梦已捐。恩难酬白骨，泪可到黄泉。宿草翻残照，秋山泣杜鹃。今宵华表月，莫向陇头圆。

吴门杂诗 （之一）　　　　　　　　赵　翼

形容老尽旧交游，独有先生鬓不秋。白发谁言最公道，逡巡也避贵人头。

漫　兴　　　　　　　　　　　　赵　翼

绝顶楼台人倦后，满堂袍笏戏阑时。与君醒眼从旁看，漏尽钟鸣最可思。

落叶诗　　　　　　　　　　　蒋士铨

古道无人拾堕樵，啼乌来往独魂销。一林冷月露山寺，十里清霜生板桥。旧事几添摇落感，离情不记短长条。高楼试奏哀蝉曲，满耳秋风咽玉箫！

远游 （之一）　　　　　　　　蒋士铨

初日照林莽，积霭生庭闱。长跪拜慈母，有泪不敢垂。"连年客道路，儿生未远离。力学既苦晚，可复无常师？负笈出门去，白日东西驰。远游幸有方，母心毋念之，儿食有齑粥，母毋念儿饥。儿服有敝裘，母毋念儿衣。倚闾勿盼望，岁暮儿当归。"俯首听儿言，丁宁语儿知！小妹不解事，视母为笑啼。新妇亦善愁，含泪无言词。繁忧未能语，匪但离别悲。父车既已驾，我行复迟迟。岂无寸草心？珍重三春晖。仰看林间乌，绕树哑哑飞。

岁暮到家　　　　　　　　　　蒋士铨

爱子心无尽，归家喜及辰。寒衣针线密，家信墨痕新。见面怜清瘦，呼儿问苦辛。低回愧人子，不敢叹风尘。

随园杂兴　　　　　　　　　袁　枚

君莫笑楼高,楼高固亦好。君来十里外,我已见了了。君来莫乘车,车声惊我鸟。君来莫骑马,马口食我草。君来毋清晨,山人怕起早。君来毋日暮,日暮百花老。

野　步　　　　　　　　　　赵　翼

峭寒催换木棉裘,倚杖郊原作近游。最是秋风管闲事,红他枫叶白人头!

乾隆以后的诗人及其作品　　有清一代,以乾隆朝为极盛时期。要知物极必反,乾隆以后,国势即渐露衰象,而诗人亦如之。自袁、赵、蒋三家,至清之亡国,一百余年间,可称为大诗人,能代表一时代者几无其人。每朝虽亦有不少作家,但多出于模仿,不是学唐诗,便是学宋诗,亦间有学本朝渔洋者。所谓同光体,或所谓江西诗派,无非是埋没自己的个性,而去模拟他人,一点时代性亦没有。其中如王闿运所谓一代作家,查他的作品全是模仿古人,几乎没有"我"在,无怪江西派诗人陈衍在《石遗室诗话》挖苦他道:"湘绮(王闿运)五言古,沉酣于汉魏六朝者至深,杂之古人集中,真莫能辨正;惟其莫能辨,不必其为湘绮之诗矣!……盖其墨守古法,不随时代风气为转移,虽明之前后七子,无以过之也"。樊增祥(樊山)亦说他:"六朝人物一湘潭"(王湘潭人)。他虽生在近代,也不过是活着的六朝人罢了。百年来模仿古人的作家太多了,我们也无暇细述,现在仅介绍几个尚能代表抒写个性的诗人于下:

黄景仁(1749至1783),字仲则,武进人,生平很清苦,年三十五死于异乡的客舍。著有《两当轩诗集》。所作多雄肆悲壮,哀怨动人。洪亮吉与他齐名,而实不及他。洪称他的诗为:"秋虫咽露,病鹤舞风。"因他的环境不佳,故所咏不是愁病,便是贫苦,他真是一个生不逢辰的穷愁诗人!

郑燮(1693至1765),字克柔,号板桥,兴化人,有《板桥集》,诗书画均工,有郑虔三绝之称。为人疏宕潇洒,有至情。他的诗差不多都是由性灵中自然流露出来的，矫揉造作处甚少，语句清白，一如香山。有《道情》十首，虽是警世作品，志在教人，但无陈腐气。作风质朴清利，一如其人，无怪百年后的今日，还有人在歌唱呢。

金和（1818 至 1885），字亚匏，上元人，有《秋蟪吟馆诗钞》。他是个爱国诗人，因生逢长发之乱，又困居南京围城中，故所咏多关乎离乱事，能代表一个时代。他在城中曾结识了许多发兵，欲为官军内应，而官军屡次失约，和恨官军无能，乃作《痛苦篇六月初二日纪事》一百韵来嘲骂他们。他的诗嘲笑中带有诙谐味，所谓诙谐不是轻薄，乃是欲哭而无泪的强笑。我们读了他的诗，自可见其作风之一斑。与金和并称者，尚有贵州诗人郑珍。郑（1806 至 1864），字子尹，遵义人。其诗沉郁严整，为当时一大家。

此外最有革新的精神，一洗前人及当时作家模仿之风者，为黄遵宪。黄（1848 至 1905），字公度，广州嘉应州人，有《人境庐诗草》。他做过二三十年的外交官，到过日本、英国、美国、南洋等处。他的诗能独辟境界，熔铸新理想，以入旧风格。因他生逢清末，国势凌弱，外患日急，故所咏多慷慨激昂，悲愤抑郁，忧时感事之作。他自述作诗之法，谓："自曹、鲍、陶、谢、李、杜、韩、苏，讫于小家，不名一格，不专一体，要不失乎为我之诗。"因他不依傍古人，独自创作，故有"我手写我口，古岂能拘牵？即今流俗语，我若登简编，五千年后人，惊为古斓斑"之语。看他不避方言俗谚，运用新思想，新诗料，在古旧的诗体范围中，创造出诗的新生命，真不愧为二十世纪的作家和新诗的前驱者。至其他诗人，如陈三立的恶熟，不肯作一习见语；樊增祥的不肯用眼前的故实，只在典故上求清新，和江西诗派的摹古，以致多诘诎不可诵，都无介绍的必要了。

途中遘病颇剧怆然作诗　（之一）　　黄景仁

摇曳身随百丈牵，短檠孤照病无眠。去家已过三千里，堕地今将二十年。事有难言天似海，魂应尽化月如烟。调羹调水人谁在？况值倾囊无一钱。

杂　感　（五篇之一）　　　　　　黄遵宪

大块凿混沌，浑浑旋大圜。隶首不能算，知有几万年？羲轩造书契，今始岁五千。以我视后人，若居三代先。俗儒好尊古，日日故纸研，六经字所无，不敢入诗篇。古人弃糟粕，见之口流涎，沿习甘剽盗，妄造丛罪愆。黄土同抟人，今古何愚贤！即今忽已古，断自何代前？明窗敞琉璃，高炉爇香烟。左陈端溪砚，右刻薛涛笺。我手写我口，古岂能拘牵？即今流俗语，我若登简编。五千年后人，惊为古斓斑。

山　歌　（九首之一）　　　　　　黄遵宪

一家女儿做新娘，十家女儿看镜光。街头铜鼓声声打，打着中心只说"郎"！

下　滩　　　　　　郑　珍

前滩风雨来，后滩风雨过。滩滩若长舌，我舟为之唾。岸竹密走阵，沙洲圆转磨。指梅呼速看，著橘怪相左。半语落上岩，已向滩脚坐。榜师打嫩桨，篙律遵定课。却见上水路，去速胜于我。入舟将及旬，历此不计个。费日捉急流，险状胆欲懦，滩头心夜归，写觅强伴和。

雨后泛青溪　　　　　　金　和

青溪雨过湿濛濛，画舫轻移似碧空。芳草生时江水绿，春山明处夕阳红。榜边帘影低迎月，楼上箫声暗堕风。最是乱莺啼歇后，卷帘人在柳花中。

初五日纪事　　　　　　金　和

前日之战未见贼，将军欲赦赦不得。或语将军难尽诛，姑使再战当何如？昨日黄昏忽传令，谓"不汝诛贷汝命。今夜攻下东北城，城不可下无从生。"三军拜谢呼刀去，又到前回酣睡处。空中乌乌狂风来，沉沉云阴轰轰雷。将谓士曰雨且至，士谓将曰此可避。回鞭十里夜复晴,急见将军天未明。将军已知夜色晦,"此非汝罪汝其退"。我闻在楚因天寒,龟手而战难乎难。近来烈日恶作夏,故兵之出必以夜。此后又非进兵时,月明如昼贼易知。乃于片刻星云变,可以一战亦不战。吁嗟乎,将军作计必万全,非不灭贼皆由天。安得青天不寒亦不暑,日月不出不风雨!

七歌 （之一） 郑燮

我生三岁我母无,叮咛难割襁中孤。登床索乳抱母卧,不知母殁还相呼。儿昔夜啼啼不已,阿母扶病随啼起。婉转噢抚儿熟眠,灯昏母咳寒窗里。呜呼二歌兮夜欲半,鸦栖不稳庭槐断!

道情 郑燮

老渔翁,一钓竿。靠山崖,傍水湾。扁舟来往无牵绊。沙鸥点点轻波远,荻港萧萧白昼寒。高歌一曲斜阳晚,一霎时,波摇金影,蓦抬头,月上东山。

老樵夫,自砍柴。捆青松,夹绿槐。茫茫野草秋山外。丰碑是处成荒冢,华表千寻卧碧苔。坟前石马磨刀坏,倒不如,闲钱沽酒,醉醺醺,山径归来。

老书生,白屋中。说黄虞,道古风。许多后辈高科中。门前仆从雄如虎,陌上旌旗去似龙。一朝势落成春梦,倒不如,蓬门僻巷,教几个,小小蒙童。

尽风流,小乞儿。数《莲花》,唱《竹枝》。千门打鼓沿街市。桥边日出犹酣睡,山外斜阳已早归。残杯冷炙饶滋味,醉倒在,回廊古庙,一凭他,雨打风吹。

第二章　词

第一节　词的来源

词的发达，比诗晚得多。它的胚胎期，是在晚唐，最早是在中唐；萌芽期，是在五代；到了宋朝，乃为长大期。宋代的词，如唐代的诗一样，在中国文学史上占了同等的位置——黄金时代。

词一名诗余，所谓"词者诗之余也"。又称长短句，因词的本身不是像从前整齐的五七言诗，乃是极不整齐的长短句。为什么由整齐的诗变为长短句的词呢？在《朱子语类》中说："古乐府只是诗，中间却添许多泛声，后来人怕失了那泛声，逐一泛声，添个实字，遂成长短句，今曲子便是。"在《香研居词尘》说："唐人所歌多五七言绝句，必杂以散声，然后可被之管弦。……后来遂谱其散声，以字句实之，而长短句兴焉。故词者，所以济近体之穷，而上承乐府之变也。"这样看来，长短句的发生，是由于诗中有泛声和散声，经人填入文字，就成长短句的词了。

至诗中为什么有泛声和散声呢？这完全是音乐上的关系。我们知道唐代的律绝，多有乐调可歌，如旗亭画壁的故事。不过律绝是整整齐齐的句子，而乐调可自由伸缩，不必和歌词一样整齐。那么乐工和伶人为音调好听起见，自然就有泛声和散声了。这时诗人作诗（整齐的律绝），乐工伶人作谱（自由变化的乐调），两不相干。后来诗人有通音律的，既然觉得整齐的律绝，不适宜于乐歌，于是就自作与乐歌相谐的句子，即所谓长短句。这时诗人依曲拍的长短，而作歌词，不像从前让乐工或伶人把整齐的诗歌，勉强谱入不整齐的调子了。这样的诗人，大概是自中唐起，晚唐以后，更为盛行。温庭筠是晚唐提倡长短句最有功的人，在《旧唐书》说他："能逐弦吹之音，为侧艳之词。"可知他的确是先依曲拍而后填词了，故词亦称填词。

胡适之在他的《词选》里说："凡填词有三个动机：一、乐曲有调而无词，文人作歌词填进去，使此调由此更容易流行。二、乐曲本已有了歌词，但作于不通文艺的伶人娼女，其词不佳，不能满人意。于是文人给他另作新词，使美调得美词而流行更久远。三、词曲盛行之后，长短句的体裁，渐渐得文人的公认，成为一种新诗体。于是诗人常用这种长短句体作新词，形式是词，其实只是一种借用词调的新体诗。这种词未必不可歌唱，但作者并不注重歌唱。"这三种动机，我们可以说，唐五代的作家是属于前二种的，宋代及宋后的作家是属于第三种的。

以上所说词的来源，间接是由古乐府流变的，直接是从唐代律绝中生出来的。最近有人主张：词是一种新生的诗体，它的来源虽说在文体的系统上，与乐府是同类，都是可歌唱的，却与五七言律绝无多大关系。因为唐之律绝，不仅可歌唱，能歌唱亦是偶然的。这样看来，不能说词是直接由唐之律绝生出来的，不能说他是诗余，是五七言之余，是五七言诗添上了泛声而成的。

词的本身是谱与辞已具于一体的，每个词都已有了谱，按谱填词，不过亦间先有词，而后制新谱以歌唱的。它的来源，有的是旧词，有的是新制，有的是民间原有之物，有的是外邦输入之品。欧阳炯说："《杨柳》、《大堤》之句，乐府相传；《芙蓉》、《曲渚》之篇，豪家自制。"这足可知词的来源，一是旧有，一是新制了。在《旧唐书·音乐志》上说："自开元以来，歌者杂用胡夷里巷之曲。"这又可知词的来源一是民间，一是外邦了。胡夷之曲，可考见于中国旧籍者：如《太平乐》曲、《破阵乐》曲、《天仙子》、《凉州》、《甘州》、《伊州》、《乌夜啼》、《忆汉月》……等。里巷之曲，见于词中者，如《竹枝词》、《杨柳枝》、《浪淘沙》、《忆江南》、《调笑》、《三台》……等。自胡夷里巷之曲盛行后,歌者作者,无不靡然成风。文人先拟胡夷里巷之曲以作词,后来更由此而别创新声,制新谱,所谓"豪家自制"。经过这三个时期:胡夷里巷之曲盛行时期,文人仿胡夷里巷之曲作词时期,豪家自制时期——便成了词的黄金时代。这样说来,词的来源并不是出于唐之律绝,乃是受了乐府的旧词,豪家的新制,及胡夷里巷之曲的影响。这两种主张,究竟何者为是呢?我以为各有所见,不能绝对地否认任何一说,因为一种新的文学之发生,是受了多方面的影响,并不单是一方面,所谓一条线下去的。总之,词的来源,可说有五:一由可歌唱的乐府流变的,二由律绝中的泛声演出的,三由豪家出自心裁新制的,四受了胡夷乐调,五及里巷俗曲的影响。

词的本身,在文学上,原是进化的,作者想用长短句,自由抒情,打破一切形式上的束缚,如五七言律绝,整齐的诗体。故自晚唐至两宋,有很多的绝妙好词,尤其是在宋朝成了词的黄金时代,如唐之诗、元之曲一样的可称。不料后来作家缺少天才,不能创作新调,一依前人的旧规,专事模仿,把名家的作品,作为图谱,分题立章,依图填词,随谱谐声,完全泥于形式,拘于法度,没有一点自由余地,自明以后,词即奄奄无生气,不过只在戏曲中留些残影罢了。

第二节　唐代的词

唐朝不但是诗的黄金时代,亦是词的启发时代。据一般论者,多主词是起于中唐,大流行于晚唐及五代之间,这大概是不错的。至有人上推明皇与李白为词曲之祖,就未免有点臆测了。——按明皇的《好时光》,与李白的《菩萨蛮》、《忆秦娥》都是赝品——今将中唐与晚唐的词人,择其要者,而叙述之:

中唐词人及其作品　　张志和(730至810),字子同,金华人。肃宗朝待诏翰林,后被贬,遂隐居不仕。此后便放浪江湖,自号为"烟波钓徒",著有《玄真子》。为人潇洒洒静,吐属隽妙,李德裕曾比之严光。他曾仿当时的渔歌，作《渔父》词。这首词完全把作者的潇洒恬淡的人格，表现出来了。据传他的哥哥张松龄，因他浪游不归，曾和其韵以招之。原词见《罗湖野录》，亦词史之逸话也。

王建（750？至835？），字仲初，颖川（河南许昌附近）人，大历十年进士，他作《宫词》百首，传诵颇广。在唐代诗人中，与张籍齐名。他有《调笑令》等词，多是咏失宠的妇女的，词甚哀惋凄艳。

此外中唐诗人兼作词者，有戴叔伦（字幼公，润州，金坛人）的《调笑令》，韦应物的《调笑令》，二者写的都是边塞征人的愁苦。刘禹锡与白居易都有《忆江南》词，二者写的都是春光易逝的可悲；这几个作家，都可称为词的先驱者。

渔 父　　　　　　张志和

西塞山前白鹭飞，桃花流水鳜鱼肥。青箬笠，绿蓑衣，斜风细雨不须归。

渔 父　　　　　　张松龄

乐是风波钓是闲，草堂松径已胜攀。太湖水，洞庭山，狂风浪起且须还。

调笑令　　　　　　王　建

团扇，团扇，美人并来遮面。玉颜憔悴三年，谁复商量管弦？弦管，弦管，春草昭阳路断。

调笑令　　　　　　韦应物

河汉，河汉，晓挂秋城漫漫。愁人起望相思，塞北江南别离。离别，离别，河汉虽同路绝。

调笑令　　　　　　戴叔伦

边草，边草，边草尽来兵老。山南山北雪晴，千里万里月明。明月，明月，胡笳一声愁绝。

忆江南　　　　　　　　　　白居易

江南好，风景旧曾谙。日出江花红胜火，春来江水绿如蓝，能不忆江南？

忆江南　（一名春去也）　　　　　刘禹锡

春去也，共惜艳阳年。犹有桃花流水上，无辞竹叶醉尊前，惟待见青天。

晚唐词人及其作品　　温庭筠不但是晚唐时代的著名诗人，亦是词的初期的大作家。词的发生，固由于中唐诗人的尝试，与启发，可是对于后来词坛影响最大，而且最远的，莫过于他。在他以前，可称是诗歌的时代，自他以后，就由诗歌而转入词的时代了。据《旧唐书》说庭筠，"能逐弦吹之音，为侧艳之词"。他既懂音律，又好绮语，故词婉转柔媚，多儿女气，无怪《花间集》以他为首选了。他创的词调多至六十余首，占全集的十分之一以上，在词史上他真可称为一位开山大师。总之，唐代的词，除温庭筠外，其他都是模仿里巷，或胡夷的曲谱，甚至曲词而作的。词的情调和笔调，一如所模仿者，并无新色彩、新情趣。到了温庭筠乃大胆的造出了文人所特有的笔调和情调的词来，于是便由里巷和胡夷之曲的模拟，而入了文人创作的时代了。

除温庭筠外，晚唐词人之知名者，尚有司空图（837—908），字表圣，河中虞乡人。他有《酒泉子》一词，词意深长，把他晚岁归隐的高士风，完全流露于字里行间了。以作艳体诗闻名的韩偓，亦善作词，有《生查子》《浣溪沙》等，多是描写女儿的情态和风致的。作风同诗一样，都以绮艳称。

忆江南　　　　　　　　　　温庭筠

梳洗罢，独倚望江楼。过尽千帆皆不是，斜晖脉脉水悠悠，肠断白蘋州。

更漏子　　　　　　　　　温庭筠

玉炉香，红蜡泪，偏照画堂秋思。眉翠薄，鬓云残，夜长衾枕寒。　　梧桐树，三更雨，不道离情正苦！一叶叶，一声声，空阶滴到明！

诉衷情　　　　　　　　　温庭筠

莺语，花舞，春昼午，雨霏微。金带枕，宫锦，凤凰帷。　　柳弱蝶交飞，依依。辽阳音信稀，梦中归。

酒泉子　　　　　　　　　司空图

买得杏花，十载归来方始折。假山西畔药兰东，满枝红。　　旋开旋落旋成空。白发多情人更惜，黄昏把酒祝东风，且从容。

生查子　　　　　　　　　韩　偓

侍女动妆奁，故故惊人睡。那知本未眠，背面偷垂泪。懒卸凤凰钗，羞入鸳鸯被。时复见残灯，和烟坠金穗。

第三节　五代的词

词是五代唯一的文学，除了词，几无文学之可言。当时的文人，受了中唐、晚唐作家的影响，尤以受温庭筠作风的影响为最深。于是词家之多，作品之丰，乃超乎前朝之上，五代的词，精巧自然，浑厚含蓄，是其特色。

当时中国文学的中心，不在中原，而在中国的南部与西部。这是因为五代扰攘，兵戈连年，中原的作家，如韩偓、韦庄、牛峤等都避居西蜀，此外惟有李存勖、和凝二人了。故中原的文坛，一时大现冷落之象，反不如南唐及西蜀文风之盛了。

中原的词人及其作品　　李存勖（885？至926），后唐庄宗，为李克用长子，其先本西突厥人。他酷好音乐，又能自作曲子，他虽是一个入中国籍未久的武夫，但其词深情婉约，风格旖旎，绝不像是个武人。可惜在位仅有四年，因好与伶人昵游，竟被伶人高从谦所弑，伶人们曾将他的乐器和尸首一同焚化了。

和凝（898至955），字成绩，郓州须昌人。他少时即好为曲，当时号为"曲子相公"。除曲外，所作诗文亦甚富，不愧称为当时的一个伟大作家。他虽生逢乱世，官运却很亨通，中原曾数易主，但他和长乐老的冯道一样，始终没有失了他的富贵的地位。他和冯道的遭遇，可称无独有偶了。

如梦令　　　　　　　　　　　李存勖

曾宴桃源深洞，一曲清歌舞凤，长记别伊时，和泪出门相送。如梦，如梦，残月落花烟重。

一叶落　　　　　　　　　　　李存勖

一叶落，搴朱箔，此时景物正萧索。画楼月影寒，西风吹罗幕。吹罗幕，往事思量著。

薄命女　　　　　　　　　　　和　凝

天欲晓，宫漏穿花声缭绕，窗里星光少。冷露寒侵帐额，残月光沉树杪。梦断锦帏悄悄，强起愁眉小。

江城子　　　　　　　　　　　和　凝

竹里风生月上门。理秦筝，对云屏，轻拨朱弦，恐乱马嘶声。含恨含娇独自语：今夜约，太迟生。

江城子　　　　　　　　　　　和　凝

斗转星移玉漏频。已三更，对栖莺，历历花间，似有马蹄声。含笑整衣开绣户，斜敛手，下阶迎。

西蜀的词人及其作品　　五代时，中原政局不定，变乱频仍，蜀地远处西南隅，又是山川明媚之乡，故当时作家多由中原避难而趋赴之。且前蜀主王建、王衍和后蜀主孟昶都好作词，无怪词风甚盛。看蜀人赵崇祚所编的《花间集》有十卷之多，自温飞卿而下凡十八人，作品五百首，可称为蜀中词人的总集了。

韦庄（850？至910），字端己，杜陵人。他是五代词人中，有名作家之一。其他为李后主与冯延巳二人。因在长安应举时，遇到黄巢之乱，自己适在围城中，离乱的情形，曾目睹身尝，遂作了一首千六百余字的《秦妇吟》长诗。当时此诗很有名，人称之为"秦妇吟秀才"。后来此诗不知为何竟而失传，近来才由敦煌石室中把它发现了。庄因中原大乱，乃赴蜀为王建书记，后便为他的宰相。其词清新明白，不事雕斲，在庭筠及其他花间词人之上。观其作品内容有二：一是写怀念故乡之情的，一是写凄婉的恋爱之情的，不过前者较少，以咏儿女间之离愁别恨为多。

前蜀主王衍与后蜀主孟昶均喜作词，所作虽不算多，却颇可称。如王衍的《醉妆词》、孟昶的《玉楼春》。一流利直捷，一静穆疏爽，都可称为佳作。此外如顾敻的《诉衷情》、欧阳炯的《贺明朝》、毛文锡的《醉花间》、牛峤的《江城子》，及其兄子希济的《生查子》等，均是蜀中有名的作家与作品。

菩萨蛮　　　　　　　　　　韦　庄

洛阳城里春光好，洛阳才子他乡老。柳暗魏王堤，此时心转迷。　　桃花春水绿，水上鸳鸯宿。凝恨对斜晖，忆君君不知。

谒金门　　　　　　　　　　韦　庄

空相忆，无计得传消息，天上嫦娥人不识，寄书何处见。　　新睡觉来无力，不忍把伊书迹。满院落花春寂寂，断肠芳草碧。

女冠子　　　　　　　　　　韦　庄

昨夜夜半，枕上分明梦见，语多时。依旧桃花面，频低柳叶眉。　　半羞还半喜，欲去又依依。觉来知是梦，不胜悲。

荷叶杯　　　　　　　　　　　　　　　韦　庄

记得那年，花下深夜，初识谢娘时。水堂西面画帘垂，携手暗相期。　　惆怅晓莺残月，相别从此隔音尘。如今俱是异乡人，相见更无因。

据传上二词均为思念其爱姬而作，因其姬为王建夺入宫中，后见庄所作之《荷叶杯》，不食而死。

醉妆词　　　　　　　　　　　　　　　王　衍

这边走，那边走，只是寻花柳。那边走，这边走，莫献金杯酒。

玉楼春　　　　　　　　　　　　　　　孟　昶

冰肌玉骨清无汗，水殿风来暗香满。绣帘一点月窥人，欹枕钗横云鬓乱。　　起来琼户启无声，时见疏星渡河汉。屈指西风几时来，只恐流年暗中换。

诉衷情　　　　　　　　　　　　　　　顾　夐

永夜抛人何处去，绝来音。香阁掩眉敛，月将沉，争忍不相寻。怨孤衾，换我心为你心，始知相忆深。

贺明朝　　　　　　　　　　　　　　　欧阳炯

忆昔花间初识面，红袖半遮妆脸，轻捻石榴裙带，故将玉指纤纤，偷捻双凤金线。　　碧梧桐锁深深院，谁料得两情何日教缱绻。羡春来双燕，飞到玉楼，朝暮相见。

醉花间　　　　　　　　　　　　　　　毛文锡

休相问，怕相问，相问还添恨。春水满塘生，鸂鶒还相趁。　　昨夜雨霏霏，临明寒一阵，偏忆戍楼人，久绝边庭信。

江城子　　　　　　　　　　牛　峤

鵁鶄飞起郡城东，碧江空，半滩风。越王宫殿，蘋叶藕花中。帘卷水楼鱼浪起，千片雪，雨濛濛。

生查子　　　　　　　　　　牛希济

春山烟欲收，天淡星稀小。残月脸边明，别泪临清晓。语已多，情未了。回首又重道。记得绿罗裙，处处怜芳草。

南唐的词人及其作品　　南唐的词和西蜀一样地发达。西蜀有王氏与孟氏皆好文而喜士，南唐的中主和后主亦然。若真个比较起来：西蜀二主的词，远不如南唐二主。其词臣之多，亦不在花间之下，不过没有好事者像赵崇祚一流人，把他们汇集起来罢了。

李璟（916至961），字伯玉，徐州人，为李昇长子，曾被封齐王，昇卒，他嗣立，是谓中主。周世宗时，去帝号称唐国主。此后他主张保境安民，偏安于江南的一隅，不敢争雄中原，因之江南文物，颇极一时之盛。他的词虽不多，但甚高隽。璟尝戏问冯延巳道："'吹皱一池春水'，干卿底事？"延巳答道："未若陛下'小楼吹彻玉笙寒'也。"这真是词话中的一件轶闻。

李煜（937至978），字重光，璟之子，是为后主。后曹彬克金陵，肉袒出降，同他的家人，近臣数十人，迁到宋京。宋太祖封他为违命侯，此后他便由帝王一变而为俘虏了。他对于治国，实在是个昏主庸才，但他在文学上富有天才，不愧为一代大作家。除善作词外，又工书画，谙音律。他的词可分两个时期：一是未亡国前，耽于富贵荣华生活中的作品；一是亡国后，终日以泪洗面，忍辱含羞生活中的作品。前者是帝王时代所处的环境，是嬉笑欢愉，柔情蜜意；后者是俘虏时代所处的环境，是愁苦悲愤，监狱牢卒。二者相差有天渊之别。故前期的词不过风华绮丽，尚未到深刻工夫；后期的词就哀感顽艳，使人读之不禁为之掬一把伤心泪了。据《乐府纪闻》说："后主归宋后，赋《浪淘沙》和《虞美人》诸词，旧臣闻之有泣下者。七夕——后主生日在赐第作乐，太宗怒，更得其词，因命人赐牵机药毒死之。"后主的遭遇可谓极人间之惨痛了！

　　冯延巳（903至960），字正中，广陵（今江苏江都附近）人。曾为中主宰相，君臣相处甚得，观其"吹皱一池春水"与"小楼吹彻玉笙寒"的问答，可见一斑。他的词清新绮丽，而兼蕴藉浑厚，在五代词人中，除韦庄、后主外，无有可与之比肩的。宋初的词人，如晏殊、欧阳修以及后来贺铸、晏几道等，都受过他词风的影响。王国维在《人间词话》中说："冯正中词虽不失五代风格，而堂庑特大，开北宋一代风气。"确的评！有《阳春集》一卷传于世。

浣溪沙　　　　　　　　　　李　璟

　　菡萏香销翠叶残，西风愁起绿波间。还与韶光共憔悴，不堪看。　　细雨梦回鸡塞远，小楼吹彻玉笙寒。多少泪珠无限恨，倚阑干。

长相思　　　　　　　　　　李　煜

　　云一緺，玉一梭，澹澹衫儿薄薄罗，轻颦双黛螺。　　秋风多，雨相和，帘外芭蕉三两窠，夜长人奈何！

清平乐　　　　　　　　　　李　煜

　　别来春半，触目愁肠断，砌下落梅如雪乱，拂了一身还满。　　雁来音信无凭，路遥归梦难成。离恨却如春草，更行更远还生。

浪淘沙　　　　　　　　　　李　煜

　　帘外雨潺潺，春意阑珊。罗衾不耐五更寒。梦里不知身是客，一晌贪欢。　　独自莫凭阑，无限江山，别时容易见时难。流水落花春去也，天上人间。

虞美人　　　　　　　　　　　　李　煜

春花秋月何时了？往事知多少？小楼昨夜又东风，故国不堪回首月明中！　　雕阑玉砌应犹在，只是朱颜改。问君能有几多愁？恰似一江春水向东流。

谒金门　　　　　　　　　　　　冯延巳

风乍起，吹皱一池春水。闲引鸳鸯芳径里，手挼红杏蕊。　　斗鸭，阑干独依，碧玉搔头斜坠。终日望君君不至，举头闻鹊喜。

阮郎归　　　　　　　　　　　　冯延巳

南园春半踏青时，风和闻马嘶。青梅如豆柳如丝，日长蝴蝶飞。　　花路重，草烟低，人家帘幕垂。秋千慵困，解罗衣，画梁双燕栖。

长命女　　　　　　　　　　　　冯延巳

春日宴，绿酒一杯歌一遍，再拜陈三愿：一愿郎君千岁；二愿妾身长健；三愿如同梁上燕，岁岁长相见！

第四节　北宋的词

总论　　词至北宋，其发达已至顶点，无论文士、武夫、小官、大臣，没有不喜欢作词的。他们无论在任何场所，不是填词，便是唱词。词这样东西，几成他们生活中所不可缺者。所以北宋乃成了词的黄金时代了。

北宋的词比起五代来，进步得多，从前仅有小令（五十字以内），中调（九十字以内），并无慢词（九十字以上），至柳永后，慢词流行，对于抒意表情上，更加自由了。从前的词未脱古典的梏桎，至此俚言俗语，运用自如，较前解放多了。从前的词多是婉约一派，脱不了花间的气息，至此有苏东坡的豪放派，为词又打出一条新途径来。且新词的创作,较前亦加多,不仅仅拘于胡夷里巷的旧调了。不过物极则反,苏派的词因太自由了,从可歌的词一变而不能歌了。因之有他的反动派起来,提倡乐府词特别注重音律格调,使之能以歌唱,恢复词的本来面目。

总之,北宋的词是词的黄金时代,变化极多,约可分为四期:第一期是小词的时期,作者尚未完全脱离晚唐五代的清澈婉丽的词风,这时期的词人,以晏氏父子及欧阳修等为代表。第二期是慢词的时期,作者已由小词演变而为长调了。这时期的词人,以柳永、秦观及张先等为代表。第三期是诗人的词的时期,作者不拘旧格,词体虽因之大为解放,但多有不能歌者,这时期的词人以苏轼及黄庭坚等为代表。第四期是乐府词的时期,作者注重词的声律格调,使词仍然可以歌唱。这时期的代表作家,为周邦彦及李清照等。兹分述之:

第一期的词人及其作品　　晏殊(991至1055),字同叔,江西临川人,七岁便能属文,有神童之称。为人刚直,官至宰相,范仲淹、欧阳修皆出其门。他的词,意境清利,音调婉和,受五代《花间集》的影响不少。宋刘攽在《中山诗话》中说:"元献(殊之谥号)喜延巳歌词,其所自作亦不减延巳。"有《珠玉词》集行于世。

晏几道字叔原,殊之幼子。黄庭坚称其词,谓:"寓以诗人之句法,清壮顿挫,能动摇人心。"他词中的丽句艳语,尤胜于乃父,仍未脱花间的作风。有《小山词》一卷。若彼父子相较:大晏官运亨通,位极人臣,他的词常有安富乐荣,及时行乐之意。小晏官运乖蹇,大不如其父,故他的词不免有穷愁牢骚之作。因此小晏较大晏的词,自易深刻动人了。

欧阳修是北宋的诗人兼古文家,这我们在前编里已经说过了。他不但是个诗人兼古文家,他还是当时的一位鼎鼎有名的大词家呢。在他的诗文里,我们看不出他的真性格来,只知道他是个道貌俨然的学者,谁知道这全是他的假面具。我们读了他的词,可以看出他的性格和生活,全是很活泼,很生动的,实不愧为一个伟大的抒情作家。他的词,抒写情怀,婉转缠绵而真挚,描述自然生动亲切而隽妙,我们若读他的《六一词》集,怕不会认他为提倡"文以载道"的先生吧。

诉衷情　　　　　　　　晏　殊

芙蓉金菊斗馨香,天气欲重阳。远村秋色如画,红树间疏黄。流水淡,碧天长,路茫茫。凭高目断,鸿雁来时,无限思量。

清平乐　　　　　　　　晏　殊

红笺小字,说尽平生意。鸿雁在云鱼在水,惆怅此情难寄。　　斜阳独倚西楼,遥山恰对帘钩。人面不知何处,绿波依旧东流。

浣溪沙　　　　　　　　晏几道

家近旗亭酒易酤,花时长得醉工夫,伴人歌笑懒妆梳。　　户外绿杨春系马,床前红烛夜呼卢,相逢还解有情无。

菩萨蛮　　　　　　　　晏几道

个人轻似低飞燕,春来绮陌时相见。堪恨两横波,恼人情绪多。　　长留青鬓住,莫放红颜去!占取艳阳天,且教伊少年!

生查子　　　　　　　　欧阳修

去年元夜时,花市灯如昼。月上柳梢头,人约黄昏后。　　今年元夜时,月与灯依旧。不见去年人,泪湿春衫袖。

玉楼春　　　　　　　　欧阳修

别后不知君远近,触目凄凉多少闷。渐行渐远渐无书,水阔鱼沉何处问?　　夜深风竹敲秋韵,万叶千声皆是恨。故欹单枕梦中寻,梦又不成灯又烬!

长相思　　　　　　　　　欧阳修

花似伊，柳似伊，花柳青春人别离，低头双泪垂。长江东，长江西，两岸鸳鸯两处飞，相逢知几时。

南歌子　　　　　　　　　欧阳修

凤髻金泥带，龙纹玉掌梳。走来窗下笑相扶，爱道"画眉深浅入时无？"　　弄笔偎人久，描花试手初，等闲妨了绣工夫，笑我双鸳鸯字怎生书。

第二期的词人及其作品　　柳永（990？至1050？），初名三变，字耆卿，福建崇安人，官至屯田员外郎，故世称"柳屯田"。有《乐章集》。他的词有几点特色处：第一，慢词由永大为发达，从前的词人多作小令，重含蓄不尽，永作慢词，重尽情流露。李端叔批评耆卿的词，谓："铺叙展衍，备足无余，较之花间所集，韵终不胜。"这是他的短处，亦正是他的长处，因为脱尽了花间的含蓄，而别创一番境界——流畅透辟。郑振铎在他的《中国文学史》中说："花间的好处在于不尽，在于有余韵；耆卿的好处，却在于尽，在于'铺叙展衍，备足无余'。花间诸代表作，如绝代少女，立于绝细绝薄的纱帘之后，微露丰姿，若隐若现，可望而不可即。耆卿的作品，则如初成熟的少妇，'偎香倚暖'恣情欢笑，无所不谈，亦无所不尽。"这个比喻恰好，前者是在含蓄，后者是在奔放，把五代和耆卿的词，完全给分开了。第二，用白话入词，从前的词家，都重典雅，俚言俗语绝无仅有，自耆卿大胆把"恁地"、"则个"和"么"等白话，运用作词，词的流传更为广大。据说"凡有井水饮处，即能歌柳词"。他的词和白居易的诗一样地被人欢迎。第三，词多绮语艳辞，涉于淫媟，这是由于他性好嫖妓，宁可不作官，妓院是不能不去的。据传因他有"忍把浮名换了浅斟低唱"之句，而被仁宗所斥，不能取士做官。因之他的一生潦倒妓院，每日的生活差不多都是在"浅斟低唱"，和"依红偎翠"中度过的。他不但善于作词，且长音律，常为妓女写词，令其歌唱。后来他死在襄阳，身后颇为萧条，葬资完全由群妓捐筹,葬于枣阳花山,每遇清明时节,多载酒肴祭之,称吊柳会。耆卿生前虽不得志,死后能得群妓眷念,亦可含笑于九泉了。

张先(990至1078),字子野,吴兴人,曾为都官郎中,有《安陆词》一卷。外号张三影,因他词中有"云破月来花弄影","娇柔懒起,帘压卷花影",及"柳径无人堕飞絮无影"。此三影中尤以"云破月来花弄影"为最著。相传宋祁往见他时,告曰:"尚书欲见'云破月来花弄影'郎中。"子野道:"得非'红杏枝头春意闹'尚书耶?"由此可知他这样的名句无人不晓了。他的词小令优于长调,这大概他缺乏豪迈奔放的气魄和健全创造的毅力罢。

秦观(1049至1100),字少游,高邮人,与黄庭坚齐名,时称"秦七、黄九"。有《淮海集》。他的词在当时颇有名,晁补之说:"近来作者皆不及少游,如'斜阳外寒鸦数点,流水绕孤村',虽不识字人,亦知是天生好言语。"蔡伯世说:"子瞻辞胜乎情,耆卿情胜乎辞;辞情相称者,惟少游而已。"张綖说:"少游多婉约,子瞻多豪放,当以婉约为主。"他虽是苏门四学士之一,但受东坡的影响,却不及耆卿和花间之深,我们只要一看他的小令及慢词就可知道了。

贺铸(1063至1120),字方回,卫州人,自号庆湖遗老,有《东山乐府》。词尚婉约,不脱花间之习,他的《青玉案》和《石州引》可代表其词风。铸有小筑在姑苏盘门外十余里处,地名横塘,常往来其间,曾作《青玉案》以纪之。此词盛传于世,后黄庭坚赠以诗道:"解道江南肠断句,只今惟有贺方回。"因该词有"梅子黄时雨"之句,时人呼为贺梅子。此外又有贺鬼头之绰号。前者因佳句而得雅称,后者因貌丑而得浑名,二者迥然不同。方回虽丑,据传尝眷一姝,甚相爱好,曾寄别诗与之。有"深思纵似丁香结,难展芭蕉一寸心"。方回乃赋《石州引》相答,此亦词中佳话也。

昼夜乐　　　　　　　　　　　　柳　永

洞房记得初相遇,便只合长相聚。何期小会幽欢,变作离别情绪。况值阑珊春色暮,对满目乱花狂絮,直恐好风光,尽随伊归去。　　一场寂寞凭谁诉?算前言总轻负。早知恁地难拚,悔不当时留住。其奈风流端正外,更别有系人心处。一日不思量,也攒眉千度。

雨霖铃　　　　　　　　柳　永

寒蝉凄切,对长亭晚,骤雨初歇。都门帐饮无绪,留恋处兰舟催发,执手相看泪眼,竟无语凝噎。念去去千里烟波,暮霭沉沉楚天阔。　　多情自古伤离别,更哪堪冷落清秋节。今宵酒醒何处?杨柳岸晓风残月。此去经年,应是良辰好景虚设。便纵有千种风情,更与何人说。

忆帝京　　　　　　　　柳　永

薄衾小枕凉天气,乍觉别离滋味。展转数寒更,起了还重睡。毕竟不成眠,一夜长如岁。　　也拟把却回征辔,又争奈已成行计!万种思量,多方开解,只恁寂寞恹恹地!系我一生心,负你千行泪。

天仙子　　　　　　　　张　先

水调数声持酒听,午醉醒来愁未醒。送春春去几时回?临晚镜,伤流景,往事后期空记省。　　沙上并禽池上暝,云破月来花弄影。重重帘幕密遮灯,风不定,人初静,明日落红应满径。

更漏子　　　　　　　　张　先

锦筵红,罗幕翠,侍宴美人姝丽。十五六,解怜才,劝人深酒杯。　　黛眉长,檀口小,耳畔向人轻道:"柳阴曲,是儿家,门前红杏花。"

玉楼春　　　　　　宋　祁(字子京,安陆人)

东城渐觉风光好,縠绉波纹迎客棹。绿杨烟外晓寒轻,红杏枝头春意闹。　　浮生长恨欢娱少,肯爱千金轻一笑,为君持酒劝斜阳，且向花间留晚照。

画堂春　　　　　　　　　　　　　　秦　观

落红铺径水平池，弄晴小雨霏霏。杏园憔悴杜鹃啼，无奈春归。　　柳外画楼独上，凭阑手捻花枝。放花无语对斜晖，此恨谁知。

南歌子　　　　　　　　　　　　　　秦　观

香墨弯弯画，胭脂淡淡匀，揉蓝衫子杏黄裙，独倚玉阑无语点檀唇。　　人去空流水，花飞半掩门。乱山何处觅行云？又是一钩新月照黄昏。

满庭芳　　　　　　　　　　　　　　秦　观

山抹微云，天粘衰草，画角声断谯门。暂停征棹，聊共引离尊。多少蓬莱旧事，空回首烟霭纷纷。斜阳外，寒鸦数点，流水绕孤村。　　消魂当此际，香囊暗解，罗带轻分，谩赢得青楼薄倖名存。此去何时见也，襟袖上空染啼痕。伤情处，高城望断，灯火已黄昏。

青玉案　　　　　　　　　　　　　　贺　铸

凌波不过横塘路，但目送芳尘去。锦瑟年华谁与度？月台花榭，绮窗朱户，惟有春知处。　　碧云冉冉蘅皋暮，彩笔新题断肠句。试问闲愁都几许？一川烟草，满城风絮，梅子黄时雨。

石州引　（一作柳色黄）　　　　　　　贺　铸

薄雨催寒，斜照弄晴，春意空阔。长亭柳色才黄，远客一枝先折。烟横水际，映带几点归鸦。东风消尽龙沙雪。还记出门时，恰而今时节。　　将发，画楼芳酒，红泪清歌，顿成轻别，已是经年，杳杳音尘都绝。欲知方寸，共有几许清愁：芭蕉不展丁香结,枉望断天涯,两厌厌风月。

第三期的词人及其作品　　苏轼的词属于豪放一派,是词中的一个别枝,开后来南宋辛、刘作风的先河。晁补之说他的词,"横放杰出,自是曲子中缚不住者。"陆游也说:"试取东坡诸词歌之,曲终,觉天风海雨逼人。"我们看他的《大江东去》,有多么雄迈奔放,真是又为词开了一个新天地,不像花间派动辄作妇女语者可比。在《吹剑续录》中说:"东坡在玉堂日,有幕士善歌,因问我词何如柳七? 对曰'柳郎中词只合十七八女郎,执红牙板,歌杨柳外晓风残月;学士词,须关西大汉,铜琵琶,铁绰板,唱大江东去。'东坡为之绝倒。"不过词是一种纯然抒情的东西,像东坡这类"横放杰出"的词,总是词之变体,不得为之正宗派。东坡是一个天才绝顶的作家,他的词并非完全是豪放的,亦有不少是清空灵隽,细腻婉约的。张炎说"东坡词清丽舒徐处,高出人表,周、秦诸人,所不能到。"我们若看他婉约的词,和《大江东去》比起来,就宛若两人了。

黄庭坚是江西诗派的开山祖,他的诗多重古典,流弊甚大,这在宋诗内已经说过了。至于他的词,却和诗不同。有《山谷词》,词中很多是俗语,较柳七更为解放。若和他的诗比较起来,好像不是一个时代,一个作家写的。他的词虽似俚近,实则真挚可喜,虽似鄙俗,实则深刻动人,不能以"时出俚浅,可称伧父"——陈师道语——便一笔抹煞的。

　　　　　　　　　念奴娇　　　　　　　　　苏　轼
　　大江东去,浪淘尽,千古风流人物。故垒西边,人道是三国周郎赤壁。乱石穿空,惊涛拍岸,卷起千堆雪。江山如画,一时多少豪杰。　　遥想公瑾当年,小乔初嫁了,雄姿英发。羽扇纶巾,谈笑间强虏灰飞烟灭。故国神游,多情应笑我早生华发,人间如梦,一尊还酹江月。

水调歌头　　　　　　　　　苏　轼

明月几时有？把酒问青天。不知天上宫阙，今夕是何年。我欲乘风归去，又恐琼楼玉宇，高处不胜寒。起舞弄清影，何似在人间。　　转朱阁，低绮户，照无眠。不应有恨，何事长向别时圆？人有悲欢离合，月有阴晴圆缺，此事古难全。但愿人长久，千里共婵娟。

蝶恋花　　　　　　　　　　苏　轼

花褪残红青杏小，燕子飞时，绿水人家绕。枝上柳绵吹又少，天涯何处无芳草？　　架上秋千墙外道，墙外行人，墙里佳人笑。笑渐不闻声渐杳，多情却被无情恼！

望江东　　　　　　　　　　黄庭坚

江水西头隔烟树，望不见江东路。思量只有梦来去，更不怕江阑住。　　灯前写了书无数，算没个人传与。直饶寻得雁分付，又还是秋将暮。

好女儿　　　　　　　　　　黄庭坚

粉泪一行行，啼破晓来妆。懒系酥胸罗带，羞见绣鸳鸯。　　拟待不思量，怎奈向目下恓惶？假饶来后，教人见了，却去何妨？

清平乐　　　　　　　　　　黄庭坚

春归何处？寂寞无行路。若有人知春去处，唤取归来同住。　　春无踪迹谁知，除非问取黄鹂。百啭无人能解，因风吹过蔷薇。

第四期的词人及其作品　　周邦彦(1056 至 1121)，字美成，号清真，钱塘人。他曾在宋徽宗所创设的大晟府里，主持过关于词的音律和歌调，因之他的词，完全有曲拍可以歌唱，较之苏轼以诗为词，或以古文为词，那样的自由奔放，不能入歌，相差径庭。这一期的词人，可以说是前期的反动者。据《宋史》说他："好音乐，能自度曲，制乐府长短句，词韵清蔚。传于世。"南宋沈义父亦说："作词当以清真为主，盖清真最为知音。"因之他的词，音律谐美，下字用韵，皆有一定法度，故后来作家，多以他的词为规矩准绳，来按谱填腔，不敢稍失尺寸。查其词不但合于音律，好唱好听，且善融诗句入词，不露痕迹。有《清真集》，内容多述儿女情思，和柳永相仿佛。故有"周情柳思"之说。不过周词的风格较柳词为高，这在他作品中可以看到的。

李清照（1081 至 1145?），号易安居士，济南人，有《漱玉词》集。她父亲李格非有文名，母亲是状元王拱辰的女儿，亦能作文章，故她得天者独厚，而能成为一代女词家，在中国文学史上占一个很重要的位置。她嫁于赵明诚为妻，赵亦是个学者。据传明诚幼梦诵一书曰："言与司合，安上已脱，芝芙卓拔。"明诚父告以"此离合字'词女之夫'也。"嫁后，夫妇爱好弥笃，生活甚是愉快，我们看她的《采桑子》、《浣溪沙》及《减字木兰花》，可知其闺房燕乐之一斑。结缡不久，明诚远游，她作《一剪梅》词以表相思之意，写在锦帕上送他。后又填寄《醉花阴》词，明诚思胜之，谢绝一切，废寝忘食者三日夜，做得五十余首，把清照所作混在一起，请友人陆德夫加以品评。德夫说，"有三句绝佳。"问以哪三句，乃清照的"莫道不消魂，帘卷西风，人比黄花瘦"也。她曾作词论，批评当时有名的作家，如论柳永"虽协音律而词语尘下"。论晏殊、欧阳修及苏轼等词，"皆句读不葺之诗耳，又往往不协音律。"这可见她不但注重词的修句，且很讲求词的音律了。她一生最幸福的生活，是和她丈夫赵明诚在归来堂共同读书，研究金石学的时候。及后金人南犯，把她快乐的家庭打破，便和她丈夫渡江过逃亡的生活，后来她丈夫不幸又一病而死了。唉，以一个孱弱的嫠妇，孤独的到处避难，她这时的生活，真算悲苦极了。

少年游　　　　　　　　　　　　　周邦彦
并刀如水，吴盐胜雪，纤指破新橙。锦幄初温，兽香不断，相对坐调笙。　　低声问，向谁行宿？城上已三更，马滑霜浓,不如休去,直是少人行。

按:此词是美成与汴妓李师师相爱情笃,师师欲嫁之而未能。一夕,徽宗幸师师家,美成仓卒不能出,遂匿复壁间,因制此词以纪其事。

红窗迥　　　　　　　　　　周邦彦

几日来真个醉! 不知道窗外乱红已深半指,花影被风摇碎。拥春醒乍起。有个人人生得济楚,来向耳边问道:"今朝醒未?"情性儿慢腾腾地,恼得人又醉!

声声慢　　　　　　　　　　李清照

寻寻,觅觅,冷冷,清清,凄凄,惨惨,戚戚。乍暖还寒时候,最难将息。三杯两盏淡酒,怎敌他晚来风急? 雁过也,正伤心,却是旧时相识。　　满地黄花堆积,憔悴损,而今有谁堪摘? 守着窗儿,独自怎生得黑! 梧桐更兼细雨,到黄昏点点滴滴。这次第,怎一个愁字了得!

武陵春　　　　　　　　　　李清照

风住,尘香,花已尽。日晚倦梳头。物是,人非,事事休! 欲语泪先流。　　闻说双溪春尚好,也拟泛轻舟。只恐双溪舴艋舟,载不动许多愁。

醉花阴　　　　　　　　　　李清照

薄雾浓云愁永昼,瑞脑消金兽。佳节又重阳,宝枕纱橱,半夜凉初透。　　东篱把酒黄昏后,有暗香盈袖。莫道不消魂,帘卷西风,人比黄花瘦。

一剪梅　　　　　　　　　　李清照

红藕香残玉簟秋,轻解罗裳,独上兰舟。云中谁寄锦书来,雁字回时，月满西楼。　　　花自飘零水自流，一种相思，两处闲愁。此情无计可消除，才下眉头，却上心头。

第五节　南宋及南宋以后的词

总论　　　南宋的词虽比较不如北宋，但亦有不少伟大的作家和作品贡献于后世。这一时代的词，约可分为前后两个时期：宋刚南迁时，如辛弃疾、陆游等人的词，都很豪放自然，浅白明畅；及后偏安之局稍定，如姜夔、吴文英等人的词，便变靡丽雕琢，典雅古奥了。前期的豪放自然，与后期的靡丽雕琢，都与环境有密切的关系。因为宋室南渡，大好中原，陷于胡人之手，一般忧时之士，见国事蜩螗，金人横行，怎能不悲愤激昂，以图恢复旧山河呢？故他们所歌唱的，多是奔放雄豪，有如《大江东去》一类的词。后来金人内乱，未遑南侵，宋室得偏安江左，于是大家又把国事忘怀，尽情享乐，依然是过的歌舞升平时代。于是辛、陆豪迈的词，已归淘汰，《大江东去》一类的作品，已视为粗暴而遭唾弃。当时的作家，如姜夔专着意于写隽语，吴文英用全力于造辞句。总之，他们的字句是精斲细磨的，他们的词意是絮语低吟的，较之前期的自然和豪放就大不相同了。

前期的词人及其作品　　　辛弃疾（1140至1207），字幼安，号稼轩，历城人，是南宋的唯一作家。他的才气横秋，意志高迈，所作之词，或悲壮激烈，能传达其深厚的感情；或放恣流动，能抒写其曲折的意思，无论小令或慢词，做得都非常佳妙。词以豪放自然称，与苏轼同。他的豪放自然，是由于时势的造成，因为他生性任侠，素有大志，眼看宋室南迁，受辱异族，故不觉悲愤填膺，歌而出之。其词固以豪放著称，但亦有不少婉约多情之作，较之专擅情语的秦、柳或未必多让罢。有人批评他的词好"掉书袋"，音律亦不谐合，这与他整个的词，没有大影响的。有《稼轩长短句》十二卷，传于世。

浪淘沙·山寺夜半闻钟

身世酒杯中，万事皆空。古来三五个英雄。雨打风吹，何处是汉殿秦宫？　　梦入少年丛，歌舞匆匆。老僧夜半误鸣钟，惊起西窗眠不得，卷地西风。

南乡子·登京口北固亭

何处望神州？满眼风光北固楼。千古兴亡多少事，悠悠，不尽长江滚滚流。　　年少万兜鍪，坐断东南战未休！天下英雄谁敌手，曹、刘！生子当如孙仲谋。

寻芳草·嘲陈莘叟忆内

有得许多泪，更闲却许多鸳被。枕头儿放处都不是。旧家时，怎生睡？更也没书来！那堪被雁儿调戏，道无书却有书中意：排几个"人人"字！

武陵春

走去走来三百里，五日以为期。六日归时已是疑，应是望多时。　　鞭个马儿归去也，心急马行迟。不免相烦喜鹊儿，先报那人知。

丑奴儿近·博山道中效李易安体

千峰云起，骤雨一霎儿价。更远树斜阳，风景怎生图画。青旗卖酒，山那畔别有人家。只消山水光中，无事过者一夏！　　午醉醒时，松窗竹户，万千潇洒。野鸟飞来，又是一般闲暇。却怪白鸥觑着人，欲下未下。旧盟都在，新来莫是别有说话？

陆游是南宋的大诗家，这在前篇内已经说过了，他的词虽不及诗，但在当时亦颇负盛名，与稼轩共称。他少有大志，和辛一样，欲恢复中原，故词多豪放雄快，不过旖旎婉约的却也不少。杨慎称：

"放翁词纤丽处似淮海,雄快处似东坡。"这看他的《钗头凤》和《双头莲》自可想见。据传放翁与其妻唐氏爱情甚笃,只因其母不喜唐氏,遂出之,唐氏即改嫁于同郡赵士程。后来春日出游,相过于沈园,唐语士程为致酒肴。陆怅然赋《钗头凤》,唐氏和之,未几即怏怏卒。放翁后日复过沈园,更赋一诗以纪之:"落日城头画角哀,沈园非复旧池台,伤心桥下春波绿,曾见惊鸿照影来。"观乎此,可知放翁不惟在政治上郁郁不得志,家庭的生活亦不能令其满意,无怪自号放翁以自嘲了。

双头莲

华发星星,惊壮志成虚,此身如寄。萧条病骥,向暗里消尽当年豪气。梦断故国山川,隔重重烟水身万里。旧社凋零,青门俊游谁记!　　尽道锦里繁华,叹官闲昼永,柴荆添睡,清愁自醉。念此际付与何人心事。纵有楚舵吴樯,知何时东逝!空怅望,鲙美菰香,秋风又起。

夜游宫·记梦

雪晓清笳乱起!梦游处不知何地。铁骑无声望似水。想关河,雁门西,青海际。　　睡觉寒灯里,漏声断,月斜窗纸,自许封侯在万里。有谁知,鬓虽残,心未死。

钗头凤

红酥手,黄藤酒,满城春色宫墙柳。东风恶,欢情薄,一怀愁绪,几年离索,错,错,错!　　春如旧,人空瘦,泪痕红浥鲛绡透。桃花落,闲池阁。山盟虽在,锦书难托,莫,莫,莫!

钗头凤　　　　　　　　陆游妻唐氏

世情薄,人情恶。雨送黄昏花易落。晓风干,泪痕残。欲笺心事,独语斜阑,难,难,难!　　人成各,今非昨,病魂尝似秋千索。角声寒,夜阑珊。怕人寻问,咽泪妆欢,瞒,瞒,瞒!

朱敦儒（1080？至1175？），字希真，洛阳人，有《樵歌》三卷，内存词约二百余首。他在南北宋之交的词人中，是很负声望的。论行辈他长于稼轩，而且又是一个极有天才的人，当然不会受到辛派作风——豪放——的多大影响，不过他们生同一个时代——南迁——对于二宗的不返，中原的沦陷，与辛、陆有共同的感愤，故不知不觉间在他的作品中，和辛、陆一样地充满了悲壮慷慨，但亦有其婉丽清畅处，不仅是豪放而已。黄昇的《花庵词选》说他："天资旷逸，有神仙风姿。"这在他的作品中很可看到的。

鹧鸪天

曾为梅花醉不归，佳人挽袖乞新词，轻红遍写鸳鸯带，浓碧争斟翡翠卮。　　人已老，事皆非。花前不饮，泪沾衣。如今但欲关门睡，一任梅花作雪飞。

好事近

摇首出红尘，醒醉更无时节。活计绿蓑青笠，惯披霜冲雪。　　晚来风定钓丝闲，上下是新月。千里水天一色，看孤鸿明灭。

刘过（1154至1206），字改之，江西庐陵人，亦有说是太和或襄阳人的，有《龙洲词》。他是个慷慨豪放的血性男儿，本有志仕宦，屡向当局陈恢复中原策，可惜均未见用，他便去过放浪江湖的生活了。他的词完全是学稼轩的，黄昇说："改之，稼轩之客，词多壮语，盖学稼轩者也。"不过其词亦有纤丽可爱，造句赡逸处。

西江月

堂上谋臣尊俎，边头将士干戈。天时，地利，与人和。燕可伐欤？曰，可。　　今日楼台鼎鼐，明年带砺山河。大家齐唱《大风歌》，不日四方来贺。

醉太平

情高，意真，眉长，鬓青。小楼明月调筝，写春风数声。　　思君，忆君，魂牵，梦萦。翠绡香暖云屏，更那堪酒醒！

天仙子·初赴省，别妾于三十里头。

别酒醺醺浑易醉，回过头来三十里！马儿不住去如飞。牵一懑，坐一懑，断送煞人山与水！　　是则是功名终可喜，不道恩情拚得未！云迷村店酒旗斜：去也是？住也是？烦恼自家烦恼你！

刘克庄（1187至1269），字潜夫，号后村，莆田人，官至焕章阁学士，有《后村长短句》，存词约二百余首。他是最崇拜辛稼轩和陆放翁的，所以他的词亦很豪放自然，诗文均佳，在南宋不愧为一个有名的作家。

玉楼春·戏林推

年年跃马长安市，客里似家家似寄。青钱唤酒日无何，红烛呼卢宵不寐。　　易挑锦妇机中字，难得玉人心下事。男儿西北有神州，莫洒水西桥畔泪。

贺新郎·送陈子华知真州

北望神州路，试平章这场公事，怎生分咐！记得太行山百万，曾入宗爷驾驭。今把作握蛇骑虎。君去，京东豪杰喜，想投戈下拜"真吾父！"谈笑里，定齐鲁。　　两河萧瑟惟狐兔！问当年祖生去后，有人来否？多少新亭挥泪客，谁梦中原块土！算事业须由人做！应笑书生心胆怯，向车中闭置如新妇。空目送，塞鸿去。

清平乐·赠陈参议师文家侍儿

宫腰束素，只怕能轻举。好筑避风台护取，莫遣惊鸿飞去。　　一团香玉温柔，笑颦俱有风流。贪与萧郎眉语，不知舞错《伊州》。

朱淑贞是南宋唯一的女词家，自号幽栖居士，钱塘人，大约较李清照后数十年，不但生死不可考，连她父母的姓氏，亦无可查究。总观她的作品，当是大家闺秀，在未出阁前，有很美满的处女生活；不过因所适非人，她幸福的命运，一到嫁后便失去了。她的丈夫是谁，也考失，大概是一个孜孜为利的"市侩"，不是一个雅洁清高的诗人，所以二人的性情不合。看她的《愁怀》及《舟行即事》诗，即可窥见其隐衷。读了她的诗词，大概那不融洽的丈夫，后来把她抛弃，另有所恋。她呢，为反抗那不自由的婚姻，亦别有所欢，不过男子多薄倖，她的新恋人不久也和她隔绝了。如果事情属实，淑贞的遭遇真算太可怜了。她的词清新自然，哀婉动人，有《断肠集》。

谒金门

春已半，触目此情无限。十二阑干倚遍，愁来天不管。　　好是风和日暖，输与莺莺燕燕。满院落花帘不卷，断肠芳草远。

菩萨蛮

山亭水榭秋方半，凤帏寂寞无人伴。愁闷一番新，双蛾只暗颦。　　起来临绣户，时有疏萤度。多谢月相怜，今宵不忍圆。

江城子

斜风细雨作春寒，对尊前，忆前欢，曾把梨花寂寞泪阑干。芳草断烟南浦路，和别泪，看青山。　　昨宵结得梦因缘，水云间，悄无言，争奈醒来愁恨又依然。展转衾裯空懊恼，天易见，见伊难！

后期的词人及其作品　　姜夔（1155？至1235？），字尧章，号白石，鄱阳人，因世乱不仕。常与范成大、杨万里相唱和，登山游水以自适。他通音律，每作新词即自吹箫，令爱姜小红歌而和之。曾咏《垂虹》诗，以纪其事道："自作新词韵最娇，小红低唱我吹箫，曲终过尽松陵路，回首烟波十四桥。"他的词清隽精工，合于音律，因选字炼句，词稿辄经旬始为改定，所以作品不免有雕琢不自然之诮。当时人对于他的《暗香》、《疏影》二词，推崇备至，张炎且称之为"前无古人，后无来者，自立新意，真是绝唱！"其实不过是咏物诗的两篇名作，未有何深刻高妙处。在我们看，还不如《淡黄柳》和《长亭怨慢》，有真实的情绪表现呢。总之，后期的词人，过重音律和雕琢字句的风气，是由白石提倡起的。这种风气影响于词的本身者为：因重音律，常有牺牲词的内容的；因重辞句，常有流于晦涩难读的。他的作品有《白石道人歌曲》，传于世。

长亭怨慢

渐吹尽枝头香絮。是处人家，绿深门户。远浦萦回，暮帆零乱向何许？阅人多矣，谁得似长亭树。树若有情时，不会得青青如此！　　日暮望高城不见，只见乱山无数。韦郎去也，怎忘得玉环分付：第一是早早归来，怕红萼无人为主。算只有并刀，难剪离愁千缕。

淡黄柳

空城晓角，吹入垂杨陌，马上单衣寒恻恻。看尽鹅黄嫩绿，都是江南旧相识。　　正岑寂，明朝又寒食。强携酒小乔宅，怕梨花落尽成秋色。燕燕飞来，问春何在，唯有池塘自碧。

吴文英（1205？至1270？），字君特，号梦窗，四明人，有《梦窗词》集。尹焕说："求词于吾宋，前有清真，后有梦窗，此非余之言，四海之公言也。"可见他的词，在当时已颇风行，不过一究其实，他的词多是古典和套语堆砌而成，并没有真情绪，真意境。张炎说：

"吴梦窗词,如七宝楼台,眩人眼目,拆碎下来,不成片段。"真是不错！他的词自然佳妙者虽不多,但亦颇有几首好的,如《唐多令》,张炎以为此词疏快,却不质实。《风入松》亦确有"不经人道"语。总之,白石与梦窗的词,气魄都不大,遂走入精密细腻一途。他们只知雕琢字句,以纤丽为工;他们只知致力新语,以奇巧为妙,像辛、陆一派的豪放自然的词风,早已过去了。

唐多令

何处合成愁? 离人心上秋,纵芭蕉不雨也飕飕。都道晚凉天气好,有明月,怕登楼。　　年事梦中休,花空烟水流。燕辞归客尚淹留,垂柳不萦裙带住,漫长是,系行舟。

风入松

听风听雨过清明,愁草瘗花铭。楼前绿暗分携路,一丝柳,一寸柔情。料峭春寒中酒,交加晓梦啼莺。　　西园日日扫林亭,依旧赏新晴。黄蜂频扑秋千索,有当时纤手香凝。惆怅双鸳不到,幽阶一夜苔生。

蒋捷(1245? 至1310),字胜欲,宜兴人,有《竹山词》一卷。他和周密、王沂孙、张炎为宋末元初的四大家。词尚典雅纯正,其内容多是咏物的,很少有感时的悲愤情绪表现出来。他们虽于亡国之际,好像和这个纷乱的时代,没有发生过什么关系。这固由于在异族铁蹄之下,不能自由抒怀,亦实因此时的作风,惑于典雅,认为愤慨的豪放语为外道了。不过在四大家中,蒋捷的词还算最有自然之趣,比较能超脱词律的束缚的。

霜天晓角

人影窗纱,是谁来折花? 折则从他折去,知折去向谁家?　　檐牙枝最佳,折时高折些。说与折花人道:须插向鬓边斜。

虞美人

少年听雨歌楼上，红烛昏罗帐。壮年听雨客舟中，江阔云低，断雁叫西风。　　而今听雨僧庐下，鬓已星星也。悲欢离合总无情，一任阶前点滴到天明。

周密（1232至1308），字公谨，号萧斋，济南人，侨居吴兴。有《草窗词》二卷，又编《绝妙好辞》，为词选中的佳作。他的词纤丽隐约，意境和辞语有时作的很好，与吴文英齐名，当时称为"二窗"，并有"乐府妙天下"之说。

南楼令

开了木芙蓉，一年秋已空。送新愁千里孤鸿。摇落江蓠多少恨，吟不尽，楚云峰。　　往事夕阳红，故人江水东，翠衾寒，几夜霜浓。梦隔屏山飞不去，随夜鹊，绕疏桐。

王沂孙（1240？至1290），字圣与，号碧山，会稽人，有《碧山乐府》，一名《花外集》。他亦长于咏物，清代词人周济很赞许他说："咏物最争托意。隶事处以意贯串，浑化无痕，碧山胜场也。"其实他的咏物词，多晦涩好似灯谜费猜，倒不如《高阳台》一类的词有感慨，而且自然呢。

高阳台·和周草窗寄越中诸友韵

残雪庭阴，轻寒帘影，霏霏玉管春葭。小帖金泥，不知春在谁家！想思一夜窗前梦，奈个人水隔云遮！但凄然，满树幽香，满地横斜。　　江南自是离愁苦；况游骢古道，归雁平沙？怎得银笺，殷勤与说年华！如今处处生芳草，纵凭高，不见天涯！更消他，几度东风，几度飞花？

张炎（1248至1320？），字叔夏，号玉田生，又号乐笑翁，西秦人，是南渡名将张俊的后裔，有《玉田词》三卷，又作《词源》一书。

他的词以咏物著名,如"《咏春水》一词,绝唱今古,人以张春水目之。"——邓牧语——此外咏《孤雁》亦有名,至有张孤雁之称。其实里面并没有多大情感和意境,倒不如其他的词有情致动人呢。总之,南宋的词到了张炎,可称为当时乐府词坛上最后的一位"殿军"。此后,词的运命,便日就没落了。

高阳台·西湖春感

接叶巢莺,平波卷絮,断桥,斜日,归船。能几番游,看花又是明年!东风且伴蔷薇住,到蔷薇春已堪怜!更凄然,万绿西泠,一抹荒烟! 当年燕子知何处?但苔深韦曲草暗斜川!见说新愁,如今也到鸥边!无心再续笙歌梦,掩重门浅醉闲眠,莫开帘!怕见飞花,怕听啼鹃!

清平乐

候蛩凄断,人语西风岸。月落,沙平,江似练。望尽芦花无雁。 暗教愁损兰成,可怜夜夜关情。只有一枝梧叶,不知多少秋声。

南宋以后的词人及其作品 词一到了南宋以后,便完全为雅正古典派所占有,从前所谓悲壮豪放,活泼生动的作品,就很少见了。当时的作家,第一,要讲求音律的谐合,第二,要注重文辞的工整典雅。作家在这样双重的严垒之下拘泥自守,除模仿旧调外,不敢创作新词。他们不是学东坡、耆卿,便是学梦窗、白石,因之南宋以后的词,离开民众一天远似一天,他们的作品只是士大夫阶级的玩艺儿,不是大多数所能了解的东西。总之,南宋以后的词,不但与民众断绝了关系,并且与优倡阶级也绝了缘,特独的成为一种文人学士的无聊消遣品了。论词者以为词经金、元以至明朝是为词的衰微期,迨至满清作家辈出,是为词的复兴期,但较之两宋所差还甚。兹择其要者一略述之:

金代作家以元遗山为最著,在他所编的《中州集》中附有《中州乐府》一卷，为金人词唯一的选本。元代作家赵孟頫有《松雪词》一卷——赵妻管道昇亦有词名——萨都刺有《雁门集》词一卷，张翥有《蜕岩乐府》三卷，均称名作。明代作家虽多——不下三百余家，而特出者颇少，惟明末陈子龙以天然之神韵，写悱恻之深情，清丽婉转，不愧为一代作家。

　　清初文风甚盛，词家承明末陈子龙之风，作家蔚然而起。当时号称能手者：如吴梅村温柔宛转，流丽稳贴，词如其诗。毛西河词温丽精深，更谙音律。顾贞观有《弹指词》，兼有南北两派之长。彭羡门有《延露词》，长词小令均称佳妙。王士禛有《衍波词》，体备唐宋，而小令尤为独步。厉鹗有《樊榭山房词》，最为世所称道。曹贞吉有《珂雪词》，脱习花间，而寄托遥深。纳兰性德（1655至1685），有《饮水词》，其凄惋清丽处，不下南唐二主。至清代最著名的词人，当推朱彝尊与陈其年。朱（1639至1709），字锡鬯，号竹垞，秀水人，曾编《词综》三十六卷，有《曝书亭词》。陈维崧（1625至1682），字其年，号迦陵，宜兴人，有《乌丝词》，二人素相友好，合刻所著曰《朱陈村词》，一般作家受他们的影响很大，康、乾间言词者多称之，及其末流，不免有纤巧雕琢之病。后有阳湖张惠言（1761至1802）、张琦兄弟二人选唐宋词四十四家，为《词选》一书，力矫其弊，所作自然疏快，一反朱、陈之雕琢，所谓常州词派者是。此外有吴藻字蘋香，仁和人，为清代唯一的女词家，曾嫁于同邑黄某为妻，晚年寡居，生活甚苦，著有《花帘词》。郑板桥的词多吊古悲今，富于感怀，为近代难得的至情作品。至于其他作家：恽敬有《兼塘词》，黄景仁有《竹眠词》，王鹏运有《半塘词》，龚自珍有《定庵词》等，真是作家如林，不胜胪举了。

红豆词　　　　　　　　　　　　　　　　朱竹垞

　　凝珠吹黍，似早梅乍萼，新桐初乳，莫是珊瑚零落。敲残石家树，记得南中旧事：金齿屐，小鬟蛮女，向西岸树底，盈盈抬素手，摘新雨延伫。碧云暮，休逗入茜裙，欲寻无处。唱歌妇去，先向绿窗饲鹦鹉，怊怅檀郎路远，待寄与相思犹阻。烛影下，开玉合，背人暗数。

忆江南　　　　　　　　　　　　纳兰性德

昏鸦尽，小立恨因谁？急雪乍翻香阁絮，轻风吹到胆瓶梅，心字已成灰！

采桑子　　　　　　　　　　　　纳兰性德

而今才道当时错，心绪凄迷，红泪偷垂，满眼春风百事非。　　情知别后来无计，强说欢期。一别如斯，落尽梨花月又西。

闺情词　　　　　　　　　　　　纳兰性德

梦里蘼芜青一剪，玉郎经岁音书远。暗钟明月不归来，梁上燕，轻罗扇，好风又落桃花片。

玉楼春　　　　　　　　　　　　张惠言

一春长放秋千静，风雨和愁都未醒。裙边余翠掩重帘，钗上落红伤晚镜。　　朝云卷尽雕阑暝，明月还未照孤凭。东风飞过悄无踪，却被杨花微送影。

如梦令　　　　　　　　　　　　吴　藻

燕子未随春去，飞到绣帘深处。欲说话多时，莫是要和侬住？延伫，延伫，含笑回他不许。

浪淘沙·和洪觉范潇湘八景　（录三）　　　郑　燮

山市晴岚

雨净又风恬，山翠新添。薰蒸上接蔚蓝天。惹得王孙芳草色，酝酿春田。　　朝景尚拖烟，日午澄鲜。小桥山店倍增妍。近到略无些色相，远望依然。

渔村夕照

山迥暮云遮，风紧寒鸦。渔舟个个泊江沙。江上酒旗飘不定，旗外烟霞。　　烂醉作生涯，醉梦清佳。船头鸡犬自成家。夜火秋星浑一片，隐跃芦花。

远浦归帆

远水净无波，芦荻花多。暮帆千叠傍山坡。望里欲行还不动，红日西蹉。　名利竟如何？岁月蹉跎。几番风浪几晴和。愁水愁风秋不尽，总是南柯。

戏管夫人词　　　　　　　　　　　　赵孟頫

我为学士，你做夫人，岂不闻陶学士有桃叶桃根，苏学士有朝云暮云？我便多娶几个吴姬越女何过分。你年纪也过四旬，只管占住玉堂春。

答　词　　　　　　　　　　　　管夫人

你侬我侬，忒煞情多。情多处，热似火。把一块泥，捏一个你，塑一个我。将咱两个，一齐打破，用水调和。再捏一个你，再塑一个我。我泥中有你，你泥中有我。我和你生同一个衾，死同一个椁。

按：松雪欲纳姬，以前词戏管夫人。夫人作此词答之，遂止。

西江月·灵岩听法　　　　　　　　　　　吴伟业

昔日君王舞榭，而今般若经台。千年霸业总成灰，只有白云无碍。　看取庭前柏树，那些石上青苔。残山废塔讲堂开，明月松间长在。

辞春风·闺夜　　　　　　　　　　　吴伟业

眼底桃花媚，罗襜钩人处，四肢红玉软无言，醉，醉，醉。小阁廊深，玉壶茶暖，水沉香细。　重整兰膏腻，偷解罗襦紧，知心侍女下帘钩，睡，睡，睡。皓腕频移，云鬟低拥，羞眸斜睇。

忆秦娥·杨花　　　　　　　　　　　陈子龙

春漠漠，香云吹断红文幕。红文幕，一帘残梦，任他飘泊。　　　轻狂无奈东风恶，蜂黄蝶粉同零落。同零落，满池萍水，夕阳楼阁。

清平乐·春绣　　　　　　　　陈子龙

绣帘花散，难与东风算，抬起金针丝又乱，尚剩檀心一半。
几回黛蹙双蛾，斜添红缕微波。闲看燕泥欲堕，柳绵吹满轻罗。

相见欢·闺情　　　　　　　　毛西河

倚床还绣芙蓉，对花丛，牵得丝丝柳线翠烟笼。愁思远抛金剪，唾残绒，羞杀鸳鸯唧去一丝红。

谒金门·春景　　　　　　　　张　熹

溪水漫，岸口小桥冲断，沽酒人家门巷短，柳阴旗一半。
细雨鸣鸠相唤，曲港落花流满，两两睡红鸂鶒暖，恼人春不管。

清平乐·春闺　　　　　　　　元好问

离肠宛转，瘦觉妆痕浅。飞来飞去双乳燕，消息知郎近远。　　　楼前小雨珊珊，海棠帘暮轻寒。杜宇一声春去，树头无数青山。

系裙腰·咏裙　　　　　　　　陈维崧

满园草色绿迢迢，都吹上，小裙腰。栖鸾宿蝶风流甚，暗晕红潮，轻撷处，称垂髫。　　　有时沉在帘儿底，依稀微露轻绡。隔花绣带无风转，浅立春宵，想应拂遍落梅娇。

小阑干·感旧　　　　　　　　萨都剌

去年人在凤凰池，银烛夜弹丝。沉水香消，梨云梦暖，深院绣帘垂。　　　今年冷落江南夜，心事有谁知。杨柳风柔，海棠月澹，独自倚阑时。

蝶恋花·闺思　　　　　　　　王士禛

凉夜沉沉花漏冻，欹枕无眠，渐听荒鸡动。此际闲愁郎不共，月移窗罅春寒重。　　　忆共锦衾无半缝，郎似桐花，妾似桐花凤。往事迢迢徒入梦，银筝断续连珠弄。

贺新郎·咏鸦　　　　　　　　　　曹贞吉

鸦阵来沙渚,逗轻寒,霜天一抹,晚红如缕。掠下晴窗惊帛裂,影逐断云归去。伴黄叶,萧萧乱舞,寒话空林飞且止。似商量,明日风兼雨,声哑哑,倩谁诉。　　黄云城畔知无数,趁星稀,月明三匝,一枝休妒。雁字横斜分几点,极目江村烟树。惆怅煞,落霞孤鹜,啼向碧纱嵝忆远。最凄凉,织锦秦川女,空房宿,泪偷注。

如梦令·惜别　　　　　　　　　　顾贞观

颠倒镜鸾钗凤,纤手玉台呵冻。惜别尽俄延,也只一声珍重。如梦,如梦,传语晓寒休送。

第三章 戏 曲

第一节 戏曲的演变

中国戏曲的成立,较之印度和希腊都晚得多——至少晚千余年。但关于优伶的记载,在春秋时已有所谓优孟其人了。不过那时的优伶,仅为娱乐帝王贵族,以愉快的,滑稽的行动,和锋利机警的言谈,引帝王们发笑或自省,他们乃是所谓"弄人"之流,并非正式的演剧家,对于一般民众,更无关系。后来虽曾有"大面"——亦称代面——"拨头"、"踏谣娘"及"参军戏"等的演变,但在十三世纪之前,我们却不能找到一本流传于今的剧本和著名的戏曲作家。至今可考知的戏曲作家和剧本,乃始于金末元初之时,即十三世纪之前半期。若问中国戏曲的成立为何一迟至此? 其原因不外有二:一、中国文人一向以戏曲为下等的艺术,弄人们的专业,不屑去注意,以失自己的身分。二、中国文人以做官为目的,但得官的阶梯是诗赋,不是戏曲,故注全力于诗赋,而无暇于戏曲。到了金元之时,科举久废,文士无所用心,又适当时民间演剧之风盛行,于是文人转其注意力于民众的艺术上,而戏曲的伟大作家,因之遂产生了。且元人素无文化,其征服中原全赖乎武力,中国原有的古典文学,他们不能领会,只好提倡通俗的戏曲文学了。至臧晋叔谓元代以杂剧取士,故元曲发达。此说不见正史,恐怕是"想当然"的揣测罢。

中国戏曲和诗词一样地有南北之分。北曲称为杂剧,仅限四折，不足用时，可加楔子，是一折，一调，一韵，且一人独唱，不是正末，就是正旦，其他杂色虽入场，只说白而不唱曲。南曲称为传奇，不限制出数，可有三四十出之多，一出不限一调，且许换韵，又把一人独唱之例打破了。这是在体制上的不同。北曲的韵无入声，但在平声里有阴阳的分别，至于韵书是根据中原音韵的。南曲反是，有入声，而平声无阴阳，韵书是多依洪武正韵。在《闲情偶寄》中说："北曲有北音之字，南曲有南音之字；北字近于粗豪，易入刚劲之口；南音悉多娇媚，便施窈窕之人。"这是在音韵声调上的不同。至于作风，北曲质朴豪迈，悲壮沉雄；南曲艳丽婉约，清柔曲折。总之，北曲不脱北人劲健之风；南曲难免南人婉约之气。今就元、明的戏曲而比较之：北曲盛于元朝，作家：如马致远、关汉卿、白仁甫、郑德辉为元曲四大家，均北方人。杂剧：如《王粲登楼》、《韩信胯下》、《关大王单刀会》和《赵太祖风云会》，不特命词高俊无比，而意象亦悲壮万分。我们看《太和正音谱》评马致远的戏曲道："其词典雅清丽，可与灵光景福相颉颃，有振鬣长鸣，万马皆喑之意。"真有见地！

杂剧的作家多为北方的平民，所以作品难免有粗俗之讥，为南方文士所不满。迨至元末，南方作家辈出，遂用秀雅的辞句，解放的体裁，来创造一种新颖的戏曲，名为传奇，盛行于南方。此后戏曲的创作，遂由平民移于文士之手，逐渐"优雅化"和"美丽化"，造句务求其雅，选字务求其丽，即宾白也骈四俪六，语语工整。其甚者，如《浣纱记》和《祝发记》，竟通剧无一散语。南曲：如高则诚的《琵琶记》、汤显祖的《牡丹亭》和号称四大传奇的"《荆》、《刘》、《拜》、《杀》"均称名作。其中最受人热烈欢迎的，为《琵琶记》与《牡丹亭》，二者哀艳婉转，凄怆动人，均堪称为南方文学的代表作品。

曲，原有散曲，与戏曲之别：散曲为小令与套数，戏曲为杂剧与传奇。散曲是由宋词演变的，戏曲是由散曲缀成的，故称曲亦曰词余，这与称词为诗余，其来由是一样的。曲虽源于词，但二者迥不同，词只是善于抒情，而曲除抒情外，兼可叙事或代言；词仅讲平仄，曲则须将平上去三声，一一区分之(元曲无入声)；词是长短句，而曲于长短句中更加衬字；词固可歌唱，而曲除歌唱外，又须表演。表演时两人问答谓之宾，一人自道谓之白，所有行动谓之科，或曰介。以上三者合组而成的歌唱与动作，始称为戏剧。查古昔敬神时，常合乐歌舞并奏——这是戏剧的滥觞——不过虽合奏而歌舞未必相应。到了唐朝有莲花镊歌舞者，所舞与歌者所歌之词，稍有相应，然内中无事实之可演。至宋赵令時作《商调鼓子词谱》，西厢传奇始有事实，尚无演白。迨董解元为《弦索西厢》曲中夹白，挡弹，念唱，统归一人，但此时仅是坐唱，并无扮演之举。《弦索调》更进而为《连厢》，不惟有扮演人，且有舞台之雏形。不过此时舞者不唱，唱者不舞。及元剧兴，舞者与歌者始合为一人，且在歌唱时有音乐以和之，于是真正的戏曲才正式成立了。

第二节　元代以前的戏曲

唐代的歌舞及古剧　　梨园乐　唐明皇是一个享乐主义者，他好文学，通音乐，在蓬莱宫之旁，置内教坊，奖进散乐唱优之伎，挑选坐部伎（分坐部与立部，前者坐于堂上，后者立于堂下以奏乐。）弟子三百人于梨园，明皇亲教之。又有外教坊同内教坊，并称为左右教坊。当时名伶如李龟年、雷海青、贺怀智等，均精音乐，工歌舞。舞的种类有：软舞，健舞等；歌有《霓裳羽衣曲》，这是最有名的舞曲之一。在歌舞之外，又有戏剧，如大面、拨头、踏谣娘、苏中郎及参军戏等，流行一时。

大面，亦称代面，原起自北齐兰陵王长恭，因他有才善战，而容貌如妇人，他恐不足以威敌，乃刻木作假面以临阵，大破周师。齐人壮之，遂作此舞，称为"兰陵王入阵曲"。唐之大面戏，即本此，演者被着大面，身穿紫衣，腰带金刀，执鞭而舞。

拨头，亦称钵头，原出西域，据称有一胡人为猛虎所害，他的儿子上山寻见其尸，大为哀恸，遂杀虎以报仇。演者披发穿素衣，扮着丧事的装束和哭丧的脸。据王国维《宋元戏曲史》说，这戏原发生于《北史西域传》的拔豆国，拨头与拔豆同为译音，经龟兹等国，始传入中土。

踏谣娘，据传北齐有姓苏者，并无官职，而自号"郎中"。好饮酒，醉则辄殴其妻，其妻美而能歌，乃含悲作怨苦之辞，哀诉于邻里。演者作妇人装，且行且歌，每一叠旁人齐和之。不久其夫来，乃作吵闹状，以博笑乐。——按踏谣即一面走，一面歌之意。

苏中郎，相传后周有苏葩者，嗜酒而落魄，自号中郎，不论何处有宴会，他就走进去，独自乘兴舞蹈。演者穿绯衣，戴帽，面涂赤色，以表醉状。此为代面的进步，不用假面而改涂面，后世伶人的脸谱，实始于此。

参军戏，原本于后汉馆陶令石耽的故事，耽曾犯赃罪，和帝免其罪，每宴乐使穿白夹衫——罪人衣——令优伶戏弄以辱之，耽后为参军，故名。近据王国维考证，谓汉世无参军之官，恐怕是后赵石勒的参军周延之误。在唐朝此戏甚为流行，不过所演多离开本事，而成为一绿衣秉简的官人，以一鹘衣髶髻的苍头为对手，而做的滑稽戏了。总之，唐朝的戏剧有两种：一以歌舞为主，一以滑稽嘲笑为主，所演者均为一种故事，其中已有装扮脚色的痕迹可寻了。

宋代的杂剧及鼓子词　　杂剧之名，始于宋代，和当时小儿队，女童队之舞，共为宫廷宴飨时，用以助兴的玩艺。以滑稽取笑为主，不过于调笑中含有讥谏的意思罢了。宋初循旧规，设教坊四部，他们所奏的有所谓十八调，四十大曲的名目。在《辍耕录》上也有"三千小令，四十大曲"之说。太宗更通晓音律，亲制之曲，据称有三百余。仁宗时，天下太平，游戏文章更多。徽宗虽为亡国之君，但他明白乐曲，对于艺术的奖进和保护，不下唐之明皇。他曾用周邦彦为大晟乐府的长官，制作新声，又以爨国来朝，遂作《五花爨弄杂剧》。及南渡以后，杂剧依然盛行。朱子曾讥评当时的诗风，如村里杂剧一般，可见那时的杂剧，不独流行于都城，连乡村亦有了。祝允明在他的《猥谈》里亦说过："南戏出于宣和之后，南渡之际，谓之温州杂剧。"这时的杂剧，就不像北宋的单纯，仅限于滑稽嘲笑，而要扮演一故事，有唱曲，有说白，已开金元杂剧的端绪了。

鼓子词是北宋末赵德麟的《元微之崔莺莺商调蝶恋花词》，因合鼓而歌，故称鼓子词。他截取元微之的《会真记》，作为散序，赋《商调蝶恋花词》十阕，前后又加二阕，以述其著作的原由。散序诵而不歌，词曲合乐器而歌唱，和杂剧一样没有白，亦没有科，惟有序有词。不仅以滑稽调笑为主，必扮演一故事，首尾一贯，可称为近代戏曲之祖。鼓子词到南宋时盛行于民间，陆放翁有《舍舟步归诗》道："斜阳古柳赵家庄，负鼓盲翁正作场，死后是非谁管得，满村听唱蔡中郎。"按这蔡中郎，即元南曲中最有名的《琵琶记》的主要男脚色蔡伯喈。

金人的杂剧挡弹词及连厢词　　金人攻陷了汴京，与高宗的南渡，这不但在中国政治史上划分一个新时期，就是在中国文学史上亦是一样的。这个时期，实是后世南北曲的分歧点。宋乐流入于金的，即为元代北曲的先趋；宋乐传于江南的，即为明代南曲的源流。金熙宗时曾设教坊，置乐工二百五十四人，后至世宗章宗与宋朝讲和，南北相通，杂剧遂勃兴。《辍耕录》曾举金院本六百九十种。所谓"院"，即行院倡伎的居所，专为倡优演唱之用，故称院本。

挡弹词是合琵琶而歌的，故金人董解元的《西厢挡弹词》，一称《弦索西厢》，题材是取自《会真记》，更加入几个人物和事件于其中，错综变化，编成了一大诗史。后来北曲《西厢记》的人物，全是依据此书。《庄岳委谈》称董曲为古今传奇之鼻祖，金元一代文献尽于此。不过此曲是供优伶弦索弹唱的，并不能扮演于舞台。

赵德麟的《鼓子词》，仅有词而无演白，董解元的《挡弹词》曲白都有，但为叙说体，一人一面挡弹，一面念唱，是一种琵琶上弹奏的故事，不能拿到舞台上扮演。于是更进而为连厢词，有司唱一人，而和以琵琶，笙笛各一以唱词，优人上舞台，男名末流，女名旦儿，并杂色人等，随唱词而演。不过舞者不唱，唱者不舞，好像现在的双簧一样。到了元朝又进一步，将司唱者取消，登场的伶人，且唱且舞，动作与唱词全归一人，所谓戏曲才正式告成了。

弦索西厢　　　　　　　董解元

送别

【大石调】【玉翼蝉】蟾宫客，赴帝阙，相送临郊野。恰俺与莺莺鸳帏暂相守，被功名使人离缺。好缘业，空�快；频嗟叹，不忍轻离别。早是怎凄凄凉凉受烦恼，那堪值暮秋时节！雨儿作歇，向晚风如凛冽。那闻得衰柳蝉鸣凄切！未知今日别后，何时重见也？衫袖上盈盈揾泪不绝，幽恨眉峰暗结，好难割舍！纵有千种风情何处说？

【尾】莫道男儿心如铁！君不见满川红叶，尽是离人眼中血！

【越调】【上西平缠令】景萧萧，风淅淅，雨霏霏，对此景怎忍分离，仆人催促，雨停风息日平西。断肠何处唱《阳关》，执手临歧。蝉声切，蛩声细，角声韵，雁声悲，望去程依约天涯，且休上马，苦无多泪与君垂。此际情绪，你争知更说甚湘妃！

【斗鹌鹑】嘱付情郎若到帝里，帝里酒酽花浓，万般景媚，休取次共别人便字连理！少饮酒，省游戏，记取奴言语，必登高第。专听看伊家宝冠霞帔。妾守空闺，把门儿紧闭；不拈丝管，罢了梳洗，你咱是必把音书寄。

【雪里梅花】莫烦恼！莫烦恼！放心地！放心地！是必——是必休恁做病做气！俺也不似别的，你情性俺都识。临去也！临去也！且休去，听俺劝伊。

【错煞】我郎休怪强牵衣，问你西行几日归？着路里小心呵！且须在意。省可里晚眠早起。冷茶饭莫吃，好将息，我专倚着门儿专望你。

生与莺莺难别。

夫人劝曰："送君千里，终有一别。"

【仙吕调】【恋香衾】苒苒征尘动行陌，杯盘取次安排。三口儿连法聪外更无别客。鱼水似夫妻正美满，被功名等闲离拆。然终须相见，奈时下难捱！君瑞啼痕污了衫袖，莺莺粉泪盈腮。一个止不定长吁，一个顿不开眉黛。君瑞道："闺房里保重!"莺莺道："途路上宁耐!"两边的心绪，一样的愁怀。

【尾】仆人催促，怕晚了天色，柳堤儿上把瘦马儿连忙解。夫人好毒害，道："孩儿每回，取个坐车儿来!"

生辞夫人及聪，皆曰："好行!"夫人登车。

生与莺莺别。

【大石调】【慕山溪】离筵已散，再留恋应无计。烦恼的是莺莺，受苦的是清河君瑞。头西下控着马，东向驭坐车儿。辞了法聪，别了夫人，把辔俎收拾起。临上马还把征鞍倚，低语使红娘，更告一盏，以为别礼。莺莺、君瑞彼此不胜愁;厮觑者，总无言，未饮心先醉。

【尾】满酌离杯长出口儿气，比及道得个"我儿将息"，一盏酒里，白冷冷的滴毂半盏来泪。

夫人道："教郎上路，日色晚矣!"莺啼哭，又赋诗一首赠郎。诗曰："弃置今何道，当时且自亲;还将旧来意，怜取眼前人。"

【黄钟宫】【出队子】最苦是离别，彼此心头难弃舍。莺莺哭得似痴呆，脸上啼痕都是血;有千种恩情何处说? 夫人道："天晚教郎疾去。"怎奈红娘心似铁，把莺莺扶上七香车，君瑞攀鞍空自撷，道得个"冤家宁耐些!"

【尾】马儿登程，坐车儿归舍;马儿往西行，坐车儿往东拽。两口儿一步儿离得远如一步也!

【仙吕调】【点绛唇缠令】美满生离，据鞍兀兀离肠痛;旧欢新宠，变作高唐梦。回首孤城，依约青山拥。西风送戍楼寒重，初品《梅花弄》!

【瑞莲儿】衰草凄凄一径通，丹枫索索满林红。平生踪迹无定着，如断蓬;听塞鸿哑哑的飞过暮云重!

【风吹荷叶】忆得枕鸳衾凤，今宵管半壁儿没用。触目凄凉千万种，见滴流流的红叶，淅零零的微雨，率刺刺的西风。

【尾】驴鞭半袅，吟肩双耸，休问离愁轻重! 向个马儿上驮也驮不动!

离蒲西行三十里，日色晚矣！野景堪画。

【仙吕调】【赏花时】落日平林噪晚鸦，风袖翩翩瘦马，一径入天涯；荒凉古岸，衰草带霜滑。瞥见个孤林端入画，离落潇疏带浅沙，一个老大伯捕鱼虾。横桥流水，茅舍映荻花。

【尾】驼腰的柳树上有渔槎，一竿风旆茅檐上挂。澹烟潇丽，横锁着两三家。

生投宿于村店。

第三节　元代的戏曲

总论　戏曲到了元代，已经完全成立。当时的杂剧有曲，有白，有科，体制方面无不全备；登场的伶人，自己唱曲，说白，并动作也与之一致。王国维说："宋人大曲皆为叙事体，金之诸宫调虽有代言之处，而大体只可谓之叙事，独元杂剧于科白中叙事，而曲文全为代言，不可谓非戏曲上一大进步。"不过当时唱曲者只限于一人，还是按照"连厢词"的司唱属于一人的旧例。这样看来，元代的杂剧，可无疑地说是直接出于金之院本和连厢词了。元剧以大都——北平——为中心，故称为北曲。

时 地	第 一 期	第 二 期	第 三 期
大 都	★关汉卿（五八）★王实甫（七四）庾天锡（十五）★马致远（七二）★王仲文（十）★杨显之（八）★纪天祥（六）　费君祥（一）费庚臣（三）★张国宾（三）梁进之（二）★孙仲章（二）赵明道（二）　李子中（二）★石子章（二）　李宽甫（一）李时中（二）红字李二（三）京兆★王伯成（二）　涿州	★曾　瑞（一）	

时\地	第　一　期	第　二　期	第　三　期
中书省所属	★李好古(三)保定彭伯威(一)保定★白朴(七五)真定★李文蔚(七二)真定★尚仲贤(十)真定★戴尚辅(五)真定　侯正卿(一)真定史九山人(一)真定　江泽民(一)真定★郑廷玉(二三)彰德赵文殷(三)彰德李进取(三)大名　陈宁甫(一)大名王廷秀(四)益都★武汉臣(十)济南★岳伯川(二)济南★康进之(二)棣州★高文秀(三二)东平　张时起(四)东平顾仲清(二)东平★张寿卿(一)东平★吴昌龄(七九)西京大同★李寿卿(十)太原刘唐卿(二)太原★石君宝(十)平阳于伯开(六)平阳　赵公辅(二)平阳★狄君厚(一)平阳★孔文卿(一)平阳★李行甫(一)绛州★李直夫(七一)女真	★宫天挺(六)大名★赵良弼(一)东平陈无妄　东平★乔吉甫(七一)太原★郑光祖(十七)平阳李显卿东平	高君瑞　真定
河南江北等处行中书省所属	赵天锡(二)汴梁　陆显之(一)汴梁★姚守中(三)洛阳★孟汉卿(一)亳州	睢景臣（三）扬州	孙子羽(一)扬州　张鸣善(二)扬州
江浙等处行中书省所属		廖　毅　建康★金仁杰（七）杭州★范　康（二）杭州沈和（五）杭州　鲍天祐（八）杭州	★秦简夫（五）杭州★萧德祥（五）杭州陆登善（二）杭州★王　晔（三）杭州王仲元（三）杭州徐再思

时\地	第　一　期	第　二　期	第　三　期
		陈以仁（二）杭州　范居中 杭州　施惠 杭州黄天泽 杭州　沈拱　杭州 吴本世　杭州　周文质（四）胡正臣 杭州　俞仁夫　杭州　张以仁 湖州　顾廷玉 松江　李用之　松江	嘉兴　吴朴 平江　黄公望　姑苏 钱霖 松江　顾德润 松江张可久　庆元　汪勉之 庆元　赵善庆（五）饶州
未详	赵子祥（三）李　郎（二）	屈彦英　王思顺　苏彦文　李齐贤　刘宣子	吴仁卿（四）高可道屈子敬（五）李邦杰★朱凯（二）曹明善高敬臣高安道王守中

附注[一] 各作者姓名下的数目字，是表示作曲之数。

　　[二] 此表完全依据钟嗣成的《录鬼簿》，故所载作曲之数与现在所知者略有不同，如关之剧本，今知有六十三种。

　　[三] 作者姓名上有一★符号，是表示他们的剧本，至今尚有存者。

　　[四] 作者姓名下无数目字，是《录鬼簿》上原无者。

　　元曲的作家，大致可分三个时期：第一期为蒙古时代（1234 至 1276），自太宗取中原，至世祖统一南北。第二期为一统时代（1277 至 1340），自世祖至元十六年，至顺帝后至元。第三期为元末时代（1341 至 1367），即顺帝至正年间。元曲的作家，以第一期为最盛，其中除一李直夫是女真人，余皆为北方之汉人，而以大都为中心。第二期多南方人，或北方人而侨寓南方者，以杭州为中心。第三期就不足道了。

我们看了这表，可以明白元曲变迁的大势：第一期的作家五十六人，其生地多为北方，江浙没有一人，这时作者的中心地，是在大都。到了第二期，作者仅有三十人，而南方的人已占去十七，尤以杭州为最多。北方的作者，仅有七人，如曾瑞后半生居于杭州，郑光祖及赵良弼俱为杭州的官吏，乔吉甫与李显卿也住在杭州，只有宫天挺没有到过南方。到了第三期北方的作家，仅有高君瑞一人为南方所闻知，其余的都为南方人。在这两期中，南方的杭州已代大都而为戏曲作家的中心地了。但以作家与作品论：以第一期为最多，第二三期的作家，似都已疲乏，无有第一期那么蓬勃有力了。他们的作品流传于今者，亦较第一期少得多。

在这许多的作家中，以第一期的关汉卿、马致远、白朴、王实甫，及第二期的郑光祖、乔吉甫为最有名，世称为六大家。

关汉卿及其作品　关汉卿（1214？至1300？），大都人，号已斋叟，曾做过太医院尹，金亡不仕。他是元曲的开山大师，王国维称他，"一空依傍，自铸伟词，其言曲尽人情，字字本色，故当为元人第一。"《太和正音谱》评其词，为："如琼筵醉客。"他作的戏曲有六十三种，大多数都散佚了，存于今的仅余十四种，即《玉镜台》、《谢天香》、《金线池》、《窦娥冤》、《鲁斋郎》、《救风尘》、《蝴蝶梦》、《望江亭》、《西蜀梦》、《拜月亭》、《单刀会》、《调风月》、《绯衣梦》及《续西厢记》。其中有写恋爱的，有写公案的，也有写英雄的。而剧中的主人翁，除《玉镜台》、《鲁斋郎》两部英雄传奇外，都是女子。由此可知汉卿是个善于描写女性的大家。他这十四种戏曲，要以《窦娥冤》及《续西厢》为最著名。《窦娥冤》（为今之京剧《六月雪》所本）的情节，是说楚州蔡婆生有一子，家产很富，有穷秀才窦天章曾向她借银数十两，因不能偿还，便把女儿端云给了她为儿媳，改名窦娥。蔡婆又给天章些盘费，让他上京应举去了。当时有个赛卢医亦借了蔡婆的钱，不能偿还，便把她诱至郊外，要用绳勒死她。这时恰遇张驴儿父子过来，卢医逃跑了，把蔡婆救了活命。张驴儿父子仗着救她的恩惠，欲父娶蔡婆，他娶窦娥——时蔡子已死——但窦娥不肯，张驴儿想达到目的，便请赛卢医给他些毒药，要把蔡婆害死,不料被他父亲误吃而死,驴儿不得已,强说是窦娥毒死的,告了官家,将她定为死罪。在此剧写窦娥被杀一折,是世间最凄苦的文字之一,什么人读了亦要为她悲愤的。窦娥临死时,向官说,如她是冤枉的,头血便将飞溅在丈二的白练上,那时虽是六月,亦将下雪,且那地方将大旱三年,后来果然都应了她的预言。最后她的父亲窦天章做了廉访使,到了楚州,窦娥的鬼魂向他诉了冤,便捉到张驴儿和赛卢医给她报仇了。中国的悲剧是很少的,这可算是所有悲剧中最伟大的。

《西厢记》是王实甫依据董解元的《西厢挡弹词》做的。挡弹词里原有张君瑞、崔莺莺团圆的一段事实,不知怎的王实甫只止于"草桥梦莺莺"便搁笔了。因之汉卿又续上"张君瑞庆团圆"的一幕,成了五本的《西厢记》,以补足王氏未完的四本。不过关的续本,金圣叹说是,"狗尾续貂",攻击得很厉害。这大概因他没有见到董西厢,不知原本的情节就是如此。且续本里的好词句亦不少,我们不能因他把张、崔续团圆了,而一概抹煞加以厚非的。

窦娥冤 (第二折)

【斗虾蟆】空悲戚,没理会,人生死,是轮回。感着这般病疾,值着这般时势,可是风寒暑湿,或是饥饱劳役,各人症候自知。人命关天关地,别人怎生替得,寿数非干一世,相守三朝五夕。说甚一家一计,又无羊酒缎匹,又无花红财礼,把手为活过日,撒手如同休弃。不是窦娥忤逆,生怕旁人论议。不如听咱劝你,认个自家悔气,割舍的一具棺材,停置几件布帛,收拾出了咱家门里,送入他家坟地。这不是你那从小儿年纪指脚的夫妻,我其实不关亲,无半点凄怆泪。休得要心如醉,意似痴,便这等嗟嗟怨怨,哭哭啼啼。

续西厢 (第四折)

【沉醉东风】不见时准备着千言万语,得相逢都变做短叹长吁,他急穰穰却才来,我羞答答怎生觑?将腹中愁恰待申诉,及至相逢,一句也无,刚道个:"先生,万福!"

又第一折

【醋葫芦】我这里开时和泪开,他那里修时和泪修。多管是搁着笔尖儿未写泪先流,寄将来泪点儿兀自有。我这新痕把旧痕浥透,这的是一重愁翻做两重愁。

王实甫及其作品　　王实甫名德信,大都人,其生平不详,大约与关汉卿同时。《太和正音谱》称其剧词:"如花间美人,铺叙委婉,深得骚人之趣。极有佳句,若玉环之出浴华清,绿珠之采莲洛浦。"所作剧本凡十四种,今仅存《丽堂春》(作于金朝未亡之前)和《西厢记》二种。而《西厢记》尤为戏曲中最名贵,最有价值的作品。剧中的情节,是写张君瑞与崔莺莺恋爱的故事,大凡是中国读书的士女,对这故事,没有不谙熟艳称的。在这个剧本里所写的人物,虽不甚多,但各有各的个性,写得不但婉曲细腻,且都是活泼泼地现在纸上。其中佳句真是美不胜收,相传他写到"碧云天,黄花地;西风紧,北雁南飞"诸语时,忽呕血而死。这样的传说,固不可深信,但亦足知作者是如何地竭他毕生的精力在《西厢》上了。

西厢记　(第四本第三折)

长亭送别

【正宫】【端正好】碧云天,黄花地;西风紧,北雁南飞。晓来谁染霜林醉?总是离人泪!

【滚绣球】恨相见得迟,怨归去得疾。柳丝长,玉骢难系。恨不倩疏林挂住斜晖。马儿迟迟的行,车儿快快的随。却告了相思回避,破题儿又早别离。听得一声去也,松了金钏;遥望见十里长亭,减了玉肌。此恨谁知!

【叨叨令】见安排着车儿马儿,不由人熬熬煎煎的气。有甚么心情花儿靥儿,打扮的娇娇滴滴的媚!准备着被儿枕儿,只索昏昏沉沉的睡。从今后衫儿袖儿,都揾做重重叠叠的泪。兀的不闷杀人也么哥!兀的不闷杀人也么哥!久以后书儿信儿，索与我恓恓惶惶的寄。

【脱布衫】下西风，黄叶纷飞；染寒烟，衰草萋迷。酒席上，斜签着坐的，蹙愁眉，死临侵地。

【小梁州】我见他阁泪汪汪不敢垂，恐怕人知。猛然见了把头低；长吁气，推整素罗衣。

【么篇】虽然久后成佳配，奈时间怎不悲啼！意似痴，心如醉，昨宵今日，清减了小腰围。

【上小楼】合欢未已，离愁相继。想着俺前暮私情，昨夜成亲，今日别离。我谂知这几日相思滋味，却元来此别离情更增十倍。

【么篇】年少呵，轻远别。情薄呵，易弃掷。全不想腿儿相挨，脸儿相偎，手儿相携。你与俺崔相国做女婿，妻荣夫贵。但得一个并头莲，煞强如状元及第。

【满庭芳】供食太急，须臾对面，顷刻别离。若不是酒席间子母每当回避，有心待与他举案齐眉。虽然是厮守得一时半刻，也合着俺夫妻每共桌而食。眼底空留意，寻思起就里，险化做望夫石。

【快活三】将来的酒共食，尝着似土和泥。假若便是土和泥，也有些土气息，泥滋味。

【朝天子】暖熔熔玉醅，白泠泠似水，多半是相思泪。眼面前茶饭怕不待要吃，恨塞满愁肠胃。蜗角虚名，蝇头微利，拆鸳鸯在两下里；一个这壁，一个那壁，一递一声长吁气！

【四边静】霎时间杯盘狼藉。车儿投东，马儿向西。两意徘徊，落日山横翠。知他今宵宿在那里，有梦也难寻觅。

【耍孩儿】淋漓襟袖啼红泪，比司马青衫更湿。伯劳东去燕西飞；未登程，先问归期。虽然眼底人千里，且尽人前酒一杯。未饮心先醉；眼中流血，心里成灰。

【五煞】到京师，服水土，趁程途，节饮食，顺时自保千金体。荒村雨露宜眠早，野店风霜要起迟。鞍马秋风里，最难调护，最要扶持！

【四煞】这忧愁诉与谁，相思只自知，老天不管人憔悴。泪添九曲黄河溢，恨压三峰华岳低。到晚来闷把西楼倚，见了些夕阳古道，衰柳长堤。

【三煞】笑吟吟一处来，哭啼啼独自归。归家若到罗帏里，昨宵个绣衾香暖留春住；今夜个翠被生寒有梦知。留恋你，别无意，见据鞍上马，阁不住眼泪愁眉。

【二煞】你休忧文齐福不齐，我则怕你停妻再娶妻。休要一春鱼雁无消息！我这里青鸾有信频须寄；你却休，"金榜无名誓不归。"此一节，君须记：若见了那异乡花草，再休似此处栖迟！

【一煞】青山隔送行，疏林不做美，淡烟暮霭相遮蔽。夕阳古道无人语，禾黍秋风听马嘶。我为什么懒上车儿内？来时甚急，去后何迟！

【收尾】四围山色中，一鞭残照里。遍人间烦恼填胸臆，量这些大小车儿如何载得起！

白朴及其作品　　白朴字仁甫，后改字太素，号兰谷，真定人，行辈较晚于关、王。金亡亦不仕，后徙家金陵，放情于山水间以自遣。所作剧本有十五种，今仅存二种，即《梧桐雨》与《墙头马上》，二者都是写两性间的恋爱，尤以《梧桐雨》为有名。《梧桐雨》是写唐明皇与杨贵妃的故事，乃一本极高超、极完美的悲剧。其中最好的是写唐明皇于贵妃死后，秋夜独听梧桐雨的一段，其哀感顽艳，亦不下《西厢》的长亭送别。论者称他的曲高华雄浑，有如"鹏搏九霄"。但其言情处亦极委婉细腻，实不愧为元曲的第一流作家！

梧桐雨　（第四折）

【笑和尚】原来是滴溜溜绕闲阶败叶飘；疏剌剌刷落叶被西风扫；忽鲁鲁风闪得银灯爆；厮琅琅鸣殿铎；扑簌簌动朱箔；吉丁当玉马儿向檐间闹。

【叨叨令】一会价紧呵，似玉盘中万颗真珠落；一会价响呵，似玳筵几簇笙歌闹；一会价清呵，似翠岩头一派寒泉瀑；一会价猛呵，似绣旗下数面征鼙操。兀的不恼杀人也么哥，兀的不恼杀人也么哥，则被他诸般儿雨声相聒噪。

【三煞】润濛濛，杨柳雨，凄凄院宇侵帘幕；细丝丝，梅子雨，妆点江干满楼阁；杏花雨，红湿栏干；梨花雨，玉容寂寞；荷花雨，翠盖翩翩；豆花雨，绿叶萧条；都不似你惊魂破梦，助恨添愁，彻夜连宵！莫不是水仙弄娇，蘸杨柳，洒风飘？

马致远及其作品 　马致远，号东篱，大都人，曾任江浙省行省务官，他的生年比关、王较后。《太和正音谱》称他："如朝阳鸣凤。其词典雅清丽，可与灵光景福相颉颃，有振鬣长鸣，万马皆暗之意。又若神凤飞鸣于九霄，岂可与凡马共语哉？宜列群英之上。"他剧作有十四种，传于今者，现有七种，即《汉宫秋》、《荐福碑》、《岳阳楼》、《黄梁梦》、《青衫泪》、《陈抟高卧》及《三度任风子》。这七种多是叙写神仙奇迹的，他大概是一个悲观的愤世者，看破了世上的纷扰和人间的名利罢。这是与关、王不同的一点。他的作品潇洒自然，不像关之凝重，王之婉曲。《汉宫秋》可称是他的代表作品，内容是王昭君出塞的故事。这个故事虽亦为一般读书人所素知，且感动了不少的诗人来咏唱这事，但所写的多侧重昭君，而此剧不然，其中心是在汉元帝，不在昭君，这是与别的作品大不同处。剧中以昭君与元帝相别的一幕，为最高点，写得极凄凉，极悲惨，无怪使数百年后的读者，仍为之掩卷太息呢。东篱除杂剧外兼长散套小令，而《百岁光阴》一套，尤为一时所称。《艺苑卮言》谓："马致远《百岁光阴》放逸宏丽，而不离本色，押韵尤妙，元人称为第一，真不虚也。"其小令《天净沙》亦为千古绝唱。

汉宫秋　（第三折）

灞桥送别

【七弟兄】说甚么大王不当恋王嫱，兀良！怎禁他临去也回头望。那堪这散风雪旌节影悠扬，动关山鼓角声悲壮。

【梅花酒】呀，对这迥野凄凉，草色已添黄，兔起早迎霜，犬褪得毛苍，人搠起缨枪，马负着行装，车运着糇粮，打猎起围场。他，他，他，伤心辞汉主；我，我，我，携手上河梁。他部从入穷荒；我銮舆返咸阳。返咸阳，过宫墙；过宫墙，绕回廊；绕回廊，近椒房；近椒房，月昏黄；月昏黄，夜生凉；夜生凉，泣寒螀；泣寒螀，绿纱窗；绿纱窗，不思量。

【收江南】呀，不思量，除是铁心肠，铁心肠也愁泪滴千行！美人图今夜挂昭阳，我那里供养，便是我高烧银烛照红妆。

百岁光阴

秋思

【双调夜行船】百岁光阴如梦蝶，重回首往事堪嗟！昨日春来，今朝花谢，急罚盏夜阑灯灭。

【乔木查】秦宫汉阙，做衰草牛羊野，不恁渔樵无话说。纵荒坟，横断碑，不辨龙蛇。

【庆宣和】投至狐踪与兔穴，多少豪杰。鼎足三分半腰拆，魏耶晋耶？

【落梅风】天教富，不待奢，无多时好天良夜，看钱奴硬将心似铁，空辜负锦堂风月。

【风入松】眼前红日又西斜，疾似下坡车，晚来清镜添白雪，上床与鞋履相别。莫笑鸠巢计拙，葫芦提一就装呆。

【拨不断】利名竭，是非绝，红尘不向门前惹。绿树偏宜屋角遮，青山正补墙东缺，竹篱茅舍。

【离亭宴煞】蛩吟罢一枕才宁贴，鸡鸣后万事无休歇，算名利何年是彻，密匝匝蚁排兵，乱纷纷蜂酿蜜，闹穰穰蝇争血。裴公绿野堂，陶令白莲社，爱秋来那些？和露滴黄花，带霜烹紫蟹，煮酒烧红叶。人生有限杯，几个登高节？嘱付与顽童记者，便北海探吾来，道东篱醉了也。

天净沙

枯藤老树昏鸦，小桥流水人家，古道西风瘦马，夕阳西下，断肠人在天涯。

郑光祖及其作品　　郑光祖字德辉，平阳人，是第二期最负盛名的作家。钟嗣成说他："名闻天下，声振闺阁；伶伦辈称郑老先生，皆知其为德辉也。"所作剧本有十九种，今仅存四种，即《王粲登楼》、《周公摄政》、《倩女离魂》和《㑇梅香》。前二种是历史剧，后二种是爱情剧，比较起来，以后二种为佳。《倩女离魂》是叙张镒女倩娘与王文举相爱，文举赴京应试，倩娘的魂离了躯壳，偕他同去的故事。《㑇梅香》是叙白敏中与裴度之女小蛮相恋，由一个婢女梅香在其中传递信息，全剧的结构，极似《西厢记》。

倩女离魂　（第三折）

【醉春风】空服遍脑眩药不能痊，知他这暗膻病何日起。要好时，直等的见他时，也只为这症候因他上得。得！一会家缥缈呵，忘了魂灵。一会家精细呵，使著躯壳。一会家混沌呵，不知天地。

【迎仙客】日长也，愁更长；红稀也，信尤稀；春归也，奄然人未归。我则道，相别也数十年，我则道，相隔着数万里。为数归期，则那竹院里刻遍琅玕翠。

㑇梅香　（第二折）

【随煞尾】你听那禁鼓冬冬将黄昏报，等的宅院里沉沉都睡却，悠悠的声揭谯楼品画角，珰珰的水滴铜壶玉漏敲，刷刷的风刮芭蕉凤尾摇，厌厌的月上花梢树影高，悄悄的私出兰房离绣幕，擦擦的行过阑干上甬道，霍霍的摇动珠帘，你等着巴巴的弹响窗棂，恁时节的是俺来了。

乔吉甫及其作品　　乔吉甫字梦符，太原人，号笙鹤翁，又号惺惺道人，和同时的郑光祖及第一期的关、王、马、白齐名，称为元剧六大家。他作曲十一种，今存三种，都是恋爱剧。《金钱记》是叙韩翃和柳眉儿恋爱故事的。《扬州梦》是叙杜牧与张好好恋爱故事的。《两世姻缘》是叙韦皋和韩玉箫恋爱故事的。三者大都取材于唐人的传奇。

此外元之戏曲作家，第一期的如高文秀有《双献功》，《谇范叔》及《遇上皇》。郑廷玉有《楚昭王》、《后庭花》、《忍字记》、《看钱奴》及《崔府君》李寿卿有《伍员吹箫》及《月明和尚》。尚仲贤有《柳毅传书》、《三夺槊》、《气英布》及《尉迟恭》。武汉臣有《老生儿》、《玉壶春》及《生金阁》。吴昌龄有《风花雪月》与《东坡梦》。杨显之有《临江驿》与《酷寒亭》。石君宝有《秋胡戏妻》、《曲江池》及《紫云庭》。张国宾有《汗衫记》、《薛仁贵》与《罗李郎》。第二期的如金仁杰有《萧何追韩信》，宫天挺有《范张难黍》，曾瑞有《留鞋记》。第三期的如秦简夫有《东堂老》与《赵礼让肥》，萧德祥有《杀狗劝夫》，均为元代第二流的作家，今不一一细述了。

两世姻缘 （第二折） 乔吉甫

【柳叶儿】兀的不寂寞了菱花妆镜，自觑了自害心疼！将一片志诚心写入了冰绡鲛，这一篇相思令寄与多情，道是人憔悴不似丹青！

第四节　明代的戏曲

元朝是杂剧最盛行的时代，不过到了元之末季，杂剧即已衰微，又因杂剧的作家多为平民，作品既易粗俗，体格又极拘严，为一般文士所不满，于是遂有人用比较秀雅的词句，自由的体裁，创造一种新颖的戏曲，名为"传奇"。因作者多为南方人，所以又名"南曲"——南曲与北曲不同，见前之绪论——不久，明太祖攻陷大都，又把蒙古人驱逐到边塞去，在南方的政治之下，北方的杂剧当然不受欢迎，所以南方的传奇就格外的发达了。

四大传奇　明初有所谓四大传奇者，即《荆钗记》、《刘知远》、《拜月亭》与《杀狗记》，简称为"荆刘拜杀"。这四大传奇，《刘知远》与

《杀狗记》文辞非常质朴显明，就是曲文亦很明白，一般人都可了解，大概是当时民间流传的剧本，不是文人的手笔。《拜月亭》与《荆钗记》，虽较文雅，但在民间当时亦很流行。李笠翁曾批评这四大传奇说："头绪繁多，传奇之大病也。'荆刘拜杀'之得传于后，止为一线到底。"这可见这四大传奇不惟词句通俗，结构亦很好的。

《荆钗记》为明初宁献王朱权所作。权为朱元璋子，自号丹丘，又号涵虚子。他长于音律，曾著《太和正音谱》及杂剧多种——当时杂剧之风并未全灭——明代戏曲的发达，他的提倡是很有力量的。《荆钗记》共四十八出，剧情是宋朝王十朋与钱玉莲相爱而定婚，因王家穷，以荆钗为聘礼。时富人孙汝权爱玉莲色美，亦欲娶她。她的继母等都劝逼她嫁汝权，她不从，遂与十朋草草地结了婚。后十朋上京赴试，将母妻寄住岳家，到京中了状元，万丞相欲招之为婿，他坚不从。此时孙汝权亦在京，遂改写十朋的家信，说十朋已娶丞相女，欲休玉莲。她的继母又逼她改嫁汝权，她不听，乃投江自杀，幸为钱安抚所救，收为义女，同赴福建任上去了。后来十朋升任吉安，钱安抚欲将玉莲嫁他，因不知是玉莲，坚执不肯，后来经了几番曲折，二人才得重圆了。

《刘知远》一名《白兔记》，不知作者姓氏，全剧三十三出，内叙刘知远被继父所逐，飘泊在外，李文奎遇之于庙中，怜其饥寒，收养在家。一天他见知远昼寝，火光透天，更有蛇穿窍出入，知他将大贵，遂把女儿三娘嫁他。迨文奎死后，三娘的兄嫂驱逐知远，且逼写休书。知远走后，兄嫂逼她改嫁，不听，便使她白天挑水，夜间推磨。不久生一子，因自己咬断了脐带，故名为咬脐郎。兄嫂欲害此子，她便托人带给知远，时知远已别娶。后讨贼有功，升为安抚使，咬脐郎亦长大。一日猎一白兔，追至沙陀村，遇三娘于井旁，遂迎三娘与其父同居了。

《拜月亭》一名《幽闺记》，相传为施惠作。施字君美，一云姓沈，杭州人，或以为是做《水浒》的耐庵居士，但亦不能确指。全剧四十出，内叙蒋世隆与妹瑞莲一日在家读书，忽有一人避入他们的花园中，问之始知是主抗元人的金之大臣海牙的儿子兴福。此时元人南侵，金主不听海牙抗敌的主张，把他杀了，且将逮捕其子，所以兴福在仓促中，就逃到蒋家。世隆与他结拜为弟兄，把他暗暗的送走了。此时兵部尚书王镇奉命到边庭缉查军情，其女瑞兰与母同居家中。及元兵南下，各处大乱，世隆兄妹与瑞兰母女，都各自走散了。世隆在逃难的人群中低呼着："瑞莲！瑞莲！"的名字，瑞兰以为是母亲在唤自己，便逃到那里，谁知是听错了，于是将错就错，假认为夫妻同走了。瑞莲呢，虽没找到她的哥哥，却遇到瑞兰的母亲，亦结伴同行了。在逃难中，世隆与瑞兰为盗所执，谁知盗的领袖，就是兴福。兴福送给他们些盘缠，二人在旅舍中就正式成了婚。婚后，世隆忽病，恰遇王镇过此，对于他们的婚姻，很不满意，便强将瑞兰带去。后又遇到瑞兰的母亲及瑞莲，于是王家一家便欢乐团圆了。不久，元军退去，兴福被赦而归，道遇世隆，待其病痊，二人一同赴京应考，中了文武状元。王镇要招他们二人为婿，兴福和瑞莲固不成问题，惟瑞兰因想念世隆不愿嫁别人，世隆亦恋着瑞兰不肯从命。后兄妹相见，说明一切，方知要结婚的不是别人，正是彼此所相念的人。本剧就在两对璧人儿的交拜成亲中闭幕了。

《杀狗记》相传为明初徐畈所作。畈字仲由，淳安人，此剧是根据元萧德祥《杀狗劝夫》而成，共三十六出，较萧作增大了四倍。剧中叙孙华好与小人交往，其弟荣劝谏不听，因之弟兄不和，将荣逐出。荣在外备受饥寒，华妻杨氏不忍，乃设计以杀狗为杀人，待夫醉归而告之。华大惧，四出求友助其掩埋，但均不应，因而夫妻同至破窑中寻得其弟，时荣慨然赴兄之难，即夜运尸城外掩埋了。华自此觉悟，知交恶友，不如和胞弟，遂与兄弟和好如初。次日华之酒肉朋友来访，华责其不义，不予招待，因大愤，遂告孙华杀人于官。及官令人开棺相验，谁知是一衣冠整齐的死狗，并非真人。官问故，华妻将杀狗的经过说了，官大加奖赏，并将这些酒肉朋友重重地给责罚了。

荆钗记

赴试

【甘州歌】自离故里，谩回首家乡，极目何处，萱亲年老。

一喜又还一惧,晨昏幸托年少妻,深感岳丈相怜一处居。【合】蒙嘱咐,牢记取,教我成名先寄数行书。休悒怏,莫叹嗟,白衣换却锦衣归。

【前腔】芳春景最奇,正可人,不暖不寒天气。千红万紫,开遍满目芳菲。香车宝马逐队随,只见来往游人浑似蚁。【合】争如我,折桂枝,十年身到凤凰池。身荣贵,回故里,人人都道状元归。

【前腔】迤逦松篁径里,见野塘溶溶水没沙嘴;鸥凫来往,出没又还惊飞。危桥跨涧人过稀,只见漠漠平沙接远堤。【合】途中趣,真是奇,绿杨枝上啭黄鹂。难禁受,闻子规,声声叫道不如归!

【前腔】闻知皇都近矣,尚还隔几重烟水。餐风宿水,岂惮路途迢递,一心指望入试闱,恨不得胁生双翅飞。【合】寻宿处,莫待迟,竹篱茅舍掩柴扉。天将暮,日坠西,渔翁江上钓鱼归。

【尾】问牧童,归村市,香醪同饮典春衣,图得今宵沉醉归。

拜月亭

走雨

【破阵子】况是君臣分散,那看母子临危。严父东行何时返,天子南迁甚日回?

【合】家邦无所依。

【渔家傲】天天不念去国愁人助惨凄,淋淋的雨若盆倾,风如箭急,侍妾从人皆星散,各逃生计。【合】身居处华屋高堂,但寻常珠绕翠围,那曾经地覆天翻受苦时。

【剔银灯】迢迢路不知是那里,前途去安身何处?一点点雨间着一行行凄惶泪,一阵阵风对着一声声愁和气。【合】云低,天色傍晚,子母命存亡兀自尚未知。

【摊破地锦花】绣鞋儿,分不得帮和底,一步步提。百忙里褪了跟儿,冒雨荡风,带水拖泥。【合】步难移,全没些气若力。

【麻婆子】路途路途行不惯,心惊胆颤摧。地冷地冷行不止，人慌语乱催。年高力弱怎支持，泥滑跌倒在冻田地，款款扶将起。【合】心急步行迟。

与《西厢记》齐名的《琵琶记》　《琵琶记》是明初高明所撰，实为南曲之祖。高字则诚，永嘉人，他的《琵琶记》颇为当时人所称许。朱元璋亦甚喜此剧，曾说："五经四书如五谷，家家不可缺；高明《琵琶记》如珍馐百味，富贵家岂可缺哉？"所以即位后，欲官之，他以老病辞。该剧共四十二出，叙蔡邕与赵五娘结婚不久，即赴京应举，到京得中状元，牛太师以女妻之。此时他的家乡因遭饥荒，甚是穷困，只有五娘一人在家侍奉公婆。公婆吃饭，自己吃糠。及公婆病死，她将头发剪卖，用以办理葬事，又用麻裙包土筑坟，然后背着公婆的遗容，拿着琵琶，到京城寻她丈夫。及相见，知道丈夫并非喜新忘旧，不肯回家，乃是被迫留此。邕知他的父母业已全死，甚是悲痛，牛小姐亦有贤德，与五娘相处很好，三人便共同过着快乐的生活。剧词典雅，较之《白兔杀狗》雅俗殊异。据传则诚居鄞之栎社沈氏楼作《琵琶记》，时案头夜燃双烛，写至《吃糠》一出，"糠和米本一处飞"句，双烛光交合为一，因名其楼为"瑞光楼"。这虽是一种传说，亦可见其如何警策动人了。王凤洲说："南曲以琵琶为冠，是一道《陈情表》，读之使人歔欷欲涕。"诚然，诚然。

《琵琶记》之声价，实不下于《西厢记》。此二者堪称为中国南北曲之二大杰作，不过内容完全不同，一是北曲杂剧，一是南曲传奇；一以艳丽称，一以清雅名。胡元瑞曾说："《西厢》主韵度风神，太白之诗也；《琵琶》主伦理名教，少陵之作也。"陈眉公亦说："《西厢》、《琵琶》譬之画图：《西厢》是一幅着色牡丹，《琵琶》是一幅水墨梅花；《西厢》是一幅艳装美人，《琵琶》是一幅白衣大士。"可称的评！

琵琶记

高堂称庆

【双调引子】【宝鼎现】【外】小门深巷，春到芳草，人间清昼。【净】人老去星星非故，春又来年年依旧。【旦扮赵五娘上】最喜今朝春酒熟，满目花开如绣。【合】愿岁岁年年人在花下尝春酒。

【双调过曲】【锦堂月】【生】帘幕风柔，庭帏昼永，朝来峭寒轻透，亲在高堂，一喜又还一忧，惟愿取百岁椿萱，长似他三春花柳。【合】酌春酒，看取花下高歌共祝眉寿。

【前腔】【旦】辐辏，获配莺俦，深惭燕尔，持杯自觉娇羞，怕难主蘋蘩，不堪侍奉箕帚，惟愿取偕老夫妻，长侍奉暮年姑舅。【合前】

【前腔】【外】还愁，白发蒙头，红英满眼，心惊去年时候，只恐时光催人去也难留，孩儿未愿取黄卷青灯，及早换金章紫绶。【合前】

【前腔】【净】还忧，松竹门幽，桑榆暮景，明年知他健否安否，叹兰玉萧条，一朵桂花堪茂，媳妇惟愿取连理芳年，得早遂孙枝荣秀。【合前】

【醉翁子】【生】回首，叹瞬息乌飞兔走，喜爹妈双全，谢天相佑。【旦】不谬，更清淡安闲，乐事如今谁更有。【合】相庆处，但酌酒高歌，共祝眉寿。

【前腔】【外】卑陋，论做人，要光前耀后。劝我儿，青云万里，早当驰骤。【净】听剖，真乐在田园，何必区区公与侯。【合前】

【侥侥令】【生旦】春花明彩袖，春酒泛金瓯，但愿岁岁年年人长在，父母共夫妻相欢酬。

【前腔】【外净】夫妻好厮守，父母愿长久，坐对两山排闼青来好，看将一水护田畴绿绕流。

【十二时】山青水绿还依旧，叹人生青春难又，惟有快活是良谋。

【外】逢时对景且高歌　　【净】须信人生能几何

【生】万两黄金未为贵　　【旦】一家安乐值钱多

吃糠

【商调过曲】【山坡羊】【旦】乱荒荒不丰稔的年岁，远迢迢不回来的夫婿，急煎煎不耐烦的二亲，软怯怯不济事的孤身体。衣典尽寸丝不挂体，几番拼死了奴身己，争奈没主公婆教谁看取。思之，虚飘飘命怎期，难捱，实丕丕灾共危。

【前腔】滴溜溜难穷尽的珠泪，乱纷纷难宽解的愁绪，骨崖崖难扶持的病身，战兢兢难捱过的时和岁。这糠，我待不吃你呵，教奴怎忍饥？我待吃你呵，教奴怎生吃？思量起来不知奴先死，图得不知亲死时。思之，虚飘飘命怎期，难捱，实丕丕灾共危。奴家早上，安排些饭与公婆吃，岂不欲买些鲑菜，怎奈无钱可买。不想公婆抵死埋怨，只道奴家背他自吃了什么东西，不知奴家吃的是米膜糠秕。又不敢教他知道，便使他埋怨煞我，我也不敢分说。苦这些糠秕，怎生吃得下？

【双调过曲】《孝顺歌》【旦】呕得我肝肠痛，珠泪垂，喉咙尚兀自牢嗄住。糠那！你遭砻被舂杵，筛你簸扬你，吃尽控持，好似奴家身狼狈，千辛万苦皆经历。苦人吃著苦滋味，两苦相逢，可知道欲吞不去。

【前腔】【旦】糠和米本是相依倚，被簸扬作两处飞。一贵与一贱，好似奴家与夫婿，终无相见期。丈夫便是米呵，米在他方没处寻！奴家便似糠呵，怎的把糠来救得人饥馁？好似儿夫出去，怎的教奴供膳得公婆甘旨。

临川四梦　　汤显祖（1550至1617?），字义仍，号若士，江西临川人。万历年进士官至礼部主事。《列朝诗集》论他的为人道："义仍穷老蹭蹬，所居玉茗堂文史狼藉，宾朋杂坐，鸡埘豕圈，接迹庭户，萧闲咏歌，俯仰自得。"他是明代传奇作家中最伟大的一个，在当时无有可与之比肩者。所作传奇凡五种，即《牡丹亭》、《南柯记》、《邯郸记》、《紫钗记》及《紫箫记》，除《紫箫》外，以上四种合称"四梦"，最为风行。《紫箫》为《紫钗》的初稿，且同是一事，故知者较少。

《牡丹亭》亦名《还魂记》，为四梦中最著名者，凡五十五出。把一般少女的心情，刻画得颇为尽致，曾博得许多妇女的同情泪。此剧不但为文士佳人所爱读，且常常在剧场上扮演，和北曲之《西厢》一样。相传娄江女子俞二娘，因酷嗜其词，至断肠而死。又传冯小青尝题一诗于其上曰："冷雨幽窗不可听，挑灯闲读《牡丹亭》，人间亦有痴于我，岂独伤心是小青？"其感人之深，可见一斑。剧情是写杜丽娘和柳梦梅生死恋爱的故事。杜丽娘为宋朝南安太守杜宝之女——杜甫的后裔——时待字闺中，尚未定婚。一日和婢女春香在书房伴读，读到《关关雎鸠》章，甚受感动，深叹青春易逝，而自己的终身大事，尚无着落，心中闷闷，无以为欢，便偕春香游园，因意懒情倦，倚几假寐，梦中遇一公子名柳梦梅于牡丹亭下，互相恋爱，遂成婚好。不料醒来，原是梦幻，因之郁郁不乐，恹恹成病，不得已，乃自画容像，并题"他年得傍蟾桂客，不是梅边是柳边"诗句于其上，以寄所怀。不久病死，葬花园梅花庵中。至柳梦梅确有其人，——是柳宗元的后代，——一日郊行跌雪，为丽娘之师所救，将他送到梅花庵中养息，梦梅无意中拾得丽娘的自画像，惊为绝色，便悬挂室中，早晚向之焚香参拜。丽娘已死三年，他的精诚感动了她的幽魂，遂来相聚，成为夫妇。梦梅偷开其棺，她便复活过来，二人同到他处团居了。后来梦梅中了状元，乃偕丽娘与他的父母相见，全剧至此，即告结束。

除《还魂记》外，其余三梦都是根据唐之传奇而作的：《南柯记》凡四十四出，是依据于李公佐的《南柯太守传》，淳于棼梦入蚁国的故事。《邯郸记》凡三十出，依据于沈既济的《枕中记》，山东卢生在邯郸旅舍假吕洞宾的仙枕而入梦的故事。——元马致远亦曾因之作《黄粱梦》——《紫钗记》凡五十三出，依据蒋防的《霍小玉传》写诗人李益与霍小玉相爱的故事。不过蒋传中说李是一个负心男子，小玉因李见弃晕绝而死，《紫钗》则把他二人的分离，归罪于奸人，后来复为夫妻如初，这是二者不同的。

义仍的传奇，因他不受任何拘束，故曲文多有不合韵律处，歌者常改易原文以合伶人之口，义仍深为不满。曾说："余意所至，不妨拗折天下人嗓子。"这可见他是如何的潇洒绝俗,抒写自如了。当时与汤齐名者,有沈璟。璟严守曲律,循规蹈矩,与显祖之不守绳墨,恰成一对照。璟字伯瑛,号宁庵,世称词隐先生,吴江人,万历间进士,他曾作剧二十一种,以《义侠记》、《桃符记》、《红渠记》为最有名。

牡丹亭

惊梦

【绕地游】梦回莺啭,乱煞年光遍。人立小亭深院,炷尽沉烟,抛残绣线,恁今春关情似去年。

【步步娇】袅晴丝吹来闲庭院,遥漾春如线,停半晌,整花钿,没揣菱花,偷人半面,迤逗的彩云偏。步香闺怎便把全身现。

【醉扶归】你道翠生生出落的裙衫儿茜,艳晶晶花簪八宝填,可知我常一生儿爱好是天然,恰三春好处无人见,不提防沉鱼落雁鸟惊喧,则怕的羞花闭月花愁颤。

【皂罗袍】原来姹紫嫣红开遍,似这般都付与断井颓垣。良辰美景奈何天,赏心乐事谁家院。【合】朝飞暮卷,云霞翠轩,雨丝风片,烟波画船,锦屏人忒看的这韶光贱。

【好姐姐】遍青山啼红了杜鹃,荼蘼外烟丝醉软。牡丹虽好,他春归怎占的先。【合】闲凝眄,生生燕语明如剪,呖呖莺歌溜的圆。

【隔尾】观之不足由他缱,便赏遍了十二亭台是惘然,到不如兴尽回家闲过遣。

【山坡羊】没乱里春情难遣,蓦地里怀人幽怨,则为俺生小婵娟,拣名门一例一例里神仙眷。甚良缘?把青春抛的远,俺的睡情谁见?则索因循腼腆,想幽梦谁边,和春光暗流转。迁延,这衷怀那处言;淹煎,泼残生除问天。

【山桃红】则为你如花美眷,似水流年,是答儿闲寻遍,在幽闺自怜。转过这芍药栏前,紧靠着湖山石边,和你把领扣松，衣带宽，袖梢儿，揾着牙儿苫也，则待你忍耐温存一晌眠。

【合】是那处曾相见，相看俨然，早难道这好处相逢无一言？

【山桃红】这一霎天留人便，草藉花眠，则把云鬟点，红松翠偏。见了你紧相偎，慢厮连，恨不得肉儿般，团成片也，逗的个日下胭脂雨上鲜。

【绵搭絮】雨香云片，才到梦儿边，无奈高堂，唤醒纱窗睡不便。泼新鲜冷汗黏煎，闪的俺心悠步軃，意软鬟偏。不争多费尽神情，坐起谁忺，则待去眠。

【尾声】困春心，游赏倦，也不索香熏绣被眠。天呵，有心情那梦儿还去不远。

阮大铖的《燕子笺》　　阮大铖是明末的有名传奇家，他不惟长于写作，且能粉墨登场，工于扮演，所以他的戏曲，多合音律，不像义仍只求自然，不惜拗折天下人嗓子。大铖字集之，号圆海，又号百子山樵，怀宁人，官至兵部尚书。他因依附阉党，为文士所不齿，但所著《燕子笺》、《春灯谜》、《双金榜》、《牟尼合》、《忠孝环》五种传奇，即反对之者，亦莫不推许之。此五剧尤以《燕子笺》为最著，凡四十二出，内叙唐朝霍都梁至京会试，与妓华行云相恋，乃画二人合像，送裱装店揭裱。同时，礼部尚书郦安道有女飞云，貌肖行云，亦送去一幅观音像，令为裱装。不料裱好后，店中人送错了，飞云见二人合像，一个像她自己，一个却是风度翩翩的少年，上题着"茂陵霍都梁写赠云娘妆次"，不禁为之惊喜。乃作词一首，以咏此事，词为燕子衔去，恰落都梁前。后都梁为友所陷，逃于他方。时安禄山反，天下大乱，飞云与母逃难相失，行云亦逃难在外，与飞云之母相遇，认为义女一路同行，恰遇安道。飞云则为其父执贾南仲所收容，亦认为义女。这时都梁在南仲幕中献奇策平安乱，南仲以飞云妻之，二人相见，大为惊异，遂结为夫妇。不久行云亦归于都梁。此剧在当时极负盛名，扮演者几无虚日。此外《春灯谜》亦很好，凡四十出，剧情共有十错，故一名《十认错》。

此外较著名的传奇尚有王世贞的《鸣凤记》、梁辰鱼的《浣纱记》、张凤翼的《红拂记》、屠隆的《彩毫记》、陆采的《明珠记》、梅鼎祚的《玉合记》、徐复祚《红梨记》及《东郭记》、高廉的《玉簪记》和李日华的《南西厢》等。

燕子笺

写笺

【步步娇】甚风儿吹得花零乱，你看双蝶依稀见，扑面掠云鬟，红紫梢头，恁般留恋，欲去又飞还，将纷须儿钉住裙钗线。

【风马儿】琐窗午梦，线慵拈，心头事忒廉纤！晴檐铁马无风转，被啄花小鸟弄得响珊珊。

【莺啼序】似莺啼恰恰到耳边，那纷蝶酣香双翅软，入花丛，若个儿郎一般样，粉扑儿衣香人面，若不是燕燕于归，怎便没分毫脑脦，难道是横塘野合双鸳？

【集贤宾】乌纱小帽红杏衫，与那人小立花前，掷果香车应不忝，女儿们家常熟惯，恁般活现。平白地阳台栏占，心自转，自有霍郎姓字，描写云鬟。

【啼莺儿】乌丝一幅全粉笺，春心委的淹煎，并不是织锦回文，那些个题红宫怨。写心情一纸尖憨，荡眼睛，片时美满，闷恹恹，又听梁间春燕，不住的语喃喃。

【貌儿坠】飞飞燕子，双尾贴妆钿，衔去多情一片笺，香泥零落向谁边？天天，莫不是玄鸟高媒，辐凑姻缘。

【四季花】画里遇神仙，见眉棱上腮窝畔，风韵翩翩天然。春罗衫子红杏单，香肩那人偎半边，两回眸情万千。蝶飞锦翅，莺啼翠烟，游丝小挂双凤钿，光景在眼前。那些要阳台云现，纵山远水远人远，画便非远！

【奈子花】二三春月日长天，往常时兀自恹煎，那禁闲事恁那牵挽！画中人几时相见？待见才能说与般般。

明代的杂剧　明代是传奇最盛行的时代，但杂剧作家也不少,不过作品的内容和文辞,渐走向典雅的路上,较之元代的质朴的作品大不同了。明初杂剧作家最有名的是朱有燉(1377至1452),他是朱元璋的孙子,生平作杂剧有二十七种之多,存于今者有二十四种,总名为《诚斋乐府》。有燉死后数十年,有康海者,字德涵,著《东郭先生误救中山狼》杂剧,这是一本很好的"寓言剧"。本剧把狼、牛和杏都人格化了,写其性格谈吐,极其生动,在中国剧台上实是一种特创。

徐渭(1527至1593),字文长,山阳人,他是中国文人中最奇特的一个。他的言行流传于民间,成了许多有趣的智慧故事——见林兰编的《徐文长故事》一二三集——他著有《四声猿》四个杂剧,即《渔阳弄》、《翠乡梦》、《雌木兰》、《女状元》为他生平最著名的作品。后人仿此体而作者甚多,清朝桂馥的《后四声猿》,即是其一。此外梁辰鱼的《红线女》、吴伟业的《通天台》及杨慎的《宴清都》等,皆明代杂剧较有名者。总计明代杂剧作品,至少在百种以上,亦可见杂剧在当时并未受传奇的多大排挤,仍保有了它相当的地位了。

第五节 清代的戏曲

有人称清代是中国旧文化的总结束期,以前有的种种文化,到了清代无不一一的重现,即以文学来说,所谓"汉赋"、"六朝骈文"、"唐宋古文"、"唐诗"、"五代宋词"、"元曲"及"明传奇小说",莫不一一重现于文坛。大凡一切事物,都是盛极必衰的,中国旧文化到了清代,可称为全盛时期,无怪到了清之末季,文学的衰微,就随国势而日下,及至民国成立,有新文化运动的发生了。

清代的戏曲作家,对于杂剧与传奇都有很好的作品传于世,他们的成绩较之元曲实有过之而无不及。兹择其可以代表的作家和作品,论述于下:

李渔的十种曲 李渔字笠翁,兰溪人,他是清初极负盛名的戏曲作家。他作的十种曲为:《奈何天》、《比目鱼》、《蜃中楼》、《怜香伴》、《风筝误》、《慎鸾交》、《凰求凤》、《巧团圆》、《玉搔头》及《意中缘》皆为喜剧。除此最流行的十种外，尚有其他六种。他作剧力求通俗，所以词极明显，但结构极严。总之，他的剧本以精确适当，绵密快利称，对于表演方面，最为合宜。因他性好滑稽浪漫，故曲中多讽世骂俗之语，这在他的十种曲中，可以处处看到的。在他的作品里，还有一个特点，就是不喜欢模仿古人的文章，因之他的十种曲，多是属于创造方面的，曲情新奇而有趣。如《怜香伴》与《意中缘》，一个是写的女子同性爱，一个是讲到男子同性爱，《凰求凤》则女子追求男子，《比目鱼》的戏中做戏，都是超乎凡俗的意境之上的。

凰求凤

筹婚

【一剪梅】媚嫠从来易得霜，风烛难防，婚嫁宜忙。眼前谁可效鸾凰，偌大名邦，没个才郎！

【解三酲】非是我假道学恢宏私量，背情理，强制柔肠，要把潘、曹付与炉锤匠，使他才与貌得成双。乘龙仅得鱼虾伴，跨凤才招燕雀行。倘若把心儿降，少甚么泥鳅伴鲤，山雉求凰。

【前腔】越三五，正当佳况，逾二八，渐减容光，不比男儿三十才为壮，须未白，尚呼郎。娇花隔宿能铺径，粉蝶随春易过墙，好教我心难放，怎能勾舒开笑口，撇却愁肠！

【尾声】辨雌黄，分中上，要在佳人队里访才郎。定有个檀口传来的姓字香。

蒋士铨的九种曲　　蒋士铨与袁枚、赵翼号为乾隆三大诗人，其实与其称为诗人，倒不如称为是个大戏曲家。总观他一生的著作，戏曲的成绩，比诗词好得多。他作曲共有十三种，以《香祖楼》、《空谷香》、《冬青树》、《临川梦》、《桂林霜》、《雪中人》、《四弦秋》、《一片石》、及《第二碑》为最有名。论其在民间的流行，与笠翁的十种曲,同其盛况。这九种曲,前六种为长剧,后三种为短剧,合称为《红雪楼九种曲》。

《空谷香》凡三十出,据他说此剧作成后,一日在行舟中,击唾壶而歌其词,回视同舟之客,皆欷歔感叹,泣数行下,可见其写得深刻动人了。《冬青树》凡三十八出,是写文天祥、谢枋得等遗民的悲痛和孤臣的失意的。这是他最后的作品,据说是在落叶打窗风雨萧寂中,以三日之力写成的。文词凄丽悲愤,慷慨激昂,曾赚了不少人的眼泪与同情。

《桂林霜》凡二十四出,是写清初马文毅阖家死广西之难事,他在疟中以二十日之力写成的。有人对他说:"读君《空谷香》如饮吾越醒,虽极清冽,犹醇醴也;此文则北地烧春,其辣愈甚。"其他如《四弦秋》是演白居易的《琵琶行》,《临川梦》是演汤显祖的《临川四梦》。总之,他的作品,较笠翁为高,笠翁因求通俗,有时不免流于粗率,他少有此弊,大都是细腻秀雅的。

四弦秋

秋梦

【霜天晓角】空船自守,别恨年年有。最苦寒江似酒,将人醉过深秋。

【小桃红】曾记得一江春水向东流,忽忽的伤春后也,我去来江边,怎比她闺中少妇不知愁。才眼底,又在心头,捱不过夜潮生,暮帆收,雁声来趁着虫声逗。也靠牙墙,数遍更筹,难道是我教他,教他去觅封侯。

【下山虎】半肩舞袖,一串歌喉,红粉人非旧。银筝自抝。但弄着鹍弦,让伊好手,便风月烟花一例休。二等人随处有,一等人难与求,百事皆将就,甚人害羞,数不尽重抱琵琶过别舟。

【五韵美】戏芳丛抛红豆,黄金论笏珠论斗,把爱钱人买得笑歪口。寻花问柳,要听你琵琶新奏,钻时送卖处收,君不见到酒散歌阑,大家撒手。

【五般宜】当日个试花骢，伴君冶游，今日个擎玉盏，劝君款留。还只怕弹出半林秋，你看这一点半点晕痕，原有天长地久，鸾交凤友。但只愿洗不淡的浓情，沁奴心，都似酒。

【山麻楷】看战马风云驰骤，他为甚带剑飞行不肯停留，休，休，他生来不像能长寿，分做了尘沙鬼魅，干戈魂魄，粉黛骷髅。

【黑麻令】抛撇下青楼翠楼，更飘零江州，外州，诉不尽新愁，旧愁，做了个半老佳人，厮守定芦洲，荻州，浑不是花柔，柳柔，结果在渔舟，钓舟，剩当时一面琵琶，断送了红妆白头。

【江神子】我道是低迷燕子楼，却依然身落扁舟，为此枕边现出根由，听孤城画角咽江流，问谁向梦儿中最久。

【尾声】少年情事堪寻究，泪珠儿把阑干红透。咳，不知他那几担的新茶，可曾卖去否？

孔尚任的《桃花扇》　　孔尚任字季重，号东塘，又号云亭山人，山东曲阜人，是孔子的后代。他作《桃花扇》与《小忽雷》二剧，以《桃花扇》为最有名，共四十二出。内容虽是叙侯方域与李香君恋爱的故事，但剧中寓有亡国的悲痛，读至诸镇之争权，奸臣之误国，及史可法之死节，都要使读者为之泪下的。这简直是一部国亡家破的痛史，并不是写生旦的离合悲欢，如其他传奇一样。刘中柱论《桃花扇》曰："一部传奇描写五十年遗事，君臣、将相、女儿、友朋，无不人人活现，遂成天地间最有关系文章。往昔之汤临川，近今之李笠翁皆非敌人。"郑振铎在他的《文学大纲》亦说："我少时尝读之，一再读之，至鄙夷《西厢》、《拜月》不欲再看，至于《燕子笺》则直抛掷之庭下而已。"这可见《桃花扇》的崇高伟大，能博得一般热情少年的爱好了。

本剧的取名，是因为清兵入关，崇祯殉国，南都迎立福王，权臣阮大铖当国，陷害一般正人君子，侯方域乃逃于外以避祸。时抚臣田仰以三百金购侯之爱人李香君为姬，香君不屈，曰："我立志守节，岂在温饱哉？宁忍饥寒，决不下此翠楼。"言毕，以头撞地，血溅扇上。杨龙友即藉扇上之血渍，点缀成一枝桃花，寄于方域，故剧名为《桃花扇》。后清兵统一江南，侯与李俱逃难山中，做了修道的僧尼，以悲剧结束。同时有顾彩字天石者，为尚任之友，大概不忍侯、李的下场，乃将《桃花扇》改作《南桃花扇》，使生旦当场团圆，这未免落于陈腐，有点多事罢。《桃花扇》作成后，因其艳处似临风桃蕊，其哀处似著雨梨花，所谓哀感顽艳，兼而有之，所以常时士大夫传抄殆遍，表演无虚日，除洪昇的《长生殿》外，无有出其右者。

桃花扇

寄扇

【甜水令】你看疏疏，密密，浓浓，淡淡，鲜血乱照，不是杜鹃抛，是脸上桃花做红雨儿飞落，一点点溅上冰绡。

【折桂令】叫奴家揉开云髻，折损宫腰，睡昏昏似妃葬坡平，血淋淋似妾堕楼高。怕傍人呼号，舍着俺软丢答的魂灵没人招。银镜里，朱霞残照，鸳枕上，红泪春潮，恨在心苗，愁在眉梢，洗了胭脂，泡了鲛绡。

【锦上花】一朵朵伤情，春风懒笑，一片片消魂，流水愁漂。摘的下娇色天然蘸好，便妙年徐熙怎能画到樱唇上调朱，莲腮上临稿，写意儿几笔红桃，补衬些翠枝青叶，分外夭夭，薄命人写了一幅桃花照。

余韵

【哀江南】【北新水令】山松野草带花挑，猛抬头秣陵重到。残军留废垒，瘦马卧空壕。村郭萧条，城对着夕阳道。

【驻马听】野火频烧，让墓长楸多半焦。山羊群跑，守陵阿监几时逃？鸽翎蝠粪满堂抛，枯枝败叶当阶罩，谁祭扫？牧儿打碎龙碑帽。

【沉醉东风】横白玉八根柱倒，堕红泥半堵墙高。碎琉璃瓦片多，烂翡翠轩窗棂少。舞丹墀燕雀常朝，直入宫门一路蒿，住几个乞儿饿莩。

【折桂令】问秦淮旧日窗寮，破纸迎风，坏槛当潮。目断魂消。当年粉黛，何处笙箫？罢灯船，端阳不闹；收酒旗，重九无聊。白鸟飘飘，绿水滔滔。嫩黄花有些蝶飞，新红叶无个人瞧。

【沽美酒】你记得跨青溪半里桥？旧红板没一条。秋水长天人过少，冷清清的落照，剩一树柳弯腰。

【太平令】行到那旧院门，何用轻敲？也不怕小犬哰哰。无非是枯井颓巢，不过些砖苔砌草。手种的花条柳梢，尽意儿采樵。这黑灰是谁家厨灶？

【离亭宴最歇犯煞】俺曾见金陵玉殿莺啼晓，秦淮水榭花开早，谁知容易冰消？眼看他起朱楼，眼看他宴宾客，眼看他楼塌了！这青苔碧瓦堆，俺曾睡风流觉。将五十年兴亡看饱。那乌衣巷不姓王，莫愁湖鬼夜哭，凤凰台栖枭鸟。残山梦最真，旧境丢难掉。不信这舆图换稿，诌一套《哀江南》，放悲声唱到老。

洪昇的《长生殿》　洪昇（？至1704），字昉思，号稗畦，钱塘人，与孔尚任齐名，时称南洪北孔。作剧有九种，除《四婵娟》为杂剧外，余八种皆为传奇，其名为《回文锦》、《回龙院》、《锦绣图》、《闹高唐》、《节孝坊》、《舞霓裳》、《沉香亭》及《长生殿》。在这些作品中，以《长生殿》为最有名。《长生殿》凡五十出，是根据白居易的《长恨歌》和陈鸿的《长恨歌传》而写的。唐明皇与杨贵妃的故事，在从前一般人看，杨贵妃是亡国败家的妖孽，是倾国倾城的尤物，本剧把她写成了一个痴情的可怜的少妇，只觉其美，不觉其恶，这可说是作者大成功处。自元以来，写杨贵妃故事的，有白朴的《梧桐雨》、明人的《惊鸿记》、屠隆的《彩毫记》，然均不及《长生殿》之感人。全剧的顶点，及剧名之由起，则为密誓一出，即所谓"七月七夕长生殿，夜半无人私语时，在天愿为比翼鸟，在地愿为连理枝"者是。

全剧写得非常深刻真挚，而且悱恻腻丽，当时演奏之盛，几驾《桃花扇》之上。相传诸伶人曾于某国忌日公演此剧，以为作者寿，后为人告发，作者乃被编管山西，诗人赵执信、查嗣璉适与宴会，亦被削职。时人有诗道："可怜一曲《长生殿》，断送功名到白头。"即是咏此事的。作者的功名虽然断送，但《长生殿》却因之更为流传了。

长生殿

尸解

【梁州令】风前荡漾影难留，叹前路谁投？死生离别两悠悠。人不见，情未了，恨无休！

【二犯渔家傲】踌蹰，往日风流。记盒钗初赐，种下这恩深厚，痴情共守。又谁知惨祸分离骤。并没有人登画楼，并没有花开并头，并没有奏新讴；端的有荒凉，满目生愁。凄然，不由人泪流！这壁厢是咱那日陈瓜果夜香来乞巧，那壁厢是他那时向牛女凭肩私拜求。

【二犯倾杯序】凝眸，一片清秋。望不见寒云远树峨眉秀。苦忆蒙尘，孤影体倦，病马严霜，万里桥头。知他健否？纵然无恙，料也为咱消瘦。我只道轻魂弱魄飞能去，又谁知千水万山途转修！

【锦缠道犯】漫回头。梦中缘，花飞水流。只一点故情留，似春蚕到死，尚把丝抽。剑门关离宫自愁；马嵬坡，夜台空守。想一样恨悠悠。几时得金钗钿盒完前好，七夕盟香续断头。

闻 铃

【武陵花】淅淅零零，一片凄然心暗惊！遥听隔山隔树战，合风雨，高响低鸣，一点一滴又一声，一点一滴又一声，和愁人，血泪交相迸。对这伤情处，转自忆荒茔。白杨萧瑟雨纵横，此际孤魂凄冷，鬼火光寒，草间湿乱萤，只悔仓皇，负了卿，负了卿，我独在人间，委实的不顾生，语娉婷，相将早晚伴幽冥。一恸空山寂，铃声相应，阁道峻嶒，似我回肠恨怎平！

【尾声】迢迢前路愁难罄，招魂去国两关情，望不尽雨后尖山万点青。

其他戏曲作家　　李玉字玄玉，吴县人，作剧凡卅三种，以"一、人、永、占"四剧，为最著名。论者谓可以追步汤显祖的四梦。一，即《一捧雪》，叙莫怀古以一玉杯，名"一捧雪"召祸事。人，即《人兽关》，叙施济乐善好施事。永，即《永团圆》，叙蔡文英与江兰芳离合事。占，即《占花魁》，叙卖油郎秦钟与花魁女莘瑶琴遇合事。玄玉的作品，在当时作家中是最受人赞许者，《观新传奇品》谓："李玄玉之词如康衢走马，操纵自如。"可见他的戏曲之评价了。

尤侗（1618至1704），字同人，一字展成，号西堂，长洲人。他作传奇虽仅《钧天乐》一种，但感人之深切，讽骂之尖刻，无有出其右者。此剧是叙科场之黑暗，为一般文人吐气不少。侗自序谓："逆旅无聊，追寻往事，忽忽不乐，漫填词为传奇，率日一出，出成则以酒浇之，歌哭自若，阅月而竣。"据闻此剧每登场一唱，座上贵人未有不色变者。此外尚作杂剧五种，即《读离骚》、《吊琵琶》、《桃花源》、《黑白卫》及《清平调》是。

万树字花农，一字红友，宜兴人，曾作传奇杂剧各八种。杂剧为《珊瑚珠》、《舞霓裳》、《藐姑仙》、《青钱赚》、《焚书闹》、《骂东风》、《三茅宴》、《玉山宴》。传奇为《风流棒》、《空青石》、《念八翻》、《锦尘帆》、《十串珠》、《万金瓮》、《金神凤》、《资齐鉴》，以《风流棒》、《空青石》、《念八翻》三种为最著名。

杨潮观字宏度，号笠湖，无锡人。他是一个最好的短剧作家，曾作《吟风阁》，凡四卷，包含短剧卅二种。焦循《剧说》谓："《吟风阁》杂剧中，有《寇莱公罢宴》一折，淋漓慷慨，音能感人，阮大中丞巡抚浙江，偶演此剧，中丞痛哭，时亦为之罢宴。"实则《吟风阁》中感人的作品，不仅这一折，如《偷桃》一剧，尤满含着极冷隽的讽刺，为许多传奇杂剧中所难得的。相传笠湖官临邛时，就卓文君妆楼遗址，筑吟风阁，阁成，命士庶各植一花，自选《吟风阁》古今可歌可泣之事，编为短剧，以庆新楼的落成。这就是《吟风阁》短剧三十二种的由来。

桂馥（1736 至 1805），字未谷，曲阜人，也是一个很好的短剧作家，不过他的短剧多写人家的缠绵悱恻的恋爱故事。不像杨潮观多写自己的悲愤抑郁的牢骚情怀。他所作《后四声猿》包含四种短剧，即《放杨枝》是写白香山与名妓樊素恋爱的故事，《谒府帅》是写苏东坡为凤翔判官时，不得志的故事。《题园壁》，是写陆放翁与妻唐氏伉俪甚笃，因母命而离异，后来相遇的故事。《投溷中》是写诗人李长吉死后，被他的中表黄生将他的诗稿，因宿恨投之溷中的故事。这《后四声猿》虽是模仿徐文长的《四声猿》而作，但亦不弱。

黄宪清字韵珊，海盐人，貌甚丑，而作剧颇好。相传有女慕其才欲嫁之，及见其面而止。作品有七种，即《茂陵弦》、《帝女花》、《脊令原》、《鸳鸯镜》、《凌波影》、《桃溪雪》及《居官鉴》，号为《倚晴楼七种曲》，作风以绮腻清秀见长。

此外大兴舒位作《卓女当垆》、《樊姬拥髻》、《酉阳修月》及《博望访星》四种，总名《瓶笙斋修箫谱》。唐英作《双钉案》、《梅龙镇》、《面缸笑》、《英雄报》等十二种，总名为《古柏堂传奇》。江宁张坚作《梦中缘》、《梅花簪》、《怀沙记》及《玉狮坠》，总名为《玉燕堂四种曲》。周文泉作《补天石传奇八种》。阳湖陈烺作《玉狮堂十种曲》。长沙杨思寿作《坦园十种曲》。至其他作家尚多，不能一一的细叙了。

昆曲与二黄　　昆曲的起源，是由于昆山魏良辅的创造，和其同邑梁辰鱼的倡和而盛行的。在昆曲未起之先，南方的传奇，并没有一定的音律，又各囿于地域，往往同一戏文而各地的腔调不同。有所谓弋阳腔者，有所谓余姚腔者，又有所谓海盐腔者，这可见在当时南戏的唱法极不一致。及昆山魏良辅出，乃一手创作昆腔，方渐渐地征服了其他腔调，统一了南戏的乐器与唱法。并且除南戏原用之箫管外，又把北剧所用的弦索合为一堂，增大了南戏的音乐的效力。笛管笙琶合奏于一舞台，实为魏良辅所首创。自这繁音合奏的优雅的昆腔一出，遂把其他单调而喧闹的腔调都打倒了。后来昆腔不但盛行于南方，其势力亦渐侵入了北方。沈德符《顾曲杂言》说："自吴人重南曲，皆祖昆山魏良辅，而北词几废。"同时又有梁辰鱼字伯龙者，亦昆山人，乃利用这个新腔，来作他的《浣纱记》剧本。这虽不是一部伟大的名著，却是一部昆腔的典型的剧本。《笔谈》有云："谱传藩邸戚畹，金紫熠爚之家，取声必宗伯龙氏，谓之昆腔。"这可见魏良辅与梁辰鱼对于昆腔的影响有多大了。

昆曲之盛行，一直到了乾隆时期，始见衰微。其原因是由于传奇所依据的昆曲，被新兴的二黄西皮压倒了。传奇本是一种歌剧，藉着歌唱扮演而盛行的，只因用昆腔而作的传奇，流于呆板，没有生气，不适合于演唱的要求，所以抵不住新兴皮黄的势力，就日渐消沉下去了。

二黄初盛行于湖北黄陂，渐传至湖南、广东等处，遂被称为湖广调。在最初的湖广调，不过只是一种极自由的牧歌式的曲调，并无所谓二黄西皮之说，后来湖广调受了安徽调的影响，遂变成现在的二黄，由安徽流传到北京，便变成了京二黄。因徽调中的"高拨子"腔，只有二黄弦，故名。又有一部分湖广调受了秦腔——又名梆子腔——的影响，秦腔只有西皮弦，便变成西皮。京戏的乐曲，即以皮黄为主，因皮黄所用的腔调是兼容并收，不限一种，它能容纳各种的腔调，所以能取昆曲而代之。

清代自乾隆以后，旧有的传奇，日渐消沉，而新兴的皮黄则大见发达。因昆曲的死板不灵，词句的幽深难懂，不为一般民众所欢迎。新兴的皮黄，文词俚俗，最易了解。作者大都不是咬文嚼字的文人，所以写来多近自然，如《打渔杀家》、《捉放曹》、《马前泼水》、《武家坡》、《玉堂春》、《花田错》等，都是极隽妙的作品，自有其艺术上的价值，不可以其俚俗，而抹杀的。近年又有新的歌舞剧和话剧由西洋输入中国，将来二黄的地位是否和从前昆曲一样的被人取而代之，就要看二黄自身的挣扎力如何了。

第四章　小　　说

第一节　小说的发达

　　小说的诞生，较诗歌为晚——这是世界文学演进的公例，都是韵文在先，散文在后——但中国小说的渊源，亦颇早。见于古籍者，如《楚辞》、《庄子》等书中，都有不少的小说材料——传说与神话。到了汉朝，在班氏的《汉书·艺文志》中，乃有小说家流之说。考《艺文志》所列举的有十五家小说，一千三百八十篇作品，其中作家以虞初为第一。这一千三百多作品，虞初竟占有九百，所谓"小说九百，本自虞初"者是。班氏既列小说在《艺文志》里——他虽然没有把小说家列入了流——可见汉朝小说，较之前代大为发达。虽以儒家自许，并不重视小说的班氏，亦不得不称小说为一家了。不过按之实际，汉朝的小说，亦是略具雏形，并没有多大进步。即世人所称为汉朝作品的如《神异经》及《十洲记》，题为东方朔撰；《汉武故事》及《汉武内传》题为班固撰；《别国洞冥记》题为郭宪撰；《飞燕外传》题为伶玄撰；《杂事秘辛》题为汉无名氏作，其实皆是伪托。除《杂事秘辛》外，多系六朝人手笔。所以现在所流传的中国小说，多为六朝以后的作品，两汉以前的多佚散无存。因之论中国小说史者，应起自两晋南北朝，以前只有缺疑而已。

　　中国小说渊源之古，既如上述，为什么自战国至两汉四五百年间，没有伟大的作品传下？其故有二：一、在晋未南渡以前，中国文化的中心是在黄河流域，我们知道黄河一带是天然恩惠比较缺乏的区域,凡生于斯土者,必得时常与自然界作生存的斗争,因之养成一种务实际、斥空想的人生观。他们既缺少高远的、幻想的意念,如何能有伟大的作品出现?所以终汉之世,中国仅有片段的神话传说流传于当时的社会。二、孔子在世时,虽无多大势力,但死后的影响却不小。孔子是中国北方务实际、排空想的典型代表,他生平主张反对"怪力乱神"的,故这一派学者对于神话是鄙夷不屑道,因之称小说为小道,不足登大雅之堂的玩艺。两晋以前的社会环境是如此,这怎能产生伟大的小说?故小说之产生,要待之于两晋以后的新社会环境了。

第二节　六朝的小说

中国之有小说,实自两晋始,晋人因感时事不靖,丧乱频仍,故多佞佛老,尚清谈,以图自娱,将儒教中务实际,陟空想的主张给打破了,因之关于神怪的小说,遂以发生。这是与社会的环境很有关系的。

六朝的小说,可分为两类:一是神怪小说,一是人事小说,以前者为最盛。可惜大部分已佚亡,今所存者除一部分散见于《太平广记》、《太平御览》及《法苑珠林》外,尚有如秦人王嘉撰《拾遗记》十卷,完全是模仿的郭宪《洞冥记》。内容虽荒诞不经,文章却丰艳可观。干宝撰《搜神记》二十卷——此书为后来《剪灯新语》及《聊斋志异》所宗。宝为东晋新蔡人,据传宝因感于父婢的再生,兄病殁的复悟,遂撰集古今神祇灵异人物变化,而作《搜神记》二十卷。书成,刘祇赞叹之为"鬼董狐",可见其内容之 一斑。陶潜撰《搜神后记》十卷,这大概是伪托,不知是谁何之作。宋彭城刘敬叔撰《异苑》十卷,梁吴兴人吴均撰《续齐谐记》一卷,此二书虽为本人作,但已非原本。至称梁任昉撰《述异记》二卷,乃系唐宋间人伪作,不过假其名,和陶潜的《搜神后记》一样。此外尚有颜之推的《还魂志》,太原人王琰的《冥祥记》等,皆是此类作物。

第二类是人事小说,从前作者多注重于主观的寓意,不注重客观的记载,自六朝起,寓意之作固不少,但客观的人事记载亦颇流行。这类小说,今分两方面来说:一是写宫闱艳事的,如《汉武故事》、《汉武内传》、《飞燕外传》等;一是记隽语佚闻的,如宋临川王刘义庆的《世说新语》八卷,无名氏作的《西京杂记》五卷,梁沈约作的《俗说》三卷——今佚。《世说新语》原为《世说》,刘义庆作八卷,梁刘孝标为之作注,成十卷,今存者三卷。今本《世说新语》为宋人晏殊所删并,于注亦稍削,然不知何人又加新语二字。至《世说》一体,影响于后世者颇众,如唐有王方庆的《续世说》、《新书》,宋有王谠的《唐语林》,明有何良俊的《何氏语林》,清有梁维枢的《玉剑尊闻》等,皆《世说》一流的东西。总之,六朝的小说是中国小说的序幕,在结构上虽不甚完善,描写亦不甚深刻,但从此养成了做小说的风气,为唐宋以后的作家开了先河,所以到了明清两代,能有伟大的作品出现,造成了中国小说的黄金时代,我们饮水思源,当然不能忘了六朝的小说了。

搜神记 (一则)

阮瞻字千里,素执无鬼论,物莫能难,每自谓此理足以辨正幽明。忽有客通名诣瞻,寒温毕,聊谈名理,客甚有才辩,瞻与之言良久,及鬼神之事,反复甚苦,客遂屈,乃作色曰:"鬼神古今圣贤所共传,君何得独言无? 即仆便是鬼!"于是变为异形,须臾消灭。瞻默然,意色大恶,岁余而卒。

拾遗记 (一则)

刘向于成帝之末,校书天禄阁,专精覃思。夜有老人著黄衣,植青藜杖,登阁而进,见向暗中独坐诵书,老父乃吹杖端,烟燃,因以见向,说开辟已前。向因受五刑洪范之文,恐辞说繁广忘之,乃裂帛及绅,以记其言,至曙而去。向请问姓名,云"我是太一之精,天帝闻卯金之子有博学者,下而观焉"。乃出怀中竹牒,有天文地图之书,"余略授子焉。"至向子歆,从向授其术。向亦不悟此人焉。

异苑 （一则）

东莞刘邕性嗜食疮痂，以为味似鳆鱼。尝诣孟灵休，灵休先患炙疮，痂落在床，邕取食之，灵休大惊，痂未落者悉褫取饴邕。南康国吏二百许人，不问有罪无罪，递与鞭，疮痂落，常以给膳。

飞燕外传 （一则）

后所通宫奴燕赤凤者，雄捷能超观阁，兼通昭仪。赤凤始出少嫔馆，后适来幸。时十月五日，宫中故事，上灵安庙，是日吹损击鼓，歌连臂踏地，歌《赤凤来》曲。后谓昭仪曰："赤凤为谁来？"昭仪曰："赤凤自为姊来，宁为他人乎？"后怒，以杯抵昭仪裙，曰："鼠子能啮人乎？"昭仪曰："穿其衣，见其私，足矣，安在啮人乎？"昭仪素卑事后，不觉见答之暴，熟视不复言。樊嬺脱簪叩头出血，扶昭仪为拜后。昭仪拜且泣曰："姊宁忘共被夜长苦寒不成寐，使合德拥姊背耶？今日垂得贵皆胜人，且无外搏，我姊弟其忍内相搏乎？"后亦泣持昭仪手，抽紫玉九鸧钗为昭仪簪髻。乃罢。帝微闻其事，畏后不敢问，以问昭仪。曰："后妒我耳。以汉家火德，故以帝为赤龙凤。"帝闻之，大悦。

世说新语 （一则）

石崇每要客燕集，常令美人行酒，客饮酒不尽者，使黄门交斩美人。王丞相与大将军尝共诣崇。丞相素不能饮，辄自勉强，至于沉醉。每至大将军，固不饮以观其变。已斩三人，颜色如故，尚不肯饮。丞相让之，大将军曰："自杀伊家人，何预卿事？"

第三节 唐代的小说

总论 中国小说的渊源虽早，但一直到了唐代才开始有有意的创作小说。从前的作品，都是片段的记叙，绝少完美的结构。且从前的作家，对于某一记述为信仰而记载，态度非常严肃，故文字亦无甚情致可观。唐人则不然，作品虽多是短篇，然关于一人或一事的联络，结构得非常完密。至作家的态度，与六朝亦不同，一是文艺的，一是历史的，所以唐代的小说，不惟取材新奇可喜，情节亦凄惋有致。因作者多是当代的名人，或下第不遇的才士，故文字华丽，而又富于风韵，这我们由胡应麟和洪迈论唐人小说的话，可以看出。胡应麟说："变异之谈，盛于六朝。然多是传录舛讹，未必尽幻设语。至唐人乃作意好奇，假小说以寄笔端。"洪迈说："唐人小说，不可不熟，小小事情，凄惋欲绝，洵有神遇，而不自知者。与诗律可称一代之奇。"这样看来，唐代小说虽不如诗歌的声誉之隆，但在中国文学史上，自有其特殊的地位的。

唐代小说对于文学上的影响，和唐代诗歌一样。宋、元、明、清的戏曲，取材于唐代小说者甚多；元白仁甫的《梧桐雨》、明屠长卿的《彩毫记》、吴世美的《惊鸿记》、清洪昉思的《长生殿》皆出自《长恨歌传》。宋赵德麟的《商调鼓子词》、金董解元的《西厢挡弹词》、元王实甫的《西厢记》、关汉卿的《续西厢记》、明李日华的《南西厢》，皆出于《会真记》。元尚仲贤的《柳毅传书》、李好古的《张生煮海》、清李笠翁的《蜃中楼》，皆出于《柳毅传》。元石君宝的《曲江池》、明薛近衮的《绣襦记》，皆出于《李娃传》。明凌初成的《虬髯翁》及张太和的《红拂记》，皆出于《虬髯客传》。其他如明梁伯龙的《红线记》，出于《红线传》。陆天池的《明珠记》出于《刘无双传》。汤临川的《紫钗记》出于《霍小玉传》，《南柯记》、《邯郸记》出于《南柯记》及《枕中记》。元郑德辉的《倩女离魂》出于《离魂记》……由此可知唐代小说对于后来戏曲的影响了。

唐代小说多记载于《唐人说荟》与《太平广记》二书内，除《海山记》、《迷楼记》与《开河记》、《梅妃传》及《太真外传》皆为宋人伪作不计外，兹就其性质之不同，分为三类叙论之：

一、豪侠类。计有《红线传》袁郊作，《旧题》杨巨源作，《刘无双传》薛调作，《虬髯客传》杜光庭作，《旧题》张说作，《谢小娥传》李公佐作,《昆仑奴传》与《聂隐娘传》俱为裴铏作。其中以《虬髯客传》、《红线传》及《刘无双传》为代表作。《虬髯客传》的作者杜光庭,字宾圣,括苍人,曾在天台山为道士,后事蜀之王衍,所著甚多,但以此为最有名。传内叙李靖去谒杨素,素身旁一执红拂妓,识靖为当代英雄,夜往奔之,相偕逃亡,路遇虬髯客,相谈甚得。虬髯客亦非常人也,颇有争中原之志,及靖偕之见李世民,始知中原有主,便将所有赠靖使佐李兴唐,自赴海外,后杀扶余国主,自立为王。《红线传》的作者袁郊字之仪,郎山人,曾官赣州刺史,著述甚富,该传见于他的《甘泽谣》中。系述红线为潞州节度使薛嵩的青衣,田承嗣想吞并他,嵩忧惧,红线乃夜往盗取承嗣的床头金盒,嵩使人送还,承嗣大惊,遂戢其野心,重修旧好。事后红线飘然别去,不知所往。《刘无双传》的作者薛调,乃河中宝鼎人。此传述无双幼许配于王仙客,因兵乱相失,无双被召入后宫,仙客悲痛欲绝,遂访侠士古押衙求助,古生许之。时逾半年,茫无消息,忽传有宫女被杀,是夜古生抱宫女尸至,果是无双,灌以药,得复苏,仙客与无双遂成眷属。而古生乃尽杀此案关系人,并自刎以灭口。查豪侠小说,在唐朝所以盛行者,因自安史乱后,藩镇权大,多有私蓄死士刺客,以杀异己之事,故豪侠小说遂大盛行了。

虬髯客传　　　　　　　　　　杜光庭

隋炀帝之幸江都也,命司空杨素守西京。素骄贵,又以时乱,天下之权重望崇者,莫我若也,奢贵自奉,礼异人臣。每公卿入言,宾客上谒,未尝不踞床而见,令美人捧出,侍婢罗列。颇僭于上,末年益甚,无复知所负荷,有扶危持颠之心。一日,卫公李靖以布衣来谒,献奇策。素亦踞见。公前揖曰:"天下方乱,英雄竞起。公为帝室重臣,须以收罗豪杰为心,不宜踞见宾客。"素敛容而起,谢公,与语,大悦,收其策而退。当公之聘辩也,一妓有殊色,执红拂,立于前,独目公。公既去,而执拂者临轩指吏曰:"问去者处士第几? 住何处?"吏具以对,妓诵而去。公归逆旅,其夜五更初,忽闻叩门而声低者,公起问焉。乃紫衣戴帽人杖揭一囊。公问谁。曰:"妾杨家之红拂妓也。"公遽延入。脱衣去帽,乃十八九佳丽人也。素面画衣而拜。公惊答拜。曰:"妾侍杨司空久,阅天下之人多矣,无如公者,丝萝非独生,愿托乔木,故来奔耳。"公曰:"杨司空权专京师,如何?"曰:"彼尸居余气,不足畏也。诸妓知其无成,去者众矣。彼亦不甚逐也。计之详矣,幸无疑焉。"问其姓。曰:"张。"问伯仲之次。曰:"最长。"观其肌肤、仪状、言词、气性,真天人也。公不自意获之,愈喜愈惧,瞬息万虑不安。而窥户者无停履。数日亦未闻追访之声,意亦非峻。乃雄服乘马,排闼而去,将归太原。行次灵石旅舍,既设床,炉中烹肉且熟,张氏以发长委地,立梳床前。公方刷马,忽有一人,中形,赤髯而虬,乘蹇驴而来。投革囊于炉前,取枕欹卧,看张梳头。公怒甚,未决,犹刷马。张氏熟视其面,一手握发,一手映身摇示公,令勿怒。急急梳头毕,敛衽前问其姓。卧客答曰:"姓张。"对曰:"妾亦姓张,合是妹。"遽拜之。问第几。曰:"第三。"问妹第几。曰:"最长。"遂喜。曰:"今日幸逢一妹。"张氏遥呼:"李郎且来见三兄!"公遽拜之。遂环坐。曰:"煮者何肉?"曰:"羊肉,计已熟矣。"客曰:"饥"。公出市胡饼,客抽腰间匕首,切肉共食。食竟,余肉乱切送驴前食之,甚速。客曰:"观李郎之行,贫士也。何以致斯异人?"曰:"靖虽贫,亦有心者焉。他人见问,故不言。兄之问,则不隐耳。"具言其由。曰:"然则将何之?"曰:"将避地太原。"曰:"然吾故非君所能致也。"曰:"有酒乎?"曰:"主人西,则酒肆也。"公取酒一斗。既巡,客曰:"吾有少下酒物,李郎能同之乎?"曰:"不敢。"于是开革囊,取一人头并心肝。却头囊中,以匕首切心肝,共食之。曰:"此人天下负心者,衔之十年,今始获之,吾憾释矣。"又曰:"观李郎仪形器宇,真丈夫也。亦闻太原有异人乎?"曰:"尝识一人,愚谓之真人也。其余,将帅而已。"曰:"何姓?"曰:"靖之同姓。"曰:"年几?"曰:"仅二十。"曰:"今何为?"曰:"州将之子。"曰:"似矣。亦须见之。李郎能致吾一见乎?"曰:"靖之友刘文静者,与之狎，因文静见之可也。然兄何为？"曰："望气者言太原有奇气，使访之。李郎明发，何日到太原？"靖计之日。曰："达之明日方曙，候我于汾阳桥。"言讫，乘驴而去，其行若飞，回顾已失。公与张氏且惊且喜，久之，曰："烈士不欺人，固无畏。"促鞭而行。及期，入太原。果复相见。大喜，偕诣刘氏。诈谓文静曰："以善相者思见郎君，请迎之。"文静素奇其人，一旦闻有客善相，遽致使迎之。使回而至，不衫不履，裼裘而来，神气扬扬，貌与常异。虬髯默居末坐，见之心死，饮数杯，招靖曰："真天子也！"公以告刘，刘益喜，自负。既出，而虬髯曰："吾见十八九矣。然须道兄见。李郎宜与一妹复入京，某日午时，访我于马行东酒楼下。下有此驴及瘦驴，即我与道兄俱在其上矣。到即登焉。"又别而去，公与张氏复应之。及期访焉，宛见二乘。揽衣登楼，虬髯与一道士方对饮，见公惊喜，召坐。围饮十数巡，曰："楼下柜中有钱十万，择一深隐驻一妹，某日复会我于汾阳桥。"如期至，即道士与虬髯已到矣。俱谒文静。时方奕棋，揖而话心焉。文静飞书迎文皇看棋。道士对奕，虬髯与公傍侍焉。俄而文皇到来，精采惊人，长揖而坐。神气清朗，满座风生，顾盼炜如也。道士一见惨然，下棋子曰："此局全输矣！于此失却局哉！救无路矣！复奚言！"罢奕而请去。既出，谓虬髯曰："此世界非公世界，他方可也。勉之，勿以为念。"因共入京。虬髯曰："计李郎之程，某日方到。到之明日，可与一妹同诣某坊曲小宅相访。李郎相从一妹，悬然如磬。欲令新妇祗谒，略议从容，无前却也。"言毕，吁嗟而去。公策马而归。及到京，遂与张氏同往，乃一小板门子，扣之，有应者，拜曰："三郎令候李郎一娘子久矣。"延入重门，门愈壮。婢四十人罗列廷前。奴二十人，引公入东厅。厅之陈设，穷极珍异，箱中妆奁冠镜首饰之盛，非人间之物。巾栉妆饰毕，请更衣，衣又珍异。既毕，传云："三郎来！"乃虬髯纱帽裼裘而来，亦有龙虎之状，欢然相见。催其妻出拜，盖亦天人耳。遂延中堂，陈设盘筵之盛，虽王公家不侔也。四人对馔讫，陈女乐二十人，列奏于前，似从天降，非人间之曲，食毕，行酒。家人自堂东舁出二十床，各以锦绣帕覆之。既陈，尽去其帕，乃文簿钥匙耳。虬髯曰："此尽宝货泉贝之数，吾之所有，悉以充赠。何者？欲以此世界求事，当龙战三二十年，建少功业。今既有主，住亦何为？太原，李氏，真英主也。三五年内，即当太平。李郎以奇特之才，辅清平之主，竭心尽善，必极人臣。一妹以天人之姿，蕴不世之艺，从夫之贵，以盛轩裳。非一妹不能识李郎，非李郎不能荣一妹。起陆之贵，际会如期，虎啸风生，龙吟云萃，固非偶然也。持余之赠，以佐真主，赞功业也，勉之哉！此后十年，当东南数千里外有异事，是吾得事之秋也，一妹与李郎可沥酒东南相贺。"因命家童列拜曰："李郎一妹，是汝主也！"言讫，与其妻从一奴，乘马而去，数步，遂不复见。公据其宅，乃为豪家，得以助文皇缔构之资，遂匡天下。贞观十年，公以左仆射平章事。适南蛮入奏曰："有海船千艘，甲兵十万，入扶余国，杀其主自立，国已定矣。"公心知虬髯得事也，归告张氏，具衣拜贺，沥酒东南祝拜之。乃知真人之兴也，非英雄所冀，况非英雄乎？人臣之谬思乱者，乃螳臂之拒走轮耳。我皇家垂福万叶，岂虚然哉。或曰："卫公之兵法，半乃虬髯所传耳。"

二、艳情类。计有《游仙窟》，张鷟作；《霍小玉传》，蒋防作；《李娃传》，白行简作；《会真记》，元稹作；《飞烟传》，皇甫枚作；《章台柳传》，许尧佐作；《杨倡传》，房千里作；《长恨歌传》，陈鸿作；《离魂记》，陈元佑作。其中以《霍小玉传》、《李娃传》、《会真记》及《长恨歌传》为代表作。蒋防字子徵，义兴人，历官翰林学士，中书舍人。《霍小玉传》叙诗人李益初与名妓霍小玉相恋，只因母命与卢氏订婚，遂与小玉绝音问。小玉思益得病，而益不见来。后有黄衫豪士强邀益到霍家，小玉责其负心。传中有"……玉乃侧身转面，斜视生良久，遂举杯酒，酬地。曰：'我为女子，薄命如斯。君是丈夫，负心若此。韶颜稚齿，饮恨而终。慈母在堂，不能供养。绮罗弦管，从此永休。彻痛黄泉皆君所致。李君李君，今当永诀！我死之后，必为厉鬼，使君妻妾，终日不安！'乃引左手握生臂，掷杯于地，长恸号哭，数声而绝……"这真是一幕凄恻动人的恋爱悲剧，读了没有不为之掩卷叹息的。白行简字知退，下邽人，是白居易的季弟。《李娃传》叙长安名妓李娃与郑生的离合故事。郑生因爱上了李娃把功名忘记了，因而堕落流为乞丐，后终为李娃所救，读书成名，结为美满婚姻。元稹是唐朝有名的诗人，他作《会真记》，系叙张君瑞与崔莺莺相恋爱的故事。传中的张生即是稹的化名，个中人写个中事，所以写的格外浓艳，格外动人，为后来《西厢记》所本。陈鸿字大亮，与白居易友好，因居易曾作《长恨歌》，鸿乃为之作传，成《长恨歌传》。是叙唐玄宗与杨贵妃相恋爱的故事，与《会真记》同为恋爱的悲剧。且该传为后来《梧桐雨》及《长生殿》所本，其影响于后来的文学，亦不在《会真》以下。

长恨歌传 （见鲁迅编《唐宋传奇》）　　　陈　鸿

开元中，泰阶平，四海无事。玄宗在位岁久，倦于旰食宵衣，政无大小，始委于右丞相，稍深居游宴，以声色自娱。先是，元献皇后、武淑妃皆有宠，相次即世，宫中虽良家子千数，无可悦目者。上心忽忽不乐。时每岁十月，驾幸华清宫，内外命妇，熠耀景从，浴日余波，赐以汤沐，春风灵液，澹荡其间，上心油然，若有所遇，顾左右前后，粉色如土，诏高力士潜搜外宫，得弘农杨玄琰女于寿邸，既笄矣。鬓发腻理，纤秾中度，举止闲冶，如汉武帝李夫人。别疏汤泉，诏赐藻莹。既出水，体弱力微，若不任罗绮。光彩焕发，转动照人。上甚悦。进见之日，奏《霓裳羽衣曲》以导之；定情之夕，受金钗钿合以固之。又命戴步摇，垂金珰。明年，册为贵妃，半后服用。由是冶其容，敏其词，婉娈万态，以中上意。上益嬖焉。时省风九州，泥金五岳，骊山雪夜，上阳春朝，与上行同辇，居同室，宴专席，寝专房。虽有三夫人，九嫔，二十七世妇，八十一御妻，暨后宫才人，府乐妓女，使天子无顾盼意。自是六宫无复进幸者。非徒殊艳尤态致是，盖才智明慧，善巧便佞，先意希旨，有不可形容者。叔父昆弟皆列位清贵，爵为通侯。姊妹封国夫人，富埒王宫，车服邸第，与大长公主侔矣。而恩泽势力，则又过之，出入禁门不问，京师长吏为之侧目。故当时谣咏有云："生女勿悲酸，生男勿喜欢。"又曰："男不封侯女作妃，看女却为门上楣。"其人心羡慕如此。天宝末，兄国忠盗丞相位，愚弄国柄。乃安禄山引兵响阙，以讨杨氏为词。潼关不守，翠华南幸，出咸阳，道次马嵬亭。六军徘徊，持戟不进。从官郎吏伏上马前，请诛晁错以谢天下。国忠奉牦缨盘水，死于道周。左右之意未快。上问之。当时敢言者，请以贵妃塞天下怨。上知不免，而不忍见其死，反袂掩面，使牵之而去。仓皇展转，竟就死于尺组之下。既而玄宗狩成都，肃宗受禅灵武。明年，大赦改元，大驾还都。尊玄宗为太上皇，就养南宫。自南宫迁于西内。时移事去，乐尽悲来。每至春之日，冬之夜，池莲夏开，宫槐秋落，梨园弟子，玉琯发音，闻《霓裳羽衣》一声，则天颜不怡，左右歔欷。三载一意，其念不衰。求之梦魂，杳不能得。适有道士自蜀来，知上皇心念杨妃如是，自言有李少君之术。玄宗大喜，命致其神。方士乃竭其术以索之，不至。又能游神驭气，出天界，设地府以求之，不见。又旁求四虚上下，东极天海，跨蓬壶。见最高仙山，上多楼阙，西厢下有洞户，东向，阖其门，署曰："玉妃太真院"。方士抽簪叩扉，有双鬟童女，出应其门。方士造次未及言，而双鬟复入。俄有碧衣侍女又至，诘其所从。方士因称唐天子使者，且致其命。碧衣云："玉妃方寝。请少待之。"于时云海沉沉，洞天日晓，琼户重阖，悄然无声。方士屏息敛足，拱手门下。久之，而碧衣延入，且曰："玉妃出。"见一人冠金莲，被紫绡，佩红玉，曳凤舄，左右侍者七八人，揖方士问皇帝安否，次问天宝十四载已还事。言讫悯然，指碧衣取金钗钿合，各折其半，授使者曰："为我谢太上皇，谨献是物，寻旧好也。"方士受辞与信，将行，色有不足。玉妃固征其意。复前跪致词："请当时一事，不为他人闻者，验于太上皇。不然，恐钿合金钗，负新垣平之诈也。"玉妃茫然退立，若有所思，徐而言曰："昔天宝十载，侍辇避暑于骊山宫。秋七月，牵牛织女相见之夕，秦人风俗，是夜张锦绣，陈饮食，树瓜华，焚香于庭，号为乞巧。宫掖间尤尚之。时夜殆半，休侍卫于东西厢，独侍上。上凭肩而立，因仰天感牛女事，密相誓心，愿世世为夫妇。言毕，执手各呜咽。此独君王知之耳。"因自悲曰："由此一念，又不得居此。复堕下界，且结后缘。或为天，或为人，决再相见，好合如旧。"因言："太上皇亦不久人间，幸惟自安，无自苦耳。"使者还奏太上皇，皇心震悼，日日不豫。其年夏四月，南宫宴驾。元和元年冬十二月，太原白乐天自校书郎尉于盩厔，鸿与琅邪王质夫家于是邑，暇日相携游仙游寺，话及此事，相与感叹。质夫举酒于乐天前曰："夫希代之事，非遇出世之才润色之，则与时消没，不闻于世。乐天，深于诗，多于情者也。试为歌之。如何？"乐天因为《长恨歌》。意者不但感其事，亦欲惩尤物，窒乱阶，垂于将来者也。歌既成，使鸿传焉。世所不闻者，予非开元遗民，不得知。世所知者，有《玄宗本纪》在。今但传《长恨歌》云尔。

三、神怪类。 计有《枕中记》、《任氏传》，均沈既济作；《柳毅传》，李朝威作；《南柯记》，李公佐作；《秦梦记》，沈亚之作。其中以《枕中记》与《南柯记》为代表作。沈既济为苏州吴人，官至礼部员外郎。《枕中记》叙道士吕翁行邯郸道中，遇卢生于旅舍，见他穷困叹息，乃授之一枕。谓枕此当富贵，生即梦娶美妻，登显宦，子孙满堂，年八十余而死。生一觉醒来，时主人蒸黄粱尚未熟也。李公佐字颛蒙，陇西人，尝举进士，为江淮从事。《南柯记》的结构与意境，较《枕中记》为尤妙，内叙淳于棼在槐树下昼寝，梦到槐安国当了国王的女婿，统治槐安国三十年，后兵败，公主又死，因而罢官回乡。及醒，谁知是一梦幻，见槐树下有一蚁穴，即所谓槐安国是也。至《秦梦记》与《柳毅传》等亦为神怪小说中知名者。其他如《白猿记》、《周秦行记》、《杜子春传》、《李卫公别传》、《人虎记》等，皆属神怪一类,由此可见唐代神怪小说之盛了。

枕中记 （见鲁迅编《唐宋传奇》） 沈既济

开元七年,道士有吕翁者,得神仙术,行邯郸道中,息邸舍,摄帽弛带,隐囊而坐。俄见旅中少年,乃卢生也。衣短褐,乘青驹,将适于田,亦止于邸中,与翁共席而坐,言笑殊畅。久之,卢生顾其衣装敝亵,乃长叹息曰:"大丈夫生世不谐,困如是也!"翁曰:"观子形体,无苦无恙,谈谐方适,而叹其困者,何也?"生曰:"吾此苟生耳。何适之谓?"翁曰:"此不谓适,而何谓适?"答曰:"士之生世,当建功树名,出将入相,列鼎而食,选声而听,使族益昌而家益肥,然后可以言适乎。吾尝志于学,富于游艺,自惟当年,青紫可拾。今已适壮,犹勤畎亩,非困而何?"言讫,而目昏思寐。时主人方蒸黍。翁乃探囊中枕以授之,曰:"子枕吾枕,当令子荣适如志。"其枕青瓷,而窍其两端。生俯首就之,见其窍渐大,明朗。乃举身而入,遂至其家。数月,娶清河崔氏女。女容甚丽,生资愈厚。生大悦,由是衣装服驭,日益鲜盛。明年,举进士,登第;释褐秘校;应制,转渭南尉;俄迁监察御史;转起居舍人,知制诰。三载,出典同州,迁陕牧。生性好土功,自陕西凿河八十里,以济不通。邦人利之,刻石纪德。移节汴州,领河南道采访使,征为京兆尹。是岁,神武皇帝方事戎狄,恢宏土宇。会吐蕃悉抹逻及烛龙莽布支攻陷瓜沙,而节度使王君㚟新被杀,河湟震动。帝思将帅之才,遂除生御史中丞,河西道节度。大破戎虏,斩首七千级,开地九百里,筑三大城以遮要害。边人立石于居延山以颂之。归朝册勋,恩礼极盛。转吏部侍郎,迁户部尚书兼御史大夫。时望清重,群情翕习。大为时宰所忌,以飞语中之,贬为端州刺史。三年,征为常侍。未几,同中书门下平章事。与萧中令嵩裴,侍中光庭同执大政十余年,嘉谟密命,一日三接,献替启沃,号为贤相。同列害之,复诬与边将交结,所图不轨。下制狱。府吏引从至其门而急收之。生惶骇不测,谓妻子曰:"吾家山东,有良田五顷,足以御寒馁,何苦求禄?而今及此,思衣短褐,乘青驹,行邯郸道中,不可得也。"引刃自刎。其妻救之,获免。其罹者皆死,独生为中官保之,减罪死,投驩州。数年,帝知冤,复追为中书令,封燕国公,恩旨殊异。生五子,曰俭,曰传,曰位,曰倜,曰倚,皆有才器。俭进士登第,为考功员外;传为侍御史;位为大常丞;倜为万年尉;倚最贤,年二十八,为左襄。其姻媾皆天下望族。有孙十余人。两窜荒徼,再登台铉,出入里外,徊翔台阁,五十余年,崇盛赫奕。性颇奢荡,甚好佚乐,后庭声色,皆第一绮丽。前后赐良田,甲第,佳人,名马,不可胜数。后年渐衰迈,屡乞骸骨,不许。病,中人候问,相踵于道,名医上药,无不至焉。将殁,上疏曰:"臣本山东诸生,以田圃为娱。偶逢圣运,得列官叙。过蒙殊奖,特秩鸿私,出拥节旄,入升台辅。周旋中外,绵历岁时。有忝天恩,无裨圣化。负乘贻寇,履薄增忧,日惧一日,不知老至。今年逾八十,位极三事,钟漏并歇,筋骸俱耄,弥留沉顿,待时益尽。顾无成效,上答休明,空负深恩,永辞圣代。无任感恋之至。谨奉表陈谢。"诏曰:"卿以俊德,作朕元辅。出拥藩翰,入赞雍熙,升平二纪,实卿所赖。比婴疾疹,日谓痊平。岂斯沉痼,良用悯恻。今令骠骑大将军高力士就第候省。其勉加针石,为予自爱。犹冀无妄,期于有瘳。"是夕,薨。卢生欠伸而悟,见其身方偃于邸舍,吕翁坐其傍,主人蒸黍未熟,触类如故。生蹶然而兴,曰:"岂其梦寐也?"翁谓生曰:"人生之适,亦如是矣。"生怃然良久,谢曰:"夫宠辱之道,穷达之运,得丧之理,死生之情,尽知之矣。此先生所以窒吾欲也。敢不受教?"稽首再拜而去。

第四节　宋代的小说

总论　　宋代小说虽然没有特异的作品,它的传奇不如唐人之深刻,它的章回不如元、明之伟大,但在中国小说史上,实是一个大关键。关键为何？即由笔记小说到章回小说——由短篇小说变为长篇小说，由文言文学到白话文学——由贵族文学变为平民文学——的过渡时代。宋人模仿唐人而作笔记小说者，亦很不少，如徐铉的《稽神录》，吴淑的《江淮异人录》，乐史的《绿珠传》、《杨太真外传》，无名氏的《开河记》、《迷楼记》、《大业拾遗记》、《海山记》、《梅妃传》，秦醇的《赵飞燕别传》、《骊山记》。北宋之末，又有郭彖的《睽车志》五卷，洪迈的《夷坚志》四百廿卷。此外非宋人作品，而为李昉所监修的《太平广记》凡五百卷，系采集汉晋至宋初的一部巨大的小说笔记书。宋人的传奇——笔记小说——因为是模仿人的，所以意境不甚高隽，题材也不动人，较之唐人相差就远了。不过它的白话式的章回小说，影响于后来者颇大。宋人的白话小说，一名诨词小说，又叫平话，这是宋代民间游乐的一种——说话——以此为业者称为"说话人"，很像如今的"说书"。这种说话多半都有底本，即谓之话本。当时所用的话本，可分为三类：

一、银字儿——说烟粉灵怪传奇的。

二、说公案——谈搏拳、提刀、赶棒及发迹变态之事的。

三、说铁骑儿——记士马金鼓之事的。

以上的平话现存于世者，有《大宋宣和遗事》、《新编五代史平话》、《大唐三藏法师取经诗话》、《京本通俗小说》等数种，兹分述之。

《大宋宣和遗事》　　是由文言过渡到白话的东西，文笔很近《三国志演义》，文言白话兼而有之，共分四集，是叙徽宗、钦宗、高宗三代的轶事的。内中关于徽宗幸李师师家的艳闻，梁山泊英雄的聚义，及二帝北狩的惨痛等，写得非常动人。后来一部伟大的《水浒传》，便脱胎于此书。

《新编五代史平话》　　原有十卷，不过现已不全，作者姓名，和《大宋宣和遗事》一样地不知其详，大约是经过好几次修改的"话本"。内容是讲梁、唐、晋、汉、周五代的军事，每代二卷，首尾皆附以诗，今本各缺梁、汉史下卷。此书为中国长篇历史演义小说的初祖，后来的《三国演义》、《隋唐演义》等，都是仿《五代史平话》而作的。

《大唐三藏法师取经诗话》 共分三卷十七章,因每章均有诗有话,故称诗话。内容是记唐三藏往西方取经,途中屡经妖魔鬼怪的故事,是后来《西游记》的蓝本。按此书旧本在日本,为罗振玉借来影印而成。

《京本通俗小说》 这是宋人遗留下的一部残缺可贵的小说,现存仅卷十至卷十六,及卷二十一,每卷有一篇小说,共计八篇。其篇名为《碾玉观音》、《菩萨蛮》、《西山一窟鬼》、《志诚张主管》、《拗相公》、《错斩崔宁》、《冯玉梅团圆》及《金虏海陵王荒淫》。这八篇大抵是南宋人的作品,每篇开始往往先说些闲话,或与本篇类似的故事为引子,然后归入正文。它们的特色处,全是用当时的流行的俗语俗字写的,在《冯玉梅团圆》一篇中,有"话须通俗方传远,语必关风始动人"。这可见宋人一般的作风了。后来的《醒世恒言》、《醉醒石》及《今古奇观》等故事小说,即是继《京本通俗小说》而起的。

以上四种:《五代史平话》是"讲史书"的话本;《京本通俗小说》是"小说"的话本;至于《大唐三藏取经诗话》和《大宋宣和遗事》,与前二者的话本又不同,其体裁"近讲史而非口谈,似小说而无捏合",故有人称之为"拟话本"。

冯玉梅团圆 (仅录前数段)

帘卷水西楼,一曲新腔唱打油。宿雨眠云年少梦,休讴,且尽生前酒一瓯。 明日又登舟,却指今宵是旧游。同是他乡沦落客,休愁,月子弯弯照几州。

这首词末句,乃是借用吴歌成语。吴歌云:

月子弯弯照几州,几家欢乐几家愁。几家夫妇同罗帐,几家飘散在他州。

此歌出自我宋建炎年间,述民间离乱之苦。只为宣和失政,奸佞专权;延至靖康,金虏凌城,掳了徽、钦二帝北去;康王泥马渡江,弃了汴京,偏安一隅,改元建炎。其时东京一路百姓，惧怕鞑虏，都跟随车驾南渡，又被鞑骑追赶，兵火之际，东逃西躲，不知拆散了几多骨肉！往往父子夫妻，终身不复相见。其中又有几个散而复合的，民间把作新闻传说。

正是：剑气分还合，荷珠碎复圆。万般皆是命，半点尽由天。

话说陈州有一人姓徐名信，自小学得一身好武艺。娶妻崔氏，颇有容色，家道丰裕，夫妻二人正好过活。却被金兵入寇，二帝北迁，徐信共崔氏商议，此地安身不牢，收拾细软家财，打做两个包裹，夫妻各背一个，随着众百姓晓夜奔走。行至虞城，只听得背后喊声震天，只道鞑虏追来，却原来是南朝杀败的溃兵。只因武备久弛，军无纪律，教他杀贼，一个个胆寒心骇，不战自走；及至遇着平民，抢虏财帛子女，一般会耀武扬威。徐信虽然有三分本事，那溃兵如山而至，寡不敌众，舍命奔走，但闻四野号哭之声，回头不见了崔氏。乱军中无处寻觅，只得前行。行了数日，叹了口气，没奈何只索罢了。……谁知今日一双两对，恰恰相逢，真个天缘凑巧！彼此各认旧日夫妻，相抱而哭。当下徐信遂与刘俊卿八拜为交，置酒相待。至晚将妻子兑转，各还其旧。从此通家往来不绝。有诗为证：

夫换妻来妻换夫，这场交易好糊涂。相逢总是天公巧，一笑灯前认故我。

此段话题做"交互姻缘"，乃建炎三年建康城中故事。同时又有一事，叫做"双镜重圆"，说来虽没有十分奇巧，论起夫义妇节，有关风化，到还胜似几倍。正是：

话须通俗方传远　语必关风始动人。

话说高宗建炎四年，关西一位官长，姓冯名忠翊，职授福州盐税，此时七闽之地，尚然全盛。忠翊带领家眷赴任，——一来凭山负海，东南都会富庶之邦；二来中原多事，可以避难。——于本年起程，到次年春间打从建州经过。舆他志说建州碧水丹山，为东闽之胜地。今日合着了古语两句：

洛阳三月花如锦，偏我来时不遇春。

自古"兵荒"二字相连，金房渡河，两浙都被残破；闽地不遭兵火也就见个荒年。此乃天数。话中单说建州饥荒，斗米千钱，民不聊生。却为国家正值用兵之际，粮饷要紧，官府只顾催征上供，顾不得民穷财尽。常言巧媳妇煮不得没米粥，百姓既没有钱粮交纳，又被官府鞭笞逼勒，禁受不过，三三两两逃入山间，相聚为盗。蛇无头而不行，就有草头天子出来。此人姓范名汝为，仗义执言，救民水火。群盗从之如流，啸聚至十余万，无非是：

风高放火，月黑杀人。无粮同饿，得肉均分……

绿珠传 （见鲁迅编《唐宋传奇》）　　　乐　史

绿珠者，姓梁，白州博白县人也。州则南昌郡，古越地，秦象郡，汉合浦县地。唐武德初，削平萧铣，于此置南州，寻改为白州，取白江为名。州境有博白山，博白江，盘龙洞，房山，双角山，大荒山。山上有池，池中婢妾鱼。绿珠生双角山下，美而艳。越俗以珠为上宝，生女为珠娘，生男为珠儿。绿珠之字，由此而称。晋石崇为交趾采访使，以真珠三斛致之。崇有别庐在河南金谷涧。涧中有金水，自太白源来。崇即川阜置园馆。绿珠能吹笛，又善舞《明君》（明君，昭君也。避晋文帝讳，改昭为明）。明君者，汉妃也。汉元帝时，匈奴单于入朝，诏王嫱配之，即昭君也。及将去，入辞，光彩射人，天子悔焉，重难改更，汉人怜其远嫁，为作此歌。崇以此曲教之，而自制新歌曰："我本良家子，将适单于庭。辞别未及终，前驱已抗旌。仆御流涕别，辕马悲且鸣。哀郁伤五内，涕泣沾珠缨。行行日已远，遂造匈奴城。延伫于穹庐，加我阏氏名。殊类非所安，虽贵非所荣。父子见凌辱，对之惭且惊。杀身良不易，默默以苟生。苟生亦何聊，积思常愤盈。愿假飞鸿翼，乘之以遐征。飞鸿不我顾，伫立以屏营。昔为匣中玉，今为粪上英。朝华不足欢，甘与秋草并。传语后世人：远嫁难为情。"崇又制《懊恼曲》以赠绿珠。崇之美艳者千余人，择数十人，妆饰一等，使忽视之，不相分别。刻玉为倒龙佩，紫金为凤凰钗，结袖绕楹而舞。欲有所召者，不呼姓名，悉听佩声，视钗色。佩声轻者居前，钗色艳者居后，以为行次而进。赵王伦乱常，贼类孙秀使人求绿珠。崇方登凉观，临清水，妇人侍侧。使者以告，崇出侍婢数百人以示之，皆蕴兰麝而披罗縠。曰："任所择。"使者曰："君侯服御，丽矣。然受命指索绿珠。不知孰是？"崇勃然曰："吾所爱，不可得也。"秀因是谮伦族之。收兵忽至，崇谓绿珠曰："我今为尔获罪。"绿珠泣曰："愿效死于君前。"崇因止之，于是坠楼而死。崇弃东市。时人名其楼曰绿珠楼。楼在步庚里，近狄泉。狄泉在正城之东。绿珠有弟子宋祎，有国色，善吹笛。后入晋明帝宫中。今白州有一派水，自双角山出，合容州江，呼为绿珠江。亦犹归州有昭君滩、昭君村、昭君场；吴有西施谷、脂粉塘，盖取美人出处为名。又有绿珠井，在双角山下。耆老传云："汲此井饮者，诞女必多美丽。闾里有识者，以美色无益于时，因以巨石镇之。尔后虽有产女端妍者，而七窍四肢多不完具。"异哉！山水之使然。昭君村生女皆炙破其面，故白居易诗曰："不取往者戒，恐贻来者冤。至今村女面，烧灼成瘢痕。"又以不完具而惜焉。牛僧孺《周秦行记》云："夜宿薄太后庙，见戚夫人、王嫱、太真妃、潘淑妃，各赋诗言志。别有善笛女子，短鬟窄衫具带，貌甚美，与潘氏偕来。太后以接坐居之，令吹笛，往往亦及酒。太后顾而谓曰：'识此否？石家绿珠也。潘妃养作妹。'太后曰：'绿珠岂能无诗乎？'绿珠拜谢，作曰：'此日人非昔日人，笛声空怨赵王伦。红残钿碎花楼下，金谷十年更不春。'太后曰：'牛秀才远来，今日谁人与伴？'绿珠曰：'石卫尉性严忌。今有死，不可及乱。'"然事虽诡怪，聊以解颐。噫，石崇之败，虽自绿珠始，亦其来有渐矣。崇常刺荆州，劫夺远使，沉杀客商，以致巨富。又遗王恺鸩鸟，共为鸩毒之事。有此阴谋，加以每邀客宴集，令美人行酒，客饮不尽者，使黄门斩美人。王丞相与大将军尝共访崇，丞相素不能饮，辄自勉强，至于沉醉。至大将军，故不饮以观其变，已斩三人。君子曰："祸福无门，惟人所召。"崇心不义，举动杀人，乌得无报也。非绿珠无以速石崇之诛，非石崇无以显绿珠之名。绿珠之坠楼，侍儿之有真节者也。比之于古，则有曰六出。六出者，王进贤侍儿也。进贤，晋愍太子妃。洛阳乱，石勒掠进贤渡孟津，欲妻之。进贤骂曰："我皇太子妇，司徒公女。胡羌小子，敢干我乎！"言毕投河。六出曰："大既有之，小亦宜然。"复投河中。又有窈娘者，武周时乔知之宠婢也。盛有姿色，特善歌舞。知之教读书，善属文，深所爱幸。时武承嗣骄贵，内宴酒酣，迫知之将金玉赌窈娘。知之不胜，便使人就家强载以归。知之怨悔，作《绿珠篇》以叙其怨。词曰："石家金谷重新声，明珠十斛买娉婷。此日可怜无复比，此时可爱得人情。君家闺阁未曾难，尝持歌舞使人看。富贵雄豪非分理。骄矜势力横相干。辞君去君终不忍，徒劳掩面伤红粉。百年离别在高楼，一旦红颜为君尽。"知之私属承嗣家阉奴传诗于窈娘。窈娘得诗悲泣，投井而死。承嗣令汲出，于衣中得诗，鞭杀阉奴。讽吏罗织知之，以至杀焉。悲夫，二子以爱姬示人，掇丧身之祸。所谓倒持太阿，授人以柄。《易》曰："慢藏诲盗，冶容诲淫。"其此之谓乎？其后诗人题歌舞妓者，皆以绿珠为名。庾肩吾曰："兰堂上客至，绮席清弦抚。自作《明君》辞，还教绿珠舞。"李元操云："绛树摇歌扇，金谷舞筵开。罗袖拂归客，留欢醉玉杯。"江总云："绿珠含泪舞，孙秀强相邀。"绿珠之没已数百年矣，诗人尚咏之不已，其故何哉？盖一婢子，不知书，而能感主恩，愤不顾身，其志烈懍懍，诚足使后人仰慕歌咏也。至有享厚禄，盗高位，亡仁义之行，怀反覆之情，暮四朝三，惟利是务，节操反不若一妇人，岂不愧哉。今为此传，非徒述美丽，窒祸源，且欲惩戒事恩背义之类也。季伦死后十日，赵王伦败。左卫将军赵泉斩孙秀于中书，军士赵骏剖秀心食之。伦囚金墉城，赐金屑酒。伦惭，以巾覆面曰："孙秀误我也。"饮金屑而卒。皆夷家族。南阳生曰：此乃假天之报怨。不然，何枭夷之立见乎！

第五节　元代的小说

总论　　白话的长篇小说,到了元代已大有可观,其故因为蒙古人入主中原,好求娱乐,所以杂剧与小说特别发达。再加以元人要知道中国的社会风俗,更不能不借助于小说了。元代小说最有名的,要推《水浒传》和《三国志演义》。此二书和明代的《西游记》、《金瓶梅》合称小说界四大奇书。

《水浒传》　　我们都知道它是根据于《宣和遗事》而作的,此外宋元数百年间,于梁山泊英雄故事的传说,亦采取了不少。

它的作者　　这部小说的作者传说不一,约有以下数说:

一、施耐庵作。胡应麟的《庄岳委谈》说:"元人施某所编《水浒传》特为盛行。世率以其凿空无据,要不尽然也。余偶阅一小说序,称:'施某尝入市肆,细阅故书于敝楮中,得宋张叔夜擒贼招语一通,备悉其一百八人所由起,因润饰成此编。'"

二、罗贯中作。此说出于郎瑛的《七修类稿》,王圻的《续文献通考》也说:"《水浒传》,罗贯中著。贯字本中,杭州人,编撰小说数十种,而《水浒传》叙宋江事,奸盗脱骗,机械甚详。然变诈百端,坏人心术,说者谓子孙三代皆哑,天道好还之报如此。"

三、两人合作。李卓吾本的《水浒传》,题为施耐庵集撰罗贯中纂修。

四、施作罗续。金圣叹谓前七十回为施作,其后为罗续,并谓续作大不如前七十回。

总之,施、罗二人之传均不详,作者究是何人,姑不必深求,因为这与《水浒传》本身的价值,并无多大关系。无论说是钱塘施耐庵作的,或杭州罗贯中作的,或是二人合作的,均无确凭。据郑振铎的《文学大纲》说:"我们或可以说这书在元时原有一种草创的本子,或为施耐庵作,或为其他人作,其后曾经罗贯中,或其他人的润饰,至于现在流传的通行本,则又曾经明人的大大润饰了。"不过现在一般的说法,均称是施耐庵作。

它的版本　　作者既传说不一，它的版本当然亦不一致。其版本之不同，举其要者，有下列四种：

一、一百十五回本《忠义水浒传》，前署"东原罗贯中编辑"。明崇祯末曾与《三国演义》合刻为《英雄谱》，单行本未见。

二、一百回本《忠义水浒传》，前署"钱塘施耐庵的本，罗贯中编次"。此外另有一百回本，有李贽序及批点，或谓此本出于明郭勋家，而改题为施耐庵集撰，罗贯中纂修。

三、一百二十回本《忠义水浒全书》，亦题"施耐庵集撰，罗贯中纂修"，与李贽序百回本同。

四、七十回本《水浒传》，题"东都施耐庵撰"。为金圣叹所传，自称是古本，七十回以下为罗贯中所续，斥之为"恶札"。

总之，以上四种版本，可别之为二派：甲派，是代表明人的政治见解的，为百回以上本《水浒传》，冠以忠义二字，称宋江等为忠义的英雄，曾经招安为国平定四寇——辽国、田虎、王庆、方腊。乙派，是代表清人的政治见解的，为七十回本，即金圣叹所称之古本，骂宋江等为流寇，结果他们不是被杀，即是服毒自尽，招安平寇之事，完全不提。前者是把《水浒传》的后半部扩大了——明代各种《水浒》本，后者是把《水浒传》的后半部截去了——清代《水浒》本。至其所以不同之故，可说完全是环境关系，百回本称之为忠义者，因南宋至元是中国被异族侵略最厉害的时代，在这样的环境中，所需要的是反抗的英雄，故明人冠《水浒传》以忠义二字。七十回本骂宋江为贼寇者，因环境变迁，明朝所以亡国，大原因在流寇的横行，故金圣叹觉得强盗是应口诛笔伐，不能再加以提倡的，所以在七十回本的《水浒传》，于宋江受天书后，即以卢俊义梦全伙被缚于张叔夜而终。——俞万春的《结水浒传》，一名《荡寇志》亦与圣叹本同——这是两派的异点，为研究《水浒传》者，所不可不知的。

它的批评　　《水浒传》是中国长篇白话小说最早成功的一部，较之"唐人传奇"，"宋人话本"，进步多了。你看它写那一百单八位英雄，个个都如生龙活虎，有声有色。如鲁智深大闹五台山，林教头风雪山神庙，汴梁城杨志卖刀，景阳冈武松打虎，都是写得入神的文章。且将每个英雄的环境、出身，都写得没有重复，性格同样刚强的人，他们的神采行动，亦写得各如其人，绝不相同。世传施耐庵作《水浒》时，曾将书中人物各画其像，张诸壁上，每日眺望凝神揣摩，故写得跃跃如生，无怪金圣叹击节赏叹说："天下之文章无出《水浒》右者！"把他合《庄》、《骚》、《马史》、《杜诗》称为天下第五才子书了。

总之，《水浒传》在文学上的价值，约有以下三端：

一、描写个性，极其深刻，生动，活泼，一百八人的性格，没有一些重复，是中国长篇小说第一部成功的杰作。

二、这是一部纯然的时代的反映作品，把一百八人的上梁山，都写出不得不如此来，所谓"官逼民反"，刻画得情景如画。

三、这是方言文学，平民文学，而非传统的古典文学。此书一出，民众文学才走上了最高峰。

鲁智深大闹五台山　（节录《水浒传》第三回）

鲁智深在五台山寺中，不觉搅了四五个月。时遇初冬天气，智深久静思动，当日晴明得好。智深穿了皂布直裰，系了鸦青绦，换了僧鞋，大踏步走出山门来。信步行到半山亭子上，坐在鹅颈懒凳上，寻思道："干鸟么？俺往常好酒好肉，每日不离口，如今叫洒家做了和尚，饿得干瘪了。赵员外这几日又不使人送些东西来与洒家吃，口中淡出鸟来。这早晚怎地得些酒来吃也好。"正想酒哩！只见远远地一个汉子，挑着一副担桶，唱上山来，上面盖着桶盖。那汉子手里拿着一个镟子，唱着上来，唱道："九里山前作战场，牧童拾得旧刀枪。顺风吹动乌江水，好似虞姬别霸王。"

鲁智深观见那汉子挑担桶上来，坐在亭子上，看这汉子，也来亭子上，歇下担桶。智深道："兀那汉子，你那桶里，甚么东西？"那汉子道："好酒！"智深道："多少钱一桶？"那汉子道："和尚，你真个也是作耍？"智深道："洒家和你耍甚么？"那汉子道："我这酒挑上去，只卖与寺内火工道人、直厅、轿夫、老郎们做生活的吃。本寺长老已有法旨：但卖与和尚们吃了，我们都被长老责罚，追了本钱，赶出屋去。我们见关着本寺的本钱，见住着本寺的屋宇，如何敢卖与你吃？"智深道："真个不卖？"那汉子道："杀了我也不卖！"智深道："洒家也不杀你，只要问你买酒吃。"那汉子见不是头，挑了担桶便走。智深赶下亭子来，双手拿着扁担，只一脚，交裆踢着，那汉子双手掩着，做一堆蹲在地下，半日起不得。智深把那两桶酒都提在亭子上，地下拾起镟子，开了桶盖，只顾舀冷酒吃。无移时，两大桶酒吃了一桶。智深道："汉子，明日来寺里讨钱。"那汉子方才疼止。又怕寺里长老得知，坏了衣饭，忍气吞声，那里敢讨钱。把酒分做两半桶挑了，拿了镟子，飞也似下山去了。

只说鲁智深在亭子上坐了半日，酒却上来；下得亭子，松树根边又坐了半歇，酒越涌上来。智深把皂直裰褪膊下来，把两只袖子缠在腰里，露出脊背上花绣来，扇着两个膀子上山来。但见：

头重脚轻，眼红面赤，前合后仰，东倒西歪。踉踉跄跄上山来，似当风之鹤；摆摆摇摇回寺去，如出水之蛇。指定天宫，叫骂天蓬元帅；踏开地府，要拿催命判官。裸形赤体醉魔君，放火杀人花和尚。

鲁达看看来到山门下，两个门子远远地望见，拿着竹篦来到山门下，拦住鲁智深，便喝道："你是佛家弟子，如何噇得烂醉了上山来？你须不瞎，也见库局里贴的晓示：但凡和尚破戒吃酒，决打四十竹篦，赶出寺去。如门子纵容醉的僧人入寺，也吃十下。你快下山去，饶你几下竹篦。"鲁智深一者初做和尚，二来旧性未改，睁起双眼骂道："直娘贼，你两个要打洒家，俺便和你厮打。"门子见势头不好，一个飞也似入来报监寺，一个虚拖竹篦拦他。智深用手隔过，搌开五指，去那门子脸上只一掌，打得踉踉跄跄；却待挣扎，智深再复一拳，打倒在山门下，只是叫苦。智深道："洒家饶你这厮。"踉踉跄跄，搌入寺里来。监寺听得门子报说，叫起老郎、火工、直厅、轿夫，三二十人，各执白木棍棒，从西廊下抢出来，却好迎着智深。智深望见，大吼了一声，却似嘴里起个霹雳，大踏步抢入来。众人初时不知他是军官出身；次后见他行得凶了，慌忙都退入藏殿里去，便把亮槅关上。智深抢入阶来，一拳一脚，打开亮槅，三二十人都赶得没路，夺条棒，从藏殿里打将出来。

　　监寺慌忙报知长老，长老听得，急引了三五个侍者直来廊下，喝道："智深不得无理！"智深虽然酒醉，却认得是长老，撇了棒，向前来打个问讯，指着廊下对长老道："智深吃了两碗酒，又不曾撩拨他们，他众人又引人来打洒家。"长老道："你看我面，快去睡了，明日却说。"鲁智深道："俺不看长老面，洒家直打死你那几个秃驴！"长老叫侍者扶智深到禅床上，扑地便倒了，齁齁地睡了。众多职事僧人围定长老告诉道："向日徒弟们曾谏长老来，今日如何？本寺那里容得这个野猫，乱了清规！"长老道："虽是如今眼下有些啰唣，后来却成得正果，无奈何，且看赵员外檀越之面，容恕他这一番，我自明日叫去埋怨他便了。"众僧冷笑道："好个没分晓的长老！"各自散去歇息。

　　次日早斋罢，长老使侍者到僧堂里坐禅处唤智深时，尚兀自未起。待他起来，穿了直裰，赤着脚，一道烟走出僧堂来，侍者吃了一惊。赶出外来寻时，却走在佛殿后撒屎，侍者忍笑不住。等他净了手，说道："长老请你说话。"智深跟着侍者到方丈，长老道："智深虽是个武夫出身，今来赵员外檀越剃度了你，我与你摩顶受记，教你'一不可杀生，二不可偷盗，三不可邪淫，四不可贪酒，五不可妄语。'此五戒乃僧家常理。出家人第一不可贪酒，你如何夜来吃得大醉？打了门子，伤坏了藏殿上朱红槅子，又把火工道人都打走了，口出喊声，如何这般所为？"智深跪下道："今番不敢了。"长老道："既然出家，如何先破了酒戒，又乱了清规？我不看你施主赵员外面，定赶你出寺！再后休犯！"智深起来合掌道："不敢，不敢。"长老留在方丈里，安排早饭与他吃；又用好言语劝他；取一领细布直裰，一双僧鞋，与了智深，教回僧堂去了。昔有一名贤，走笔作一篇

口号,单说那酒。端的做得好!道是:

从来过恶皆归酒,我有一言为世剖。

地水火风合成人,面曲米水和醇酎。

酒在瓶中寂不波,人未酣时若无口。

谁说孩提即醉翁,未闻食糯颠如狗。

如何三杯放手倾,遂令四大不自有!

几人涓滴不能尝,几人一饮三百斗。

亦有醒眼是狂徒,亦有酕醄神不谬。

酒中贤圣得人传,人负邦家因酒覆。

解嘲破惑有常言:"酒不醉人人醉酒"。

但凡饮酒,不可尽欢,常言:"酒能成事,酒能败事。"便是小胆的吃了,也胡乱做了大胆,何况性高的人?

再说这鲁智深自从吃酒醉闹这一场,一连三四个月,不敢出寺门去。忽一日,天气暴暖,是二月间天气,离了僧房,信步踱出山门外立地,看着五台山,喝采一回。猛听得山下叮叮当当的响声,顺风吹上山来。智深再回僧堂里取了些银两,揣在怀里,一步步走下山来,出得那五台福地的牌楼来。看时,原来却是一个市井,约有五七百人家。智深看那市镇上时,也有卖肉的,也有卖菜的,也有酒店、面店。智深寻思道:"干呆么!俺早知有这去处,不夺那桶酒吃。也且下来买些吃。这几日熬得清水流,且过去看,有甚东西买些吃?"听得那响处,却是打铁的在那里打铁,间壁一家门上,写着"父子客店"。智深走到铁匠铺门前看时,见三个人打铁。智深便道:"兀那待诏,有好钢铁么?"那打铁的看见鲁智深腮边新剃,暴长短须,戗戗地好惨濑人,先有五分怕他。那待诏住了手道:"师父请坐,要打什么生活?"智深道:"洒家要打条禅杖,一口戒刀,不知有上等好铁么?"待诏道:"小人这里正有些好铁,不知师父要打多少重的禅杖戒刀?但凭分付。"智深道:"洒家只要打一条一百斤重的。"待诏笑道:"重了。师父,小人打怕不打了,只恐师父如何使得动?便是关王刀,也只有八十一斤。"智深焦躁道:"俺便不及关王，但也只是个人。"那待诏道："小人据常说，只可打条四五十斤的，也十分重了。"智深道："便依你说，此关王刀，也打八十一斤的。"待诏道："师父，肥了不好看，又不中使。依着小人，好生打一条六十二斤的水磨禅杖与师父，使不动时，休怪小人。戒刀已说了，不用分付，小人自用十分好铁打造在此。"智深道："两件家生，要几两银子？"待诏道："不讨价，实要五两银子。"智深道："俺便依你五两银子；你若打得好时，再有赏你。"那待诏接了银两道："小人便打在此。"智深道："俺有些碎银子在这里，和你买碗酒吃。"待诏道："师父稳便，小人赶趁些生活，不及相陪。"

智深离了铁匠人家，行不到三二十步，见一个酒望子，挑出在房檐上。智深掀起帘子，入到里面坐下，敲了桌子叫道："将酒来。"卖酒的主人说道："师父少罪，小人住的房屋，也是寺里的，本钱也是寺里的。长老已有法旨：但是小人们卖酒与寺里僧人吃了，便要追了小人们本钱，又赶出屋，因此，只得休怪。"智深道："胡乱卖些与洒家吃，俺须不说是你家便了。"店主人道："胡乱不得，师父别处去吃，休怪休怪。"智深只得起身，便道："洒家别处吃得，却来和你说话。"出得店门，行了几步又望见一家酒旗儿，直挑出在门前。智深一直走进去，坐下叫道："主人家快把酒来卖与俺吃。"店主人道："师父，你好不晓事，长老已有法旨，你须也知，却来坏我们衣饭。"智深不肯动身，三回五次，那里肯卖。智深情知不肯，起身又走。连走了三五家，都不肯卖。智深寻思一计，若不生个道理，如何能勾酒吃？远远地杏花深处，市梢尽头，一家挑出个草帚儿来。智深走到那里看时，却是个傍村小酒店。但见：

傍村酒肆已多年，斜插桑麻古道边。

白板凳铺宾客坐，须篱笆用棘荆编。

破瓮榨成黄米酒，柴门挑出布青帘。

更有一般堪笑处，牛屎泥墙画酒仙。

智深走入店里来，靠窗坐下，便叫道："主人家，过往僧人买碗酒吃。"庄家看了一看道："和尚，你那里来?"智深道："俺是行脚僧人，游方到此经过，要买碗酒吃。"庄家道："和尚，若是五台山寺里的师父，我却不敢卖与你吃。"智深道："洒家不是，你快将酒卖来。"庄家看见鲁智深这般模样，声音各别，便道："你要打多少酒?"智深道："休问多少，大碗只顾筛来。"约莫也吃了十来碗，智深问道："有甚肉，把一盘来吃。"庄家道："早来有些牛肉，都卖没了。"智深猛闻得一阵肉香，走出空地上看时，只见墙边沙锅里煮着一只狗在那里。智深道："你家见有狗肉，如何不卖与俺吃?"庄家道："我怕你是出家人，不吃狗肉，因此不来问你。"智深道："洒家的银子有在这里。"便将银子递与庄家道："你且卖半只与俺。"那庄家连忙取半只熟狗肉，捣些蒜泥，将来放在智深面前。智深大喜，用手扯那狗肉，蘸着蒜泥吃，一连又吃了十来碗酒。吃得口滑，只顾要吃，那里肯住! 庄家倒都呆了，叫道："和尚，只恁地罢!"智深睁起眼道："洒家又不白吃你的，管俺怎地?"庄家道："再要多少?"智深道："再打一桶来。"庄家只得又舀一桶来。智深无移时，又吃了这桶酒，剩下一脚狗腿，把来揣在怀里。临出门又道："多的银子，明日又来吃。"吓得庄家目瞪口呆，罔知所措。看见他早望五台山上去了。

　　智深走到半山亭子上，坐了一回，酒却涌上来，跳起身，口里道："俺好些时不曾拽拳使脚，觉道身体都困倦了，洒家且使几路看。"下得亭子，把两只袖子搂在手里，上下左右，使了一回。使得力发，只一膀子，扇在亭子柱上，只听得刮剌剌一声响亮，把亭子柱打折了，坍了亭子半边。门子听得半山里响，高处看时，只见鲁智深一步一撷，抢上山来。两个门子叫道："苦也! 这畜生今番又醉得不小，可便把山门关上，把栓拴了。"只在门缝里张时，见智深抢到山门下，见关了门，把拳头擂鼓也似敲门，两个门子那里敢开。智深敲了一回，扭过身来，看了左边的金刚，喝一声道："你这个鸟大汉，不替俺敲门，却拿着拳头吓洒家，俺须不怕你。"跳上台基，把栅剌子只一拔,却似撅葱般拔开了;拿起一根折木头,去那金刚腿上便打,簌簌地泥和颜色都脱下来。门子张见道:"苦也!只得报知长老。"智深等了一会,调转身来,看着右边金刚,喝一声道:"你这厮张开大口,也来笑洒家。"便跳过右边台基上,把那金刚脚上打了两下,只听得一声震天价响,那尊金刚从台基上倒撞下来,智深提着折木头大笑。两个门子去报长老,长老道:"休要惹他,你们自去。"只见这首座、监寺、都寺,并一应职事僧人,都到方丈里禀说:"这野猫今日醉得不好,把半山亭子、山门下金刚,都打坏了,如何是好?"长老道:"自古天子尚且避醉汉,何况老僧乎?若是打坏了金刚,请他的施主赵员外自来塑新的;倒了亭子,也要他修盖,这个且由他。"众僧道:"金刚乃是山门之主,如何把来换过?"长老道:"休说坏了金刚,便是打坏了殿上三世佛,也没奈何,只可回避他。你们见前日的行凶么?"众僧出得方丈,都道:"好个囫囵粥的长老!门子你且休开,只在里面听。"智深在外面大叫道:"直娘的秃驴们,不放洒家入寺时,山门外讨把火来,烧了这个鸟寺。"众僧听得叫,只得叫门子拽了大栓,由那畜生入来;若不开时,真个做出来。门子只得捻脚捻手,把栓拽了,飞也似闪入房里躲了,众僧也各自回避。

只说那鲁智深双手把山门尽力一推,扑地攧将入来,吃了一跌。扒将起来,把头摸一摸,直奔僧堂来。到得选佛场中,禅和子正打坐间,看见智深揭起帘子,钻将入来,都吃一惊,尽低了头。智深到得禅床边,喉咙里咯咯地响,看着地下便吐。众僧都闻不得那臭,个个道:"善哉!"齐掩了口鼻。智深吐了一回,扒上禅床,解下绦,把直裰带子都必必剥剥扯断了,脱下那脚狗腿来。智深道:"好好,正肚饥哩!"扯来便吃。众僧看见,便把袖子遮了脸,上下肩两个禅和子远远地躲开。智深见他躲开,便扯一块狗肉,看着上首的道:"你也到口。"上首的那和尚,把两只袖子死掩了脸。智深道:"你不吃。"把肉望下首的禅和子嘴边塞将去,那和尚躲不迭,却待下禅床,智深把他劈耳朵揪住，将肉便塞。对床四五个禅和子跳过来劝时，智深撇了狗肉，提起拳头，去那光脑袋上必必剥剥只顾凿。满堂僧众大喊起来，都去柜中取了衣钵要走。此乱唤做"卷堂大散"。首座那里禁约得住？智深一味地打将出来，大半禅客都躲出廊下来。监寺，都寺，不与长老说知，叫起一班职事僧人，点起老郎、火工道人、直厅轿夫，约有一二百人，都执杖叉棍棒，尽使手巾盘头，一齐打入僧堂来。智深见了，大吼一声，别无器械，抢入僧堂里，佛面前推翻供桌，撅两条桌脚，从堂里打将出来。但见：

心头火起，口角雷鸣。奋八九尺猛兽身躯，吐三千丈凌云志气。按不住杀人怪胆，圆睁起卷海双睛。直截横冲，似中箭投崖虎豹；前奔后涌，如着枪跳涧豺狼。直饶揭帝也难当，便是金刚须拱手。

当时鲁智深抢两条桌脚，打将出来，众多僧行见他来得凶了，都拖了棒，退到廊下。智深两条桌脚着地卷将来，众僧早两下合拢来。智深大怒，指东打西，指南打北，只饶了两头的。当时智深直打到法堂下，只见长老喝道："智深不得无礼，众僧也休动手。"两边众人，被打伤了数十个，见长老来，各自退去。智深见众人退散，撅了桌脚，叫道："长老，与洒家做主。"此时酒已七八分醒了。长老道："智深，你连累杀老僧。前番醉了一次，搅扰了一场，我教你兄赵员外得知，他写书来，与众僧赔话。今番你又如此大醉无礼，乱了清规，打坏了亭子，又打坏了金刚，这个且由他。你搅得众僧卷堂而走，这个罪业非小，我这里五台山文殊菩萨道场，千百年清净香火去处，如何容得你这个秽污？你且随我来方丈里过几日，我安排你一个去处。"

《三国志演义》 这是元、明间最有名的历史小说，作者为罗贯中（1330？至1400？）。贯中名本，字贯中，杭州人，一说卢陵人，或又说武林人，未知孰是。生于元末明初，所著小说以《三国志演义》为最著。他下手作时，固多依据于陈寿的《三国志》，但亦多采取民间的传说。按三国的故事，本为宋朝说话人常讲的故事之一，在当时因之有"说三分"之称。苏轼《志林》上亦说："塗巷中小儿薄劣，其家所厌苦，辄与钱令聚坐听说古话，至说三国事，闻刘玄德败，频蹙眉有出啼者，闻曹操败，即喜唱快。"在金元杂剧中，也有不少的三国故事，如《赤壁鏖战》、《诸葛亮秋风五丈原》、《单刀会》、《西蜀梦》、《隔江斗智》及《连环计》等，均是。罗氏根据了以上的材料，乃作成这部大规模的军事政治小说。本书全一百二十回，今所传者已非罗氏原稿，乃经清人毛宗岗——字序始，茂宛人——师金圣叹改《水浒传》及《西厢记》的成法，将旧本大加改窜，自称乃得古本，亦称"圣叹外书"，遂直传至今，罗氏的原书已不可复睹了。按最近三百年来，在一般社会流行的小说，其影响之大，当以此书为第一，虽妇人孺子，亦都知道许多的三国故事。其在通俗教育上，实有不少的裨益。说者谓《西厢》诲淫，《水浒》诲盗，为名教的罪人，而《三国志演义》既不多讲儿女之情，又是奉蜀汉为正统，正合上了一般道学先生和士大夫的心理，所以禁止他们的子弟读《西厢》和《水浒》，并不禁止读《三国志演义》。因之，此书遂成了一般家庭中很普遍的读物，据传从前明宫中曾采它为读本，和四书五经一样，这可见它的魔力广大了。

《三国志演义》在社会上的潜势力，虽是广大，但因作者要处处顾虑到历史上的事实，所以不敢放胆写去，结果远不如《水浒传》之伟大。至个性的描写，其艺术亦不大高明，譬如写奸雄的曹操，反一变而为天真抗爽的人了；写谦和的刘备，反一变而为伪君子了；写忠贞的诸葛亮，反一变而为策士之流了。这是本书中不能讳言的缺点。其中描写最好的，当以刘备三顾茅庐，曹操与孙、刘赤壁之战，及关羽败走麦城等段，为最生动活泼，令人可爱。

除以上二书外，尚有《隋唐志传》及《三遂平妖传》，相传均为罗贯中作。《隋唐志传》的原本，已不可见，现仅有康熙间褚人获的改订本《隋唐演义》流传于民间。《三遂平妖传》原本二十回，今所传为四十回本，有人说这是冯梦龙补写的。这二书的文笔，均在《三国》和《水浒》之下，故不若前二书受社会的欢迎。

三顾草庐 （节录《三国志演义》第三十七回及三十八回）

次日，玄德同关、张并从人等来隆中，遥望山畔数人，荷锄耕于田间，而作歌曰："苍天如圆盖，陆地如棋局。世人黑白分，往来争荣辱。荣者自安安，辱者定碌碌。南阳有隐居，高眠卧不足。"玄德闻歌，勒马唤农夫问曰："此歌何人所作？"答曰："乃卧龙先生所作也。"玄德曰："卧龙先生住何处？"农夫曰："自此山之南，一带高岗，乃卧龙岗也。岗前疏林内茅庐中，即诸葛先生高卧之地。"玄德谢之，策马前行。不数里，遥望卧龙岗，果然清景异常。

玄德来到庄前，下马亲叩柴门，一童出问；玄德曰："汉左将军宜城亭侯领豫州牧皇叔刘备特来拜见先生。"童子曰："我记不得许多名字。"玄德曰："你只说刘备来访。"童子曰："先生今早出去。"玄德曰："何处去了？"童子曰："踪迹不定，不知何处去了。"玄德曰："几时归？"童子曰："归期亦不定，或三五日，或十数日。"玄德惆怅不已。张飞曰："既不见，自归去罢了。"玄德曰："且待片时。"云长曰："不如且归，再使人来探听。"玄德从其言，嘱咐童子："如先生回，可言刘备拜访。"遂上马，行数里，勒马回观隆中景物，果然山不高而秀雅，水不深而澄清，地不广而平坦，林不大而茂盛，猿鹤相亲，松篁交翠，观之不已。忽见一人容貌轩昂，丰姿俊爽，头戴逍遥巾，身穿皂布袍，杖藜从山僻小路而来。玄德曰："此必卧龙先生也。"急下马向前施礼，问曰："先生是卧龙否？"其人曰："将军是谁？"玄德曰："刘备也。"其人曰："吾非孔明，乃孔明之友，博陵崔州平也。"玄德曰："久闻大名，幸得相遇，乞即席地权坐，请教一言。"二人对坐于林间石上，关、张侍立于侧，州平曰："将军何故欲见孔明？"玄德曰："方今天下大乱，四方云扰，欲见孔明，求安邦定国之策耳。"州平笑曰："公以定乱为主，虽是仁心，但自古以来，治乱无常，自高祖斩蛇起义，诛无道秦，是由乱而入治也；

至哀平之世，二百年太平日久，王莽篡逆，又由治而入乱；光武中兴，重整基业，复由乱而入治；至今二百年，民安已久，故干戈又复四起。此正由治入乱之时，未可猝定也。将军欲使孔明斡旋天地，补缀乾坤，恐不易为，徒费心力耳。岂不闻'顺天者逸，逆天者劳？''数之所在，理不得而夺之；命之所在，人不得而强之乎'？"玄德曰："先生所言，诚为高见，但备身为汉胄，合当匡扶汉室，何敢委之数与命？"州平曰："山野之夫，不足与论天下事，适承明问，故妄言之。"玄德曰："蒙先生见教，但不知孔明往何处去了？"州平曰："我亦欲访之，正不知其何往。"玄德曰："请先生同至敝县如何？"州平曰："愚性颇乐闲散，无意功名久矣。容他日再见。"言讫，长揖而去。玄德与关、张上马而行。张飞曰："孔明又访不着，却遇此腐儒，闲谈许久！"玄德曰："此亦隐者之言也。"

三人同至新野，过了数日，玄德使人探听孔明。回报曰："卧龙先生已回矣。"玄德便教备马。张飞曰："量一村夫，何必哥哥自去？可使人唤来便了。"玄德叱曰："汝岂不闻孟子云：'欲见贤而不以其道，犹欲其入而闭之门也。'孔明当世大贤，岂可召乎？"遂上马再往访孔明。关、张亦乘马相随。

时值隆冬，天气严寒，彤云密布，行不数里，忽然朔风凛凛，瑞雪霏霏，山如玉簇，林似银妆。张飞曰："天寒地冻，尚不用兵，岂宜远见无益之人乎？不如回新野以避风雪。"玄德曰："吾正欲使孔明知我殷勤之意。如弟辈怕冷，可先回去。"飞曰："死且不怕，岂怕冷乎？但恐哥哥空劳神思。"玄德曰："勿多言，只相随同去。"将近茅庐，忽闻路旁酒店中有人作歌，玄德立马听之。其歌曰："壮士功名尚未成，呜呼久不遇阳春。君不见东海老叟辞荆榛，后车遂与文王亲？八百诸侯不期会，白鱼入舟涉孟津，牧野一战血流杵，鹰扬伟烈冠武臣？又不见高阳酒徒起草中，长揖芒砀隆准公？高谈王霸惊人耳，辍洗延坐钦英风？东下齐城七十二，天下无人能继踪？两人非际圣天子，至今谁复识英雄？"歌罢，又有一人击桌而歌，其歌曰：

"吾皇提剑清寰海，创业垂基四百载。桓灵季业火德衰，奸臣贼子调鼎鼐。青蛇飞下御座旁，又见妖虹降玉堂。群盗四方如蚁聚，奸雄百辈皆鹰扬。吾侪长啸空拍手，闷来村店饮村酒。独善其身尽日安，何须千古名不朽？"二人歌罢，抚掌大笑。玄德曰："卧龙其在此乎！"遂下马入店，见二人凭桌对饮，上首者白面长须，下首者清奇古貌。玄德揖而问曰："二公谁是卧龙先生？"长须者曰："公何人？欲寻卧龙何干？"玄德曰："某乃刘备也。欲访先生，求济世安民之术。"长须者曰："我等非卧龙，皆卧龙之友也。吾乃颖川石广元。此位是汝南孟公威。"玄德喜曰："备久闻二公大名，幸得邂逅。今有随行马匹在此，敢请二公同往卧龙庄上一谈。"广元曰："吾等皆山野慵懒之徒，不省治国安民之事，不劳下问。明公请自上马，寻访卧龙。"

玄德乃辞二人，上马投卧龙岗来；到庄前下马，扣门问童子曰："先生今日在庄否？"童子曰："现在堂上读书。"玄德大喜，遂跟童子而入。至中门，只见门上大书一联，云："淡泊以明志，宁静而致远。"玄德正看间，忽闻吟咏之声，乃立于门侧窥之，见草堂之上，一少年拥炉抱膝，歌曰："凤翱翔于千仞兮，非梧不栖；士伏处于一方兮，非主不依，乐躬耕于陇亩兮，吾爱吾庐；聊寄傲于琴书兮，以待天时。"玄德待其歌罢，上草堂施礼曰："备久慕先生，无缘拜会。昨因徐元直称荐，敬至仙庄，不遇空回。今特冒风雪而来，得瞻道貌，实为万幸！"那少年慌忙答礼曰："将军莫非刘豫州欲见家兄否？"玄德惊讶曰："先生又非卧龙耶？"少年曰："某乃卧龙之弟诸葛均也。愚兄弟三人。长兄诸葛瑾，现在江东孙仲谋处为幕宾。孔明乃二家兄。"玄德曰："卧龙今在家否？"均曰："昨为崔州平相约出外闲游去矣。"玄德曰："何处闲游？"均曰："或驾小舟游于江河之中，或访僧道于山岭之上，或寻朋友于村落之间，或乐琴棋于洞府之内，往来莫测，不知去所。"玄德曰："刘备直如此缘分浅薄，两番不遇大贤！"均曰："少坐献茶。"张飞曰："那先生既不在，请哥哥上马。"玄德曰："我既到此间，如何无一语而回？"因问诸葛均曰："闻令兄卧龙先生熟谙韬略，日看兵书，可以闻乎？"均曰："不知。"张飞曰："问他则甚？风雪甚紧，不如早归。"玄德叱止之。均曰："家兄不在，不敢久留车骑。容日却来回礼。"玄德曰："岂敢望先生枉驾？数日之内备当再至。愿借纸笔作一书，留达令兄，以表刘备殷勤之意。"均遂进文房四宝。玄德呵开冻墨，拂展云笺，写书曰："备久慕高明，两次晋谒，不遇空回，惆怅何似！窃念备，汉朝苗裔，滥叨名爵，伏睹朝廷陵替，纲纪崩摧，群雄乱国，恶党欺君，备心胆俱裂；虽有匡济之诚，实乏经纶之策。仰望先生仁慈忠义，慨然展吕望之大才，施子房之鸿略，天下幸甚！社稷幸甚！先此布达，再容斋戒熏沐，特拜尊颜！面倾鄙悃。统希鉴原！"玄德写罢，递与诸葛均收了，拜辞出门。均送出，玄德再三殷勤致意而别。方上马欲行，忽见童子招手篱外叫曰："老先生来也。"玄德视之，见小桥之西，一人暖帽遮头，狐裘蔽体，骑着一驴，后随一青衣小童，携一葫芦酒，踏雪而来；转过小桥，口吟诗一首。诗曰："一夜北风寒，万里彤云厚。长空雪乱飘，改尽江山旧。仰面观太虚，疑是玉龙斗。纷纷鳞甲飞，顷刻遍宇宙。骑驴过小桥，独叹梅花瘦。"玄德闻歌曰："此真卧龙矣！"滚鞍下马向前施礼曰："先生冒寒不易，刘备等候久矣。"那人慌忙下驴答礼。诸葛均在后曰："此非卧龙家兄，乃家兄岳父黄承彦也。"玄德曰："适间所吟之句，极其高妙。"承彦曰："老夫在小婿家观《梁父吟》，记得这一篇；适过小桥，偶见篱落间梅花，故感而诵之。不期为尊客所闻。"玄德曰："曾见令婿否？"承彦曰："便是老夫也来看他。"玄德闻言辞别承彦上马而归。正值风雪又大，回望卧龙岗，悒怏不已。

玄德回新野之后，光阴荏苒，又早新春。乃令卜者揲蓍，选择吉期，斋戒三日，薰沐更衣，再往卧龙岗谒孔明。关、张闻之不悦，遂一齐入谏玄德。关公曰："兄长两次亲往拜谒，其礼太过矣，想诸葛亮有虚名而无实学，故避而不敢见。兄何惑于斯人之甚也！？"玄德曰："不然，昔齐桓公欲见东郭野人，五反而方得一面；况吾欲见大贤耶？"张飞曰："哥哥差矣。量此村夫，何足为大贤？今番不须哥哥去；他如不来，我只用一条麻绳缚将来！"玄德叱曰："汝岂不闻周文王谒姜子牙之事乎？文王且如此敬贤，汝何太无礼！今番汝休去，我自与云长去。"飞曰："既两位哥哥都去，小弟如何落后？"玄德曰："汝若同往，不可失礼。"飞应诺。

于是三人乘马引从者往隆中。离草庐半里之外，玄德便下马步行，正遇诸葛均。玄德忙施礼问曰："令兄在庄否？"均曰："昨暮方归。将军今日可与相见。"言罢，飘然自去。玄德曰："今番侥幸得见先生矣！"张飞曰："此人无礼，便引我等到庄也不妨，何故竟自去了！"玄德曰："彼各有事，岂可相强？"三人来到庄前叩门，童子开门出问。玄德曰："有劳仙童转报，刘备再来拜见先生。"童子曰："今日先生虽在家，但今在草堂上昼寝未醒。"玄德曰："既如此，且休通报。"分付关、张二人，只在门首等着。玄德缓步而入，见先生仰卧于草堂几席之上。玄德拱立阶下。

半晌，先生未醒。关、张在外立久，不见动静；入见玄德，犹然待立。张飞大怒，谓云长曰："这先生如何傲慢！见我哥哥侍立阶下，他竟高卧推睡不起；等我去屋后放一把火，看他起不起！"云长再三劝住。玄德仍命二人出门外等候。望堂上时，见先生翻身将起，忽又朝里壁睡。童子欲报。玄德曰："且勿惊动。"又立了一个时辰，孔明才醒，口吟诗曰："大梦谁先觉？平生我自知。草堂春睡足，窗外日迟迟。"孔明吟罢，翻身问童子曰："有俗客来否"？童子曰："刘皇叔在此，立候多时。"孔明乃起身曰："何不早报？尚容更衣。"遂转入后堂。又半晌，方整衣冠出迎。玄德见孔明身长八尺，面如冠玉，头戴纶巾，身披鹤氅，飘飘然有神仙之概。玄德下拜曰："汉室末胄，涿郡愚夫，久闻先生大名，如雷贯耳。昨两次晋谒，不得一见，已书贱名于文几，来审得入览否？"孔明曰："南阳野人，疏懒性成，屡蒙将军枉临，不胜愧赧！"二人叙礼毕，分宾主而坐。

第六节　明代的小说

明朝的代表文学为传奇与小说，而小说尤为明朝文学的精华。我们若把《水浒》、《三国》亦算为明朝的作品——施耐庵与罗贯中均为元末明初人——那么，号称小说界四大奇书的《水浒》、《三国》、《西游》与《金瓶梅》都是明朝的作物，明朝实是中国小说史中最光荣的时期。有无数的，至今尚传诵于民间的通俗小说，和许多不朽的名著，都是产生于这个时期，这是我们研究明代文学所不可不知道的。《水浒》与《三国》已论述于前，今再将《西游记》与《金瓶梅》略为论述如下：

《西游记》及其他　　《西游记》为中国神魔小说中最有名的一种。按神魔鬼怪的故事，自南北朝以来，民间已有不少的传说与记载，不过没有什么伟大结构的神魔小说出现。到了明代，有吴承恩（1510？　至1580？）者，字汝忠，号射阳山人，嘉靖中官长兴县丞，性敏多慧，博读群书，尤善谐虚，为有明一代淮郡诗人之冠。他一面根据了当时一般关于西游故事的传说，一面运用了他奇特的天才，始作出这一部伟大的神魔小说《西游记》。此书共一百回，初传为元长春真人邱处机作，其实长春真人的《西游记》，乃弟子李志常所记，叙处机西行的经历，完全与现在流行的《西游记》无关。

在吴本《西游记》之前，有杨志和编的一种四十一回的《西游记传》，杨编仅有二薄本，吴编却把它放大了十倍以上。由此可知吴本的描写技术是如何的惊人了。吴本除采取杨氏的《西游记传》外，尚旁采吴元泰编的《东游记》——一名《上洞八仙传》，余象斗编的《南游记》——一名《华光传》，及《北游记》——一名《真武传》，合杨编《西游记》，亦称"四游记"。至元人《西游记》杂剧和宋代《三藏取经诗话》亦都为他取材的园地。他运用他的幻想力，给唐玄奘布置了八十一大难而卒取回经来，成了正果。他又运用了他灵活的妙笔，写得一难有一难的不同，决不令读者有重复之感，所写的人物也各有他们个性的不同，如三藏、悟空、八戒、沙僧都各有各的口吻、举动，甚至连每个魔怪也都各有各的性格。若把这八十一难分开来说，便成了八十一篇很好的童话集了。

自此书问世后，因受一般人的欢迎，流行得很普遍，曾有不少的人，为之作解释，如山阴陈大斌的《西游真诠》、西河张书绅的《西游正旨》与悟元道人刘一明的《西游原旨》，或说此书是劝学的，或说是谈禅的，讲道的，他们这样不惮烦地为之解释发挥，真是有点多事。他们哪里知道作者是凭着天纵之才，运着生花之笔，自由的抒写他的幻想呢？什么劝学，什么谈禅，又什么讲道，恐怕作者在动笔时，压根儿就没有想过罢。吴本《西游记》后，亦有续书，即《续西游记》与《后西游记》。至董说的《西游补》，则为隐骂满清而作，与其他不同。

此外，神魔故事尚有《封神传》及《三宝太监下西洋记》等，此二书虽不如《西游记》，但亦神魔小说中不可多得者。《封神传》全一百回，作者许仲琳南京应天府人，号钟山逸叟。他原欲同《西游记》、《水浒传》鼎立而三，因偶读《尚书》武、成篇"唯尔有神，尚克相予"一语，遂衍成此传。内写武王伐纣事，虽是演述历史，而侈谈神怪，设想之新奇，亦不在《西游》以下。《三宝太监下西洋记》亦有一百回，是二南里人罗懋登于万历丁酉年——公元一五九七年——编成的。中叙明永乐时派太监郑和下西洋的事，内多荒诞之言，鬼怪之说，所以亦不能算为历史小说，和《封神传》一样。以上二书描写的艺术手腕，不如《西游记》高明，多有呆板不自然处。至明代的历史小说，有《开辟演义》、《西周演义》、《东周列国志》、《残唐五代演义》等，这些作品多是模仿《三国志演义》的，其文笔当然要在《三国》之下了。

观音慈善缚红孩　（节录《西游记》第四十二回）

大圣见了，暗中赞叹。果是大慈大悲的菩萨！菩萨叫："悟空伸手过来。"行者即将左手伸出。菩萨折杨柳枝，蘸甘露，把他手心里写一个迷字，教他："捏着拳头，快去与那妖精索战。只许败，不许胜。引将来到我跟前，我自有法力收他。"行者领命，径来洞口叫门，小妖又进去通报。妖王道："关了门莫睬他。"

行者道："好儿子，把老子赶在门外，还不开门。"小妖又报："孙行者骂出那话儿来了。"妖王只教："莫睬他。"行者大怒，举铁棒将门打破。妖王见打破他门，急纵身跳将出来，挺长枪对行者骂道："这猴子老大不识好。倒打破我大门，该个什么罪名？"行者道："吾儿，你赶老子出门，该应什么罪名？"那妖王大怒，绰长枪，劈胸便刺。这行者举棒相还。斗经四五个回合，行者拖著棒，败将下来。那妖立住道："我要刷洗唐僧去哩！"行者道："好儿子，天看著你哩！你来。"那妖精闻言，愈加嗔怒，喝一声，赶到面前，挺枪又刺。这行者再战几回合，败阵又走。那妖精不知是计，举枪又赶。行者拖了棒，放了拳头。那妖王著了迷乱，只管追赶。不一时，望见那菩萨了，行者道："妖精！我怕你了。你如今赶到南海观音菩萨处，还不回去。"

那妖精不信，只管赶来。行者将身一晃，藏在那菩萨神光影里。这妖精近前，睁眼对菩萨道："你是孙行者请来救兵么？"菩萨不答应。妖王捻起长枪，又喝问一声，菩萨又不答应。妖精望菩萨劈心刺一枪来。菩萨化道金光，径走上九霄空中。行者与木吒俱停空，并肩同看，只见那妖呵呵笑道："泼猴子，错认了我也。几番里战我不过，又去请什么脓包菩萨来，却被我一枪，搠得无影无迹，又把个宝莲台儿丢下。且等我上去坐坐。"好妖精，他也学菩萨，盘手盘脚，坐在当中。菩萨将杨柳枝指定，叫一声退，只见莲台花彩俱无，祥光尽散，原来那妖王坐在刀尖之上。即命木吒使降妖杵，把刀柄儿打去打来。那木吒下落云头，将降魔杵筑了有千百余下。

那妖精刀穿两腿，血流成江，他咬着牙，忍着疼，丢下长枪。用手将刀乱拔。菩萨见了，又把杨柳枝垂下，念声咒语，那刀都变做倒须钩儿，狼牙一般，莫能拔得。那妖精却在慌了，拔着刀尖痛甚，苦告道："菩萨，我弟子有眼无珠，不识广大法力。千乞垂慈，饶我性命。再不敢为恶。愿入法门戒行也。"菩萨闻言，却与行者低下金光，到妖精面前问道："你可受我戒行么？"妖王点头滴泪道："若饶性命，愿受戒行。"菩萨道："既此如，我与你摩顶受戒。"就袖中取出一把金剃头刀儿，近前去，把那怪头顶剃了。与他留下三个顶，搭挽起三个窝角揪儿。行者在旁笑道："这妖精大晦气，弄得不男不女，不知像个什么东西。"菩萨道："你今既受我戒。我却也不慢你，称你个善财童子如何？"那妖点头受持，只望饶命。菩萨却用手一指，叫声退，只听得哗的一声；天罡刀都脱落尘埃。那童子身躯不损。菩萨叫惠岸即将刀送还天宫。

那童子野性未定，见那脚痛处不疼，臀破处不破，头挽了三个揪儿。道："你那里有些真法力降我？原来是个掩样的术法儿。"走去绰起长枪，望菩萨劈脸就刺。恨得个行者，抢棒要打，菩萨道："只莫打，我自有惩治。"却就向袖中取出一个金箍道："这宝贝，原是我如来佛赐我的。金紧禁三个箍儿。紧箍儿先与你戴了，禁箍儿收与守山大神。这个金箍儿，未曾舍得与人。今观此怪无礼，与他罢。"菩萨即将箍儿迎风一晃，叫声变，变作五个箍儿，望着童子身上抛下去，喝声着，一个套在他头顶上，两个套在他左右手上，两个套在他左右脚上。菩萨捻着诀，默默的念了几遍，那妖精疼得搓耳揉腮，攒蹄打滚。

《金瓶梅》及其他　　《金瓶梅》与《西游记》是明代的小说的双璧，但是它们所描写的，乃占在两个极端上。一个是写神魔鬼怪的，一个是写人情世事的，一个是幻想，一个是写实。内容虽不同，而艺术手腕却都很高明，同为当时名贵之作。《金瓶梅》有一百回，相传为王世贞，或其门人所作，用以骂严世蕃者。据说世蕃的父亲严嵩，曾把世贞的父亲王忬害死了。世贞为报父仇，知道世蕃好读淫书，又知道他看书时，好用指头蘸书页翻书，因此用毒药浸书页中，用以毒死他。又有人说，毒死的不是世蕃，乃是唐顺之。当时王忬有一古画，严嵩欲索之，忬不肯，乃送一摹本与之，唐顺之告以非真，王忬于是被害，此书是为报唐顺之之仇而作的。所以清初张竹坡评刻此书，有"苦孝说"列于卷首。其实这种传说不见得的确，我们亦不必去深追求了。

此书内容，是取《水浒传》西门庆与潘金莲的艳史为线索，以敷演成书，所写不外西门庆一门男女间的淫荡行为，因而有"天下第一淫书"之称，故列为禁书之一。其写家庭琐事，妇女性格及人情世态，无不刻画逼真。凡所形容或淋漓畅快，或纡回曲折，皆能随在显出其成功处，尤其在妇人方面的描写，中国小说如《水浒传》诸作，其缺点就是不善描写妇女。此书取出《水浒传》中不重要的一个女脚色潘金莲，作成本书的女主人翁，把她一举、一动、一言、一语，无不尽情的描写，传出她独有的个性来。此外如吴月娘、李瓶儿、孟玉楼及春梅、秋菊等，亦都有她们不同的个性，活跃地现在纸上，可惜内多狎亵的描写，不能为一般公开的读物。

至《金瓶梅》之命名，一看即知道是以潘金莲、李瓶儿和春梅三个女主要脚色的名字合成的，除《金瓶梅》外，据传作者尚有续编，名为《玉娇李》，但已失传，无从考知其内容。今所传之《续金瓶梅》为山东诸城丁耀亢字西生，号野鹤的所作，内叙《金瓶梅》中的诸脚色，都曾投胎入世，各了前世的因果报应，其中亦有淫秽处，故后来亦列为禁书了。

明代艳情小说，亦有不涉狎亵事，而专写才子佳人之悲欢离合者，如《好逑传》——一名《侠义风月传》，《玉娇梨》——一名《双美奇缘》，及《平山冷燕》等书，所讲的不外先各历苦难后，二人团圆，这一套陈陈相因的把戏，说亦奇怪，这些小说在中国一般社会里，虽不甚知名，但这三种书，都有法译本，《好逑传》且更有德译本；其在西洋之得名，犹在《水浒》、《西游》上，这不是一件想不到的事么？

金瓶梅 （节录古本《金瓶梅》第五回 上海卿云图书公司出版）

一日，西门庆重到王婆茶坊，央着王婆，一心要会那雌儿。

便道："干娘，你端的与我说这件事成，我便送十两银子与你。"

王婆道："大官人，你听我说，但凡挨光的两个字最难，怎的是挨光？比如今俗呼偷情就是了，要五件事俱全，方才行的。第一要潘安的貌，第二要驴样的物，第三要邓通一般有钱，第四要青春年少，就是绵里针一般，软款忍耐，第五要闲工夫，此五件唤做潘驴邓小闲，都全了，此事便获得着。"西门庆道："实不瞒你说，这五件事我都有，第一件，我的貌虽比不得潘安，也充得过；第二件，我小时在三街两巷游串，也曾会得运气；第三，我家里也有几贯钱财，虽不及邓通，也颇得过日子；第四，我最忍耐，他便打我四百顿，休想我回他一拳；第五，我最有闲工夫，不然，如何来得恁勤？干娘，你自作完成备了时，我自重重谢你。"王婆道："大官人，你说五件事都全，却还有一件打搅，也多是成不得。"西门庆道："且说什么一件事打搅？"王婆道："大官人休怪老身直言，但凡挨光最难，十分使钱到九分九厘，也有难成处，我知你从来悭吝，不肯胡乱便使钱，只这件打搅。"西门庆道："这个容易，我只听你言语便了。"王婆道："若大官人肯使钱时，老身有一条妙计，可教大官人和这雌儿会一面。"西门庆道："端的有甚妙计？"王婆笑道："今日晚了，且回去，过半年三个月来商量。"西门庆央及道："干娘，你休撒科，自作成我这个，恩有重报。"王婆哈哈笑道："大官人，却又慌了，老身这条计，虽然入不得武成王庙，端的强似孙武子教女兵，十捉八九着。今日实对你说了罢，这个雌儿来历，虽然微末出身，却倒百伶百俐，会一手好弹唱，针黹女工，百家歌曲，双陆象棋，无所不知。她小名叫金莲，娘家姓潘，原是南门外潘裁的女儿，卖在张大户家学弹唱。后因大户年老，打发出来，不要武大一文钱，白白与他为妻。这雌儿等闲不出来，老身无事常过去，与她闲坐，她有事亦来请我理会，她也叫我做干娘。武大这两日出门早，大官人如干此事，便买一匹蓝绸，一匹白绸，一匹白绢，再用十两好绵，都把来与老身。老身却走过去，问她借历日，央及她拣个好日期，叫个裁缝来做。她若见我这般说，拣了日期，不肯与我来做时，此事便休了，她若欢天喜地，说我替你做，不要我叫裁缝，这光便有一分了。我便请得她来做，就替我缝，这光便二分了。她若来做时，午间我却安排些酒食点心，请她吃，她若说不便当，定要将去家中做，此事便休了；她不言语，吃了时，这光便有三分了。这一日你也莫来，直至第三日，晌午前后，你整整齐齐打扮了来，以咳嗽为号，你在门前叫道，'怎的连日不见王干娘？'我买盏茶吃，我便出来，请你进房里坐吃茶，她若见你，便起身走了归去，难道我扯住她不成，此事便休了；她若见你入来，不动身时，这光便有四分了。坐下时，我便对雌儿说道，'这个便是与我衣服的施主官人，亏杀他。'我便夸大官人许多好处，你便卖弄她针黹，若是她不来兜揽应答时，此事便休了；她若口中答应，与你说话时，这光便有五分了。我便道却难为这位娘子，与我作成出手做，亏杀你两施主，一个出钱，一个出力，不是老身路歧相央，难得这位娘子在这里，官人做个主人，替娘子浇浇手；你便取银子出来，央我买，若是她便走时，难道我扯住她，此事便休了；她若不动身时，事务易成，这光便有六分了。我却拿银子，临出门时，对她说，有劳娘子，相待官人坐一坐，她若起身，走了家去，我终不能阻挡她，此事便休了；若是她不起身，又好了，这光便有七分了。待我买得东西，放在桌子上，便说娘子且收拾过生活去，且吃一杯儿酒，难得这官人坏钞；她不肯和你同桌吃，去了，此事便休了；若是只口里说要去，却不动身，此事又好了，这光便有八分了。待她吃得酒浓时，正说得入港，我便推道没了酒，再教你买，你便拿银子，又央我买酒去，并果子来配酒；我把门拽上，关你两个人在屋里，她若焦躁，跑了归去时此事便休了；她由我拽上门，不焦躁时，这光便有九分，只欠一分了。只是这一分倒难，大官人你在房里，便使几句甜话儿说入去，却不可暴躁，便去动手动脚，打搅了事，那时我不管你；你先把袖子向桌子上，拂落一只箸下去，只推拾箸，将手去她脚上捏一捏，她若吵闹起来，我自来搭救，此事便休了，再也难成，若是她不做声时，此事十分光了。这十分光做完，你怎的谢我？"西门庆听了大喜道："虽然上不得凌烟阁，干娘你这条计,端的绝品好妙计。"王婆道:"却不要忘了许我那十两银子?"西门庆道:"便得一片橘皮吃,切莫忘了洞庭湖,这条计,干娘几时可行?"王婆道:"只今晚来有回报,我如今趁武大未归,过去问她借历日,细细与她说了,你快使人送将绸绢绵子来,休要迟了。"西门庆道:"干娘,这是我的事,如何敢失信?"于是别了王婆,离了茶肆,就去街上买了绸绢三匹,并十两清水好绵子来,叫了玳安儿用毡包包好了,一直送入王婆家来,王婆欢喜收下,打发小厮回去。第三日早饭后,王婆只见武大出去了,便走过后门首,叫道:"娘子,老身大胆。"那妇人从楼上应道:"奴却待来也。"两个厮见了,来到王婆房里坐下,取过生活来缝,那婆子点茶来吃,自不必说,妇人看看缝到晌午前后。却说西门庆巴不到此日,打选衣帽,齐齐整整,身边带着三五两银子,手拿着洒金川扇儿,摇摇摆摆,径往县前街,来到王婆门首,便咳嗽道:"王干娘,连日如何不见?"那婆子便应道:"兀的谁叫老娘?"西门庆道:"是我。"那婆子赶出来,看了笑道:"我只道是谁,原来是大官人,你来的正好,且请进屋里去看一看。"把西门庆袖子只一拖,拖进房里来,对那妇人道:"这个便是与老身衣料的施主官人。"西门庆睁眼看那妇人,云鬟叠翠,粉面生春,上穿白布衫儿,桃红裙子,蓝比甲,正在房里做衣服,见西门庆过来,便把头低了。这西门庆即连忙向前,屈身唱喏。那妇人随即放下生活,还了万福。王婆便道:"难得官人与老身几匹绸绢,放在家里一年有余,不曾做得,亏杀邻家这位娘子,出手与老身做成全了,真个是布机也似的,针线缝的又好,真个难得呢,大官人你过来且看一看。"西门庆拿起衣服来看了,一面喝采,口里道:"这位娘子传得这等好针齤,神仙一般的手段。"那妇人低头笑道:"官人休笑话。"西门庆故问王婆道:"干娘,不敢动问,这位娘子,是谁家宅上的娘子?"王婆道:"你猜?"西门庆道:"小人如何猜得着。"王婆哈哈笑道:"大官人你请坐,我对你说了罢。"那西门庆与那妇人对面坐下,那婆子道:"好叫大官人得知罢,你那屋檐下走,打得正好?"西门庆道:"就是那日在门首叉竿打了我的。倒不知是谁宅上娘子?"妇人分外把头低了一低笑道:"那日奴失误冲撞,官人休怪!"西门庆连忙应道:"小人不敢。"王婆道:"就是这位,却是间壁武大娘子。"西门庆道:"原来如此,小人失瞻了。"王婆因望妇人说:"娘子你认得这位官人么?"妇人道:"不认得。"婆子道:"这位官人便是本县里一个财主,知县相公也和他来往,叫做西门庆大官人,家有万万贯钱财,在县门前开生药铺,家中钱过北斗,米烂成仓,黄的是金,白的是银,圆的是珠,放光的是宝,也有犀牛头上角,大象口中牙,他家大娘子,也是我说的媒,是吴千户家小姐,生得百伶百俐。"因问大官人:"怎的不过贫家吃茶?"西门庆道:"便是家中连日小女有人家定了,不得闲来。"婆子道:"大姐有谁家定了? 怎的不请老身去说媒?"西门庆道:"被东京八十万禁军杨提督亲家陈宅定了,他儿子陈敬济,才十七岁,还上学堂,不是也请干娘说媒,他那边有了文嫂儿,来讨帖儿,俺这里,又使常在家中走卖点翠花的薛嫂儿同做保山,说此亲事,干娘若肯去,到明日下小茶,我使人来请你。"婆子哈哈笑道:"老身哄大官人耍子,俺这媒人们,都是狗娘养下来的,他们说亲时,又没我,做成的熟饭儿,怎肯搭老身一分? 常言道,当行厌当行,到明日娶过了门时,老身胡乱三朝五日,拿上些人情去走走,讨得一张半张桌面,到是正经,怎的好和人斗气。"两个一递一句,说了一回,婆子只顾夸奖西门庆,口里假嘈。那妇人便低了头缝针线。王婆便去点了两盏茶,递与西门庆,一盏与妇人,说道:"娘子,相待官人吃些茶。"旋又看着西门庆把手在脸上摸一摸,西门庆已知有五分光了。自古风流茶说合,酒是色媒人,王婆便道:"大官人不来,老身也不敢去宅上相请,一者缘法相撞遇,二者来得正好,常言道,一客不烦二主,大官人便是出钱的,这位娘子你是出力的,亏杀你两位施主,不是老身路歧相烦,难得这位娘子,在这里,官人好与老身做个主人,拿出些银子,买些酒食来,与娘子浇浇手,如何?"西门庆道:"小人也见不到这里，有银子在此。"便向茄袋里取出来，约有一两一块，递与王婆，叫备办酒食。那妇人便道："不消生受。"口里说着，恰不动身。王婆接了银子，临出门，便道："有劳娘子，相陪大官人坐一坐，我去就来。"那妇人道："干娘免了罢。"却亦不动身。王婆便出门去了，丢下西门庆和那妇人在屋里。这西门庆一双眼不转睛，只看着那妇人，那婆娘也把眼来偷睃西门庆，又低头做生活。不多时，王婆买了现成肥鹅烧鸭熟肉鲜鲊细巧果子归来，尽把盘碟盛了，摆在房里桌子上，看那妇人道："娘子，且收拾过生活，吃一杯儿酒。"那妇人道："你自陪大官人吃，奴却那不当。"婆子道："正是专与娘子浇手，如何却说这话？"一面将盘馔，都摆在面前，三人坐下，把酒来斟。西门庆拿起盏来道："干娘相待娘子满饮几杯。"妇人谢道："奴家量浅，吃不得。"王婆道："老身知得娘子洪量，且请开怀吃两盏儿。"那妇人一面接酒在手，向二人各道了万福。西门庆拿起箸来，说道："干娘替我劝娘子吃些菜儿。"那婆子拣好的，递将过来，与妇人吃。一连斟了三巡酒，那婆子便去盪酒来。西门庆道："小人不敢动问，娘子青春多少？"妇人低头应道："二十五岁。"西门庆道："娘子到与家下贱内同庚，也是庚辰，属龙的，她是八月十五日子时。"妇人又回应道："将天比地，折杀奴家。"王婆便插口道："好个精细娘子，百伶百俐，又不枉了做得一手好针线，诸子百家，双陆象棋拆牌道子皆通，一笔好写。"西门庆道："却是那里去讨？"王婆道："不是老身说是非，大官人宅上有许多，那里讨得一个似娘子的。"西门庆道："便是这等，一言难尽，只是小人命薄，不曾招得一个好的在家里。"王婆道："大官人先头娘子也好。"西门庆道："休说，我先妻若在时，却不恁的，家无主，屋倒竖，如今身边枉自三五七口人吃饭，都不管事。"婆子嘈道："连我也忘了，没有大娘子得几年了？"西门庆道："说不得，小人先妻陈氏，虽是微末出身，却百伶百俐，百事都替得我，如今不幸，她没了，已过三年来，今继娶这个贱内，又常有疾病，不管事，家里的勾当，都七颠八倒，为此小人只是走了出来，在家里时，便要怄气。"婆子道："大官人休怪我直言，你先头娘子，并如今娘子，也没有这大娘子，这手针线，这一表人物。"西门庆道："便是房下们，也没这大娘子一般儿风流。"那婆子笑道："官人你养的外宅，东街上住的，如何不请老身去吃茶？"西门庆道："便是唱慢曲儿的张惜春，我见他是岐路人，不欢喜。"婆子又道："官人，听说勾栏中的李娇儿，与你有意的？"西门庆道："这个人，现今已娶在家里，若得她会当家时，自册正了她。"王婆道："与卓二姐却相交得好？"西门庆道："卓丢儿不要说起，我也娶在家里，做了第三房，近来得了个细疾，却又没了。"婆子道："耶乐耶乐！若有似大娘子这般中官人意的来宅上，说不妨事么？"西门庆道："我的爹娘，俱已没了，我自主张，谁敢说个不字。"王婆道："我自说要，急切便那里有这般中意的？"西门庆道："做什么便没？只恨我夫妻缘分上薄，自撞不着哩。"西门庆和婆子，一递一句说了一回。王婆道："正好吃酒，却又没了，官人休怪老身差拨，再买一瓶儿酒来吃，如何？"西门庆便向茄袋内，还有三四两散银子，都与王婆，说道："干娘，你拿了去，要吃的只顾取来，多的干娘便就收了。"那婆子谢了起身，见他两个言来语去，妇人只低了头不起身。王婆拿了银子出门，便向妇人满面堆下笑来，说道，"老身去那街上，取瓶儿酒来，有劳娘子，相待官人坐一坐，壶里有酒没有？便再筛两盏儿，且和大官人吃着，老身直去县东街，那里有好酒，买一瓶来，有好一歇儿耽阁。"妇人听了，说："干娘休要去，奴酒多不用了。"婆子便道："啊呀！娘子！大官人又不是别人，没事相陪吃一盏儿，怕怎的。"妇人口里说不用了，坐着却不动身。婆子一面把门拽上，用索儿拴了，倒关他人在屋里，当路坐了。这妇人见王婆去了，倒把椅儿扯开一边坐着，却只偷眼睃看。西门庆坐在对面，一径把那双涎瞪瞪的眼睛看着，便又问道："却才倒忘了，请问娘子尊姓？"妇人低着头带笑的回道："姓武。"西门庆故做不听得，说道："姓诸？"那妇人却把头又别转着笑着低声说道："你耳朵又不肯。"西门庆笑道："呸，忘了，正是姓武，只是俺清河县姓武的却少，只有县前一个卖炊饼的三寸丁姓武，叫做武大郎，敢是娘子一族么？"妇人听得此言，便把脸通红了，一面低着头微笑道："便是奴的丈夫。"西门庆听了，半日不做声，呆了脸，假意失声道屈，妇人一面笑着，又却瞅他一眼，低声说道："你又没冤枉事，怎的叫屈？"西门庆道："我替娘子叫屈哩。"却说西门庆口里娘子长娘子短，只顾白嘈，这妇人一面低着头弄裙子儿，又一回咬着衫袖口儿，格格驳驳的响，顺便却溜他一眼儿。只见这西门庆推害热，脱了上面绿纱褶子道："敢烦娘子。替我搭在干娘护炕上。"这妇人只顾咬着袖儿，别转着不接他的，低声笑道："自手又不折，怎的支使别人？"西门庆笑着道："娘子不与小人安放，小人偏要自己安放。"一面伸手隔桌子，搭到床炕上去，却故意把桌上一拂，拂落一只箸来，却也是姻缘凑着，那只箸儿刚落在金莲裙下。西门庆一面斟酒，劝那妇人，妇人笑着不理他，他却又待拿箸子起来，让他吃菜儿，寻来寻去不见了一只。这金莲一面低着头，把脚尖儿点着，笑道："这不是你的箸儿？"西门庆听说，走过金莲这边来道："原来在此。"蹲下身去，且不拾箸，便去她绣花鞋头上一捏。那妇人笑将起来说道："怎这的啰？我要叫起来哩。"一会儿二人便说上道儿，如胶如漆，这且不提。只见王婆忽推开房门入来，西门庆和那妇人吃了一惊，那婆子便向妇人道："好呀好呀！我请你来做衣裳，没叫你干别的事，你们两个在一块，你家武大郎知道，须连累我，不若我先去对武大说去。"回身便走。那妇人慌了，扯住她裙子，红着脸低了头，只说得一声："干娘且慢。"王婆便道："你们都要依我一件事，从今日为始，瞒着武大每日休要失了大官人的意，早叫你早来，晚叫你晚来，我便罢休，若是一日不来，我就对你武大说。"那妇人羞得要不的。再说也说不出来，王婆催逼道："却是怎的？快些回覆我。"妇人藏转着头低声道："来便是了。"王婆又道："西门大官人，你自不用老身说得，这十分好事，已都完了，所许之物，不可失信，你若负心,我也要对武大说。"西门庆道:"干娘放心,并不失信。"婆子道:"你们二人,出语无凭,要各人留下件表记拿着,才见真情。"西门庆便向头上拔下一根金头簪来插在妇人云髻上。妇人除下来袖了,恐怕到家,武大看见生疑。妇人便不肯拿甚的出来,却被王婆扯着袖子一掏,掏出一条杭州白绉纱汗巾,掠与西门庆收了。那三人又吃了几杯酒,已是下午时分,那妇人起身道:"奴回家去罢。"便丢了王婆与西门庆,蓦过后门归来,先去下了帘子,武大恰好进门。话休饶舌,那妇人自当日为始,每日蓦过王婆家来和西门庆做一处,恩情似漆,心意如胶。自古道好事不出门,恶事传千里,不到半月之间,街坊邻舍,都晓的了。只瞒着武大一个不知。

三言两拍及其他　　《西游记》与《金瓶梅》是明代长篇白话小说的双璧,在这个时期短篇小说集,继宋人平话之后者,亦出现了不少,如被尊称当时的"通俗短篇小说五大宝库"之三言两拍,即其代表作品。

三言为:《喻世明言》、《警世通言》及《醒世恒言》,原本每书四十篇,今已不全。三书的编者为冯梦龙。梦龙字犹龙,长洲人,亦作吴县人,或常熟人。崇祯朝的贡生,后来曾作寿宁知县,他是当时最能赏识通俗文学的作家,除编三言外,尚著有《七乐斋稿》、《智囊补》,又增补《平妖传》刻《墨憨斋传奇定本十种》。三言的材料,多取之旧籍,有成篇选入的,有重述晋唐小说的,有选录宋人的词话的,间亦有叙写当时见闻的。大抵重述者不易动人。新写者则多生气。

两拍为《初刻拍案惊奇》与《二刻拍案惊奇》,原本各四十篇,今亦不全。两拍均为即空观主人编,即空观主人为凌濛初的别号,濛初字稚成,一字初成,乌程人,除两拍外还有《言诗异》、《国门集》等著述,又有《世说新语》及《世说新语补》两书的校订。凌氏编刻两拍的动机,因见三言文辞俚近,有益人心,故仿之而作两拍。

三言两拍出世后十余年,有抱瓮老人者,嫌其冗繁,不便观览，——三言两拍合之有二百篇——于是从其中选刻四十篇，名为《今古奇观》。今三言两拍俱不甚流行，独《今古奇观》为一般人所知，近且有法、德、英等国的译本，《今古奇观》可谓已驰名于世界文坛了，后来有清人仿之而作《今古奇闻》及《续今古奇闻》等集，然较之《今古奇观》就逊一等了。

转运汉巧遇洞庭红　（节录《今古奇观》）

话说国朝成化年间，苏州阊门外有一人，姓文，名实，字若虚；生来心思灵巧，做着便能，学着便会，琴棋书画，吹弹歌舞，件件精通。幼年间，曾有人相他有巨万之富。他亦自恃才能，不十分去营求生产。坐吃山空，将祖上遗下千金家事，看看消下来。以后晓得家业有限，看见别人经商图利的，时常获利几倍，便也思量做些生意；却又百做百不着。

一日，见人说北京扇子好卖，他便合了一个伙计，置办扇子起来。上等金面精巧的；先将礼物求了名人诗画；免不得是沈石田、文衡山、祝枝山，拓了几笔，便值数两银子。中等的自有一样高人，一只手学写了这几家字画，也就哄得人过，将假当真的卖了。他自家也原自做得来的。下等的无金无字画，将就卖了几十钱，也有对合利钱，是看得见的。拣个日子装了箱儿，到了北京。岂知北京那年自交夏来，日日淋雨不晴，并无一毫暑气，发市甚迟。交秋早凉，虽不见及时，幸喜天色却晴，有妆晃子弟，要买把苏做的扇子，袖中笼著摇摆。来时开箱一看，只叫得苦。原来北京霉渗却在七八月，更加日前雨湿之气，斗着扇上胶墨之性，弄做了个"合而言之"揭不开了。用力揭开，东粘一层，西缺一片；但是有字有画，值价钱的，一毫无用。止剩下等没字白扇，是不坏的，却又不值几何，将就卖来做盘费回家；本钱一空。

频年做事，大概如此。不但自己折本，但是搭他做伴，连伙计也弄坏了。故此人起他一个混名：叫做"倒运汉"。不数年，把个家干圆洁净了，连妻子也娶不得。终日间靠着些东涂西抹，东挨西撞，也济不得甚事。但只是嘴头子诌得来，会说会笑，朋友皆喜欢他有趣，游耍去处，少他不得。也只好趁日，不能够做家。况且他自大模大样过来的，帮闲行里自是不十分得人有他做队的，要荐他坐馆教学，又有诚实人家嫌他是个杂班令。高不凑，低不就，打从帮闲的处馆的两项人，见了他也就做鬼脸，把倒运两字笑他。不在话下。

一日有几个走海贩货的邻近，做头的无非是张大、李二、赵甲、钱乙……一班人，共四十余人，合了伙将行。他晓得了，自家思忖道："一身落魄，生计皆无，便附了他们航海，看看海外风光，也不枉人生一世。况且他们定是不却我的。省得在家忧柴忧米，也是快活。"正计较间，恰好张大踱将来。原来这个张大名唤张乘运，专一做海外生意，眼里认得奇珍异宝；又且秉性爽慨，肯扶持好人；所以乡里起他一个混名叫："张识货"。文若虚见了，便把此意一一与他说了。张大道："好！好！我在海船里头不耐烦寂寞，若得兄去，在船中说说笑笑，有甚难过的日子。我们众兄弟料想多是喜欢的。只是一件：我们都有货物将去，兄并无所有，觉得空了一番往返，也可惜了。待我们大家计较，多少凑些出来助你，将就置些东西去也好。"文若虚便道："多谢厚情！只怕没有如兄肯周全小弟。"张大道："且说说看。"一竟自去了。恰遇一个瞽目先生，敲着"报君知"走将来，文若虚伸手顺袋里摸了一个钱，扯住占一卦问问财气。先生道："此卦非凡！有百十分财气，不是小可。"文若虚自想道："我自己要搭去海外耍耍，混过日子罢了，那里是我做得着的生意。就是他们资助些，也能有多少，便直恁地财爻动？这先生也是混帐。"只见张大气忿忿走来，说道："说着钱，便无缘，这些人好笑，说道你去无不欢喜；说到助银，没一个则声，今我同两个好的弟兄，拼凑得一两银子在此，也办不成甚货，凭你买些东西，船里吃罢。口食之类，是在我们身上。"若虚称谢不尽，接了银子。张大先行道："快些收拾，就要开船了。"若虚道："我没甚收拾，随后就来。"手中拿了银子看看笑道:"置得甚么货?"信步走去,只见满街上筐篮内盛着卖的:红如喷火,巨若悬星,皮未皱尚有余酸,霜未降不可多得。原殊苏井诸家树,亦非李氏千头奴,较广似曰难兄,比福可云具体。

太湖中东西洞庭山,地暖土肥,与闽广无异。广橘、福橘名播天下;洞庭橘树,颜色香气,绝与相似。初出时,其味略酸,后来熟了,却也甜美;比福橘价十分之一,名曰"洞庭红"。若虚看见想道:"我一两银子买得百斤有余,在船可以解渴,又可分送一二,答众人助我之意。"买成装上竹篓,雇人并行李挑了下船。众人都拍手笑道:"文先生宝货来了!"文若虚羞惭无地,只得吞声上船,再也不敢提起买橘的事。

开得船来,渐渐出了海口,只见那银涛卷雪,雪浪翻银;湍转则日月似浮,浪动则星河如覆。三五日间,随风飘去,也不觉过了多少路程。忽至一个地方,舟中望去,人烟聚集,城郭巍峨,晓得是到什么国都了。舟人把船泊入藏风避浪的小港内,钉了椿橛,下了铁锚,缆好了船,船中人多上岸一看,原来是来过的所在,名曰吉零国。原来这边中国货物,拿到那边,一倍就有三倍价;换了那边货物带到中国,也是如此,一往一回却不便有八九倍利息?所以人都拚死走这条路。众人都是做过交易的,各有熟识经纪,歇家通事人等,各自上岸找寻货物去了。只留文若虚在船中看船,路径不熟,也无走处。正闷坐间,猛可想起道:"我那一篓红橘,自从到船中不曾开看,莫不人气蒸烂了?趁着众人不在,看看则个。"叫那水手在舱板底下翻将起来,打开篓看时,面上多是好好的,放心不下,索性搬将出来,都摆在舱板上面。也是合该发迹,时来福凑。摆得满船红焰焰的,远远望来,就是万点火光,一天星斗。岸上人望见,都走将拢来问道:"是甚么好东西呀?"文若虚只不答应,看见中间有个把烂点头的,拣了出来,拍开就吃,岸上看的一发多了,惊笑道:"原来是吃得的。"就中有个好事的便来问价多少一个。文若虚不省得他们说话,船上却晓得,就扯个谎哄他，竖起一个指头，说要一钱一颗。那问的人揭开长衣，露出那兜罗绵红里肚来，一手摸出一个银钱来道："买一个尝尝。"文若虚接了银钱，手中掂掂看，约有两把重，心下想道："不知这些银子要买多少？也不秤秤，且先把一个与他看样。"拣个极大红可爱的，送一个上去。只见那个人接上手，掂了一掂道："好东西呀！"扑地就拍开，香气扑鼻，连旁边闻着的许多人，大家喝一声采。那买的不知好歹，看见船上吃法，也学他去了皮，却不分囊，一块塞在口里，甘水满咽喉，连核都不吐，吞下去了。哈哈大笑道："妙哉！妙哉！"又伸手到裹肚里摸出十个银钱来说："我要买十个进奉去。"文若虚喜出望外，拣十个与他去了。那看的人见那人如此买去了，也有买一个的，也有买两个三个的，都是一般银钱。买了的都千欢万喜去了。原来彼国以银为钱，上有文采，有等龙凤纹的最贵重，其次人物，其次禽兽，又次树木，最下通用的是水草——都是银铸的，分两不异。适才买橘的都是一样水草纹，他道是把下等钱买的好东西去了，所以欢喜；也只是要小便宜心肠，与中国人一样。须臾之间，三分中卖了两分，内有不带钱在身边的，老大懊悔，急忙取了钱转来，文若虚已是剩不多了，就拿班道："而今要留着自家用，不卖了。"其人情愿再增一个钱，四个钱买了两个，口中哓哓说："晦气！来得迟了。"旁边人见他增了价，就埋怨道："我们还要买哩，如何把价钱增长了他的。"买的人道："你不听得他方才说，兀自不卖了。"正在议论间，只见首先买十个的那一个人骑了一匹青骢马，飞也似奔到船边，下了马分开人丛，对船上大喝道："不要零卖！不要零卖！是有的俺都要。俺家头都要买去进可汗哩。"看的人听见这话，便远远走开站住了看。文若虚是个伶俐的人，看见来势，早已见在眼里，晓得是个好主顾了，连忙把篓中的尽数倾出来，止剩五十余个，数了一数，又拿班起来，说道："适间讲过，要留着自用，不得卖了；今肯加些价钱，再让几个去罢。适间已卖出两个钱一个了。"其人在马背上拖下一大囊，摸出钱来，另是一样树木纹的。说道："如此钱一个罢了。"文若虚道："不情愿，只要前样罢了。"那人笑了一笑，又把手去摸出一个龙凤纹的来道："这样的一个如何。"文若虚道："不情愿，只要前样的。"那人又笑道："此钱一个抵百个，料也没得与你，只是与你耍，你不要俺这一个，却要那等的，是个傻子。你那东西肯都与俺了，俺再加你一个那等的也不打紧。"文若虚数了一数有五十二个，准准的要了他一百五十六个水草银钱。那人连竹篓都要了，又丢了一个钱，把篓挂在马上，笑吟吟地一鞭去了。看的人是没得卖了，一哄而散。文若虚见人散了，到舱里把一个钱秤一秤，有八钱七分多重，秤过数个，也是一般。总数一数，其有一千个差不多。把两个赏了船家，其余收拾在包里了。笑一声道："那盲子好灵卦也！"欢喜不尽，只等同伴人来，对他说笑则个。

第七节　清代的小说

总论　　有清一代是中国长篇小说突飞猛进，发扬光大的时期，比《水浒传》和《三国志演义》篇幅更长的大著作《红楼梦》，即出现于此时。明代以前的文人，向来不大重视小说，到了清代的文人，如袁枚、纪昀、金人瑞及李渔等，都知道欣赏小说，并进而创作，或批评小说了。由此可知道清代的小说，其势力已从民众社会，伸张到文人贵族的社会里来了。通俗的白话文学，不仅为广大的民众所欢迎，亦渐次为文人所认识，不像从前的鄙视小说了。因之清代的小说，在中国文学史上占了一个空前的发达时代。

清代的小说，约分之可有以下数种：

一、言情小说　其代表作品为《红楼梦》。《红楼梦》凡一百二十回，与《水浒》、《西游》及《金瓶梅》同为中国第一流的长篇小说。不过《水浒》与《西游》均较易于下笔，一个写一百单八个好汉，每人各有一段故事，易于写得长；一个写八十一难，每难要有一段惊险，亦易于写得长。至于《金瓶梅》虽和《红楼梦》同为写一家一门之事,既无惊险之奇迹,又无战争之遭遇,是很不容易写得长又动人的,尤其是《红楼梦》只写十几个深居闺阁,环境相同的女郎,比较《金瓶梅》写市井无赖,及环境不同的下中级妇女,其难易又不可同日语。我们看《红楼梦》所描写的那十二金钗,她们的性情,口吻,举动,无不毕肖其人,一丝不走,作者的描写力,实在惊人。若称之为吾国章回小说中的登峰造极之作,足无愧色!

《红楼梦》的别名很多,或名《石头记》,或名《金玉缘》,或名《情僧录》,或名《风月宝鉴》,或名《金陵十二钗》。作者为曹霑(1719至1764),字雪芹,一字芹圃,镶黄旗汉军。祖寅,父颊均曾任江宁织造,家资甚富。他自幼生长在这豪华的环境中,后来家道忽败落,霑在中年时,甚至贫居北京西郊,啜饘粥以充饥。他的大著《红楼梦》,就在这个时候写成的。不过只写了八十回,不知何故未曾完卷,大概因病辍笔罢。他是死在乾隆廿九年,年仅四十余,后四十回经高鹗补成。其后又有续高鹗增补之百廿回本者,如《后红楼梦》、《红楼梦补》、《续红楼梦》、《红楼圆梦》、《红楼再梦》及《绮楼重梦》等十余种。这些续书,不但笔力差池,内容又都是大团圆,故均不足取。

《红楼梦》的内容,是讲一个三角恋爱的大悲剧,主角为贾宝玉、林黛玉和薛宝钗三人。宝玉是个痴情人,常说"女儿是水作的骨肉,男人是泥作的骨肉"。黛玉是个多愁多病的女子,性直爽,善感伤。宝钗似乎是个规规矩矩的大家女,性格儿亦浑厚沉着。宝玉依昵于二人之间,而视黛玉为尤厚,结果宝玉与黛玉有深挚的爱情,而不能结合,乃被骗与宝钗成为夫妇。黛玉听说了,遂病死于贾、薛成婚之日。宝玉知道被骗了,也气病在床,最后宝玉乃随僧道亡去,不知所终。这个大悲剧,便如此了结。至随同着这个大悲剧,而演出来的小悲剧亦不少,如秦可卿的自杀,金钏的投井,尤二姐的吞金,晴雯的被逐,以及妙玉的被劫,王熙凤的忧愤而死,一幕一幕的都是悲剧。中国小说无论长篇短篇,多以大团圆作结,独《红楼梦》的作者,能打破这种陈陈相因的团圆梦,真是难得,此《红楼梦》所以独绝千古,超乎一切长篇小说之上的。

关于《红楼梦》的背景，即作者为什么要写这部大悲剧，传说很多，聚讼纷纭，莫衷一是，因之有"红学"之称。今略举数说如下：

1. 纳兰成德家事说　以为宝玉即是指宰相明珠子成德而言。成德字容若，为有名词家，与当时名士姜西溟辈交游甚厚。金钗十二皆成德所奉的上客，宝钗影高澹人，妙玉影姜西溟，因妙为少女，姜亦妇人之美称故云，这是俞樾的主张。

2. 清世祖与董鄂妃故事说　董鄂妃即秦淮名妓董小宛，曾嫁名士冒辟疆。有人说她被虏入宫，册封为顺治之妃，不久夭逝，世祖哀痛异常，遂入五台山为僧。宝玉指清世祖，黛玉则影小宛。按王梦阮、沈瓶庵合著的《红楼梦索隐》即主是说。

3. 康熙朝政治状态说　蔡元培之《石头记索隐》即如此主张。索隐开卷即云："《石头记》者，清康熙朝政治小说也。作者持民族主义甚挚，书中本事，在吊明之亡，揭清之失，而尤于汉旗名士仕清者，写痛惜之意。"所以金陵十二钗，皆有所指，如林黛玉指朱竹垞，薛宝钗指高江村，探春指徐健庵，王熙凤指余国柱，史湘云指陈其年，妙玉指姜西溟，惜春指严荪友，宝琴指冒辟疆，刘老老指汤潜庵，贾宝玉则指伪朝的帝系——传国玉玺。

4. 曹雪芹自叙传　胡适之《红楼梦考证》即如此主张。彼以《红楼梦》所叙的种种事迹，与作者的家世及生平，均恰相对照，乃否认以上诸说，决定此书为作者的自叙传。于是"红学"的研究，至此始告一结束。按作者在本书第一回说得很明白："今风尘碌碌，一事无成，忽念及当日所有之女子，一一细考较去，觉其行止见识，皆出于我之上。何我堂堂须眉，诚不若彼裙钗女子？实愧则有余，悔又无益，是大无可如何之日也。当此，则自欲将以往所赖天恩祖德，锦衣纨袴之时，饫甘餍肥之日，背父兄教育之恩，负师友规训之德，以致今日一技无成，半生潦倒之罪，编述一集，以告天下人。"由此可见，一部《红楼梦》多是作者抒写自己以往的实生活的。

清代的人情小说，除《红楼梦》外，如侯官魏子安的《花月痕》，秀水陈球的《燕山外史》，皆是写才子佳人的悲欢离合的。常州陈森的《品花宝鉴》，松江韩子云的《海上花列传》(按该书是用苏白写的,这是其特色处),是写优伶妓女的轶闻艳事的。这些小说,虽亦有描写逼真自然,称为佳作者,但比之《红楼梦》就相形见绌了。

红楼梦 （节录第十九回）

彼时黛玉自在床上歇午,丫环们皆出去自便,满屋内静悄悄的。宝玉揭起绣线软帘,进入里间,只见黛玉睡在那里,忙走上来推她道:"好妹妹,才吃了饭,又睡觉!"将黛玉唤醒。黛玉见是宝玉,因说道:"你且出去逛逛。我前儿闹了一夜,今儿还没有歇过来,浑身酸疼。"宝玉道:"酸疼事小,睡出病来事大;我替你解闷儿,混过困去就好了。"黛玉只合着眼,说道:"我不困,只略歇歇儿。你且别处去闹会子再来。"宝玉推他道:"我往那里去? 见了别人就怪腻的。"黛玉听了,嗤的一声笑道:"你既要在这里,那边去老老实实的坐着,咱们说话儿。"宝玉道:"我也歪着。"黛玉道:"你就歪着。"宝玉道:"没有枕头,咱们在一个枕头上罢。"黛玉道:"放屁! 外面不是枕头? 拿一个来枕着。"宝玉出至外间,看了一看,回来笑道:"那个我不要;也不知是那个脏老婆子的。"黛玉听了,睁开眼起身笑道:"真真你是我命中的'妖魔星',请枕这一个。"说着,将自己枕的推与宝玉;又起身将自己的再拿了一个来枕了;二人方对面倒下。黛玉因看见宝玉左边腮上有钮扣大小的一块血渍,便欠身凑近前来,以手抚之,细看,又道:"这不是谁的指甲刮破了?"宝玉侧身,一面躲,一面笑道:"不是刮的;只怕是刚才替他们淘澄胭脂膏子,溅上了一点儿。"说着,便找绢子要揩拭。黛玉便用自己的绢子替他揩拭了,口内说道:"你又干这些事了;干也罢了,必定还带出幌子来。便是舅舅看不见,别人看见了,又当着那新鲜话儿去学舌讨好;吹到舅舅耳朵里,又大家不干净,惹气。"宝玉总未听见这些话,只闻得一股幽香,却是从黛玉袖中发出,闻之令人醉魂酥骨;宝玉一把便将黛玉的衣袖扯住,要瞧笼着何物。黛玉笑道:"这等时候,谁带什么香呢?"宝玉笑道:"既如此,这香是那里来的?"黛玉道:

"连我也不知道；想不是柜子里的香气，衣服上薰染的也未可知。"宝玉摇头道："未必，这香的气味奇怪，不是那些香饼子，香球子，香袋子的香。"黛玉冷笑道："难道我也有什么'罗汉，真人'给我些奇香不成？便是得了奇香，也没有亲哥哥，亲兄弟，弄了花儿，朵儿，霜儿，雪儿，替我炮制。我有的不过是那些俗香罢了！"宝玉笑道："凡我说一句，你就拉上这么些！不给你个厉害，也不知道；从今儿可不饶了！"说着，翻身起来，将两只手呵了两口，便伸向黛玉膈肢窝内两胁下乱挠。黛玉素性触痒不禁，宝玉两手伸来乱挠，便笑的喘不过气来，口里说："宝玉！你再闹，我就恼了！"宝玉方住了手，笑问道："你还说这些不说了？"黛玉笑道："再不敢了。"一面理鬓，笑道："我有'奇香'，你有'暖香'没有？"宝玉见问，一时解不来，因问："什么'暖香'？"黛玉点头笑叹道："蠢才！蠢才！你有'玉'，人家就有'金'来配你；人家有'冷香'，你就没有'暖香'去配他？"宝玉方听出来，笑道："方才求饶，如今更说狠了！"说着，又去伸手。黛玉忙笑道："好哥哥！我可不敢了！"宝玉笑道："饶便饶你；只把袖子我闻一闻！"说着，便拉袖子，笼在面上，闻个不住。黛玉夺了手道："这可该去了！"宝玉笑道："去？不能。咱们斯斯文文躺着说话儿。"说着，复又倒下，黛玉也倒下，用绢子盖上脸。宝玉有一搭没一搭的说些鬼话，黛玉只不理。宝玉问她几岁上京；路上见何景致古迹，扬州有何遗迹，故事，土俗，民情。黛玉不答。宝玉只怕她睡出病来，便哄她道："嗳呀！你们扬州衙门里有一件大故事，你可知道？"黛玉见他说的郑重，又且正言厉色，只当是真事，因问什么事。宝玉见问，便忍着笑，顺口诌道："扬州有一座黛山，山上有个林子洞。"黛玉笑道："这就扯谎，自来也没有听见这山。"宝玉道："天下山水多着呢，你那里都知道？等我说完了，你再批评。"黛玉道："你且说。"宝玉又诌道："林子洞里，原来有一群耗子精。"

那一年腊月初七日，老耗子升座议事，说："明日乃是腊八日，世上人都熬'腊八粥'；如今我们洞中果品短少，须得趁此打劫些来方好。"乃拔令箭一枝,遣一能干小耗,前去打听。

一时小耗回报:"各处察访打听已毕;惟有山下庙里果米最多。"

老耗问:"米有几样?果有几品?"小耗道:"米豆成仓,不可胜记。果品有五种:一,红枣;二,栗子;三,落花生;四,菱角;五,香芋。"老耗听了大喜,即时点耗前去。乃拔令箭问:"谁去偷米?"一耗便接令去偷米。又拔令箭问:"谁去偷豆?"又一耗接令去偷豆,然后一一的都各领令去了。

只剩香芋一种,因又拔令箭,问:"谁去偷香芋?"只见一个极小极弱的小耗应道:"我愿去偷香芋。"老耗并众耗见他这样,恐不谙练,又恐怯懦无力,都不准他去。小耗道:"我虽年小身弱,却是法术无边;口齿伶俐,机谋深远。此去管比他们偷得还巧呢!"众耗忙问:"如何得比他们巧呢?"小耗道:"我不学他们直偷;我只摇身一变,也变成个香芋,滚在香芋堆里,使人看不出,听不见,却暗暗的用'分身法'搬运。渐渐的就搬运尽了,岂不比直偷硬取的巧些?"众耗听了,都道:"妙却妙,只是不知怎么个变法?你去先变个我们瞧瞧。"小耗听了,笑道:"这个不难,等我变来。"说毕,摇身说变,竟变了一个最标致美貌的一位小姐。众耗忙笑道:"变错了!原说变果子的,如何变出小姐来?"小耗现形笑道:"我说你们没见世面,只认得这果子是香芋,却不知盐课林老爷的小姐才是真正的香玉呢!"

黛玉听了,翻身爬起来,按着宝玉,笑道:"我把你烂了嘴的——我就知道你是编派我呢!"说着便拧。宝玉连忙央告:"好妹妹!饶我罢!再不敢了!我因为闻见你的香气,忽然想起这个故典来。"黛玉笑道:"饶骂了人,还说是故典呢!"

一语未了,只见宝钗来了,笑问:"谁说故典?我也听听。"黛玉忙让坐笑道:"你瞧瞧,还有谁!他饶骂了人,还说是故典。"宝钗道:"原来是宝兄弟,怪不得他,他肚子里的故典原来多——只是可惜一件:凡该用故典之时,他偏就忘了。有今日记得的,前儿夜里的《芭蕉诗》就该记得。眼面前的,倒想不起来。别人冷的那样，他急得只出汗，这会子偏又有记性了！"黛玉听了，笑道："阿弥陀佛！到底是我的好姐姐！你一般也遇见对手了。可知一报还一报，不爽不错的！"

海上花列传　(节录第二回)

王阿二一见小村，便擤上去嚷道："耐好啊！骗我，阿是？耐说转去两三个月哦，直到仔故歇坎坎来。阿是两三个月嘎？只怕有两三年哉！……"小村忙赔笑央告道："耐覅动气，我搭耐说。"便凑着王阿二耳朵边，轻轻的说话。说不到四句，王阿二忽跳起来，沉下脸道："耐倒乖杀咾。耐想拿件湿布衫拨来别人着仔，耐来脱体哉，阿是？"小村发急道："勿是呀，耐也等我说完仔了哗。"王阿二便又爬在小村怀里去听，也不知咕咕唧唧说些什么，只见小村说着，又努嘴，王阿二即回头把赵朴斋瞟了一眼，接着小村又说了几句。王阿二道："耐末那价呢？"小村道："我是原照旧哦。"王阿二方才罢了，立起身来，剔亮了灯台，问朴斋尊姓，又自头至足，细细打量。朴斋别转脸去，装做看单条，只见一个半老娘姨，一手提水铫子，一手托两盒烟膏，……蹭上楼来……把烟盒放在烟盘里，点了烟灯，冲了茶碗，仍提铫子下楼自去，王阿二靠在小村身旁烧起烟来，见朴斋独自坐着，便说："榻床浪来鞠鞠哗。"朴斋巴不得一声，随向烟榻下手躺下，看着王阿二烧好一口烟，装在枪上，授于小村，飕溜溜直吸到底。……至第三口，小村说："覅吃哉。"王阿二调过枪来，授与朴斋。朴斋吸不惯，不到半口，斗门噎住。……王阿二将签字打通烟眼，替他把火。朴斋趁势捏他手腕，王阿二夺过手，把朴斋腿膀尽力捧了一把，捧得朴斋又酸又痛又爽快，朴斋吸完烟，却偷眼去看小村，见小村闭着眼，朦朦胧胧，似睡非睡光景，朴斋低声叫"小村哥"，连叫两声，小村只摇手，不答应。王阿二道："烟迷呀，随俚去罢。"朴斋便不叫了。……

二、社会小说　清代的社会小说，以《儒林外史》、《镜花缘》、《官场现形记》、《二十年目睹之怪现状》、《老残游记》与《孽海花》为最有名。这类小说或写现实的社会问题，或写自己理想的社会。关于批评现实的社会，多出之以讽刺的态度。

《儒林外史》　全书五十五回，是一部反对科举的小说。作者为吴敬梓(1701至1754)，字敏轩，晚年自号文木老人，安徽全椒人，幼颖异，善记诵，诗赋援笔即成，尤精《文选》。他性豪放，不善治生产，不数年家产荡尽，甚至绝粮，无以为食。他虽贫到极点，亦不应试求官。因他性行清高，所以看到当时一般的假名士、伪君子，急于功名的丑态，深恶痛绝，故把他们写得异常尖刻生动，极尽讽刺揶揄的能事，可称为中国讽刺小说中第一部。书中人物大抵均有所指，如杜少卿即指他自己，杜慎卿为其兄青然，庄尚志为程绵庄，卢育德为吴蒙泉，马二先生为冯粹中等。作者文笔锋利，描写力亦强，关于讽刺处，令读者愤笑不得。惟结构不甚严密，论者谓，"其书处处可住，亦处处不可住。……此其弊在有枝而无干。……无惑每篇自为篇，段自为段矣。"这是他的评！

徽州府烈妇殉夫　（节录《儒林外史》第四十八回）

那日，余大先生正坐在厅上，只见外面走进一个秀才来，头戴方巾，身穿旧宝蓝直缀，面皮深黑，花白胡须，约有六十多岁光景。那秀才自己手里拿着帖子递与余大先生。余大先生看着帖子上写着"门生王蕴"。那秀才递上帖子拜了下去。余大先生回礼说道："年兄莫不是尊字玉辉的么？"王玉辉道："门生正是。"余大先生道："玉兄，二十年闻声相思，而今才得一见。我和你只论好兄弟，不必拘这些俗套。"遂请到书房里去坐，叫人请二老爷出来。

二先生出来，同王玉辉会着，彼此又道了一番相慕之意，三人坐下。王玉辉道："门生在学里也做了三十年的秀才，是个迂拙的人，往年就是本学老师，门生也不过是公堂一见而已；而今因大老师和世叔来，是两位大名下，所以要时常来聆老师和世叔的教训。要求老师不认做大概学里门生，竟要把我做个受业弟才好。"

余大先生道："老哥你我老友，何出此言？"二先生道："一向知道吾兄清贫，如今在家可做馆？长年何以为生？"王玉辉道："不瞒世叔说，我生平立的有个志向：要纂三部书嘉惠来学。"余大先生道："是那三部？"王玉辉道："一部'礼书'，一部'字书'，一部'乡约书'。"

二先生道："礼书是怎么样？"王玉辉道："礼书是将三礼分起类来：如事亲之礼，敬长之礼……等类；将经文大书，下面采诸经子史的话印证，教子弟们自幼习学。"大先生道："这一部书该颁于学官，通行天下。请问字书是怎么样？"王玉辉道："字书是七年识字法。其书已成，就送来与老师细阅。"二先生道："孔学不讲久矣，有此一书，为功不浅。请问乡约书怎样？"王玉辉道："乡约书不过是添些仪制，劝醒愚民的意思。门生因这三部书，终日手不停披，所以没的工夫做馆。"大先生道："几位公郎？"王玉辉道："只得一个小儿，倒有四个小女。大小女守节在家里；那几个小女，都出阁不上一年多。"

说着，余大先生留他吃了饭，将门生帖子退了不受，说道："我们老弟兄要时常屈你来谈谈，料不嫌我苜蓿风味，怠慢你。"弟兄两个，一同送出大门来。王先生慢慢回家。他家离城有十五里。

王玉辉回到家里，向老妻和儿子说余老师这些相爱之意。次日，余大先生坐轿下乡，亲自来拜，留着在草堂上坐了一会，去了。又次日，二先生自己走来，领着一个门斗，挑着一石米，走进来，会着王玉辉，作揖坐下。二先生道："这是家兄的禄米一石。"又手里拿出一封银子来道："这是家兄的俸银一两，送与长兄先生，权为数日薪水之资。"

王玉辉接了这银子，口里说道："我小侄没有孝敬老师和世叔，怎反受起老师的惠来？"余二先生笑道："这个何足为奇。只是贵处这学署清苦，兼之家兄初到。虞博士在南京几十两的拿着送与名士用，家兄也想学他。"

王玉辉道："这是'长者赐，不敢辞'，只得拜受了。"备饭留二先生坐，拿出这三样书的稿子来，递与二先生看。二先生细细看了，不胜叹息。坐到下午时分，只见一个人，走进来说道："王老爹，我家相公病的很，相公娘叫我来请老爹到那里去看看。请老爹就要去。"

王玉辉向二先生道："这是第三个小女家的人；因女婿有病，约我去看。"二先生道："如此，我别过罢。尊作的稿子，带去与家兄看，看毕再送过来。"说罢起身。那门斗也吃了饭，挑着一担空箩，将书稿子丢在箩里，挑着跟进城去了。

王先生走了二十里，到了女婿家，看见女婿果然病重，医生在那里看，用着药总不见效。一连过了几天，女婿竟不在了，王玉辉恸哭了一场。见女儿哭的天愁地惨，候着丈夫入过殓，出来拜公婆和父亲，道："父亲在上，我一个大姐姐死了丈夫，在家累着父亲养活；而今我又死了丈夫，难道又要父亲养活不成？父亲是寒士，也养活不来这许多女儿！"王玉辉道："你如今要怎样？"三姑娘道："我而今辞别公婆，父亲，也便寻一条死路，跟着丈夫一处去了！"

公婆两个听见这句话，惊得泪下如雨，说道："我儿！你气疯了！自古'蝼蚁尚且贪生'，你怎讲出这样话来？你生是我家人，死是我家鬼；我做公婆的怎的不养活你，要你父亲养活？快不要如此！"三姑娘道："爹妈也老了，我做媳妇的不能养活爹妈，反累爹妈，我心里不安，只是由着我到这条路上去罢！只是我死还有几天工夫，要求父亲到家替母亲说了，请母亲到这里来，我当面别一别，这是要紧的！"

王玉辉道："亲家，我仔细想来，我这小女要殉节的真切，倒也由着她行罢；自古'心去意难留'。"因向女儿道："我儿，你既如此，这是青史上留名的事，我难反拦阻你？你竟是这样做罢。我今日就回家去叫你母亲来和你作别。"

亲家再三不肯。王玉辉执意，一径来到家里，把这话向老孺人说了。老孺人道："你怎的越老越呆了！一个女儿要死，你该劝他，怎么倒叫他死？这是什么话说！"王玉辉道："这样事，你们是不晓得的。"

老孺人听见，痛哭流涕，连忙叫了轿子去劝女儿。王玉辉在家，依旧看书写字，候女儿的信息。老孺人劝女儿那里劝得转。一般每日梳洗，陪着母亲坐，只是茶饭全然不吃。母亲和婆婆着实劝着，千方百计，总不肯吃。饿得六天上，不能起床。母亲看着，伤心惨目，痛人心脾，也就病倒了，抬了回来，在家睡着。

又过了三日，二更天气，几个火把，几个人来打门，报道："三姑娘饿了八日，在今日午时去世了。"老孺人听见哭死了过去，灌醒回来，大哭不止。王玉辉走到床面前说道："你这老人家真正是个呆子！三女儿她而今已是成了仙了，你哭她怎的？她这死的好，只怕我将来不能像她这一个好题目死哩！"因仰天大笑道："死的好！死的好！"大笑着，走出房门去了。

次日，余大先生知道，大惊，不胜惨然，即备了香楮三牲，到灵前去拜奠，拜奠过回衙门，立刻传书办备文书请旌烈妇。二先生帮着赶造文书，连夜详了出去。二先生又备了礼来祭奠。三学的人，听见老师如此隆重，也就纷纷来祭奠的，不计其数。过了两个月，上司批准下来，制主入祠，门首建坊。

《镜花缘》　　全书凡一百回，是一部讨论妇女问题的小说。作者为李汝珍（1763？至1830？），字松石，直隶大兴人，精音韵，兼杂艺，惜不得志于世，以诸生老于海州，年六十余。他的《镜花缘》是在他晚年穷愁的时候，历十余年写成的。内叙唐敖与林之洋到海外遨游，遍历奇观异象的事。他虽全以女子为中心，但不谈恋爱和家庭琐事，却是讨论妇女在社会中应与男女平等，不惟男女的教育应平等，就是在社会中的地位和待遇，亦应该平等。这种见识，在当时实在是很难得的。前半部很能引人入胜，亦往往有很深刻的讽刺，令人为之破啼为笑，至后半部，就不如前半部生动有趣了。

骆红蕖打虎　（节录《镜花缘》）

多九公道："林公才说果然，巧巧竟有果然来了?"只见山坡上有个异兽，形状如猿，浑身白毛，上有许多黑文，其体不过四尺，后面一条长尾，由身子盘至顶上，还长二尺有余，毛长而细，颊下许多黑鬃，守着一个死兽，在那恸哭。林之洋道："看这模样，竟像一个落腮胡子，不知为甚这样啼哭? 难道他就叫做果然么?"多九公道："此兽就是果然，又名猣兽。其性最义，最爱其类。猎户取皮作褥，货卖获利，往往捉住一个打死，放在山坡，如有路过之猣，一经看见，即守住啼哭，任人捉获，并不逃窜。此时在那里守着死猣痛哭，想来又是猎户下的猣子，少刻猎户看见，毫不费力就捉住了。"

忽见山上起一阵大风，刮的树木刷刷乱响。三人见风来的古怪，慌忙躲在树林深处，风头过去，有只斑毛大虫从高峰窜至果然面前；果然一见，唬的发抖，还是守着死猣，不肯远离。那大虫窜下，如山崩地裂一般吼了一声，张开血盆大口把守猣咬住。只见山坡旁隐隐约约倒像窜出一箭，直向大虫面上射去。大虫着箭，口中落下死猣，大吼一声，将身纵起，去地数丈，随即落下，四脚朝天，眼中插着一箭，竟是不动。

多九公喝采道："真好神箭! 果然见血封喉。"唐敖道："此说怎讲?"多九公道："此箭乃猎户放的药箭，系用毒药所制，凡猛兽着了此箭，任他凶猛，登时血脉凝结，气嗓紧闭，所以叫他见血封喉。但虎皮甚厚，箭最难入，这人把箭从虎目射入，因此药性行的更快，若非本领高强，何能有此神箭! 不意此处竟有如此能人! 少刻出来，倒要会他一会。"忽见山旁又走出一只小虎，行至山坡，把虎皮揭去，却是一个美貌少女：身穿白布箭衣，头上束着白布渔婆巾，臂上跨着一张雕弓，走至大虫跟前，腰中取出利刃，把大虫胸膛剖开，取出血淋淋斗大一个心，提在手中，取了利刃，卷了虎皮，走下山来。林之洋道："原来是女猎户! 这小小年纪，竟有这般胆量! 俺且唬她一唬。"说罢，举起火绳，迎着女子放了一声空枪。

那女子叫道:"我非歹人,诸位暂停贵手,婢子有话告禀。"登时下来万福道:"请教三位长者上姓?从何至此?"唐敖道:"他二人:一位姓多,一位姓林。老夫姓唐。都自中原来。"女子道:"岭南有位姓唐的,号叫以亭可是长者一家?"唐敖道:"以亭就是贱字,不知何以得知?"女子听了,慌忙下拜,道:"原来唐伯伯在此!侄女不知,望乞恕罪!"唐敖还礼道:"请问小姐尊姓?为何如此称呼?府上还有何人?适才取了虎心,有何用处!"女子道:"侄女中原人氏,姓骆名红蕖,父亲曾任长安主薄,后降临海丞,因同敬业伯伯获罪,不知去向。差官缉捕家属,母亲无处存身,同祖父带了侄女逃至海外,在此古庙中敷衍度日,此山向无人烟,尚可藏身。不意去年大虫赶逐野兽,将住房压倒,母亲股骨折伤疼痛而死,侄女立誓杀尽此山之虎,为母报仇,适用毒药箭射死大虫,取了虎心,正要回去祭母,不想得遇伯伯,侄女常闻祖父说:伯伯与父亲结拜,所以方敢如此称呼。"唐敖叹道:"原来你是骆宾王兄弟之女!幸逃海外,未遭毒手。不知老伯现在何处?身体可安?望侄女带去一看!"

骆红蕖道:"祖父现在前面庙内,伯伯既要去,侄女在前面引路。"说罢,四人走不多时,来至庙前,上写"莲花庵"三字,四面墙壁俱已朽坏,并无僧道,惟剩神殿一座,厢房两间,光景虽然颓败,却喜怪石纵横,碧树丛杂,把这古庙围在居中,倒也清雅。进了庙门,骆红蕖提着虎心,先去通知,三人随后进了大殿,只见有个须发皆白的老翁迎出。唐敖认得骆龙,连忙抢进行礼,多、林二人也见了礼,一同让坐献茶。骆龙问了多、林二人名姓,略谈两句,因向唐敖叹道:"吾儿宾王不听贤侄之言,轻举妄动,以致合家分散,孙儿跟在军前,存亡未卜,老夫自从得了凶信,即带家口奔逃,偏偏身怀六甲,好容易逃至海外,生下红蕖孙女,就在此敷衍度日,屈指算来,已一十四载。不意去岁大虫压倒房屋,媳妇受伤而亡,孙女痛恨,因此弃书本,终日搬弄弓箭,操练武艺,要替母亲报仇,自制白布箭衣一件,誓要杀尽此山猛虎，方肯除去孝衣，果然有志竟成，上月被她打死一个。今日又去打虎，谁知却好遇见贤侄，邂逅相遇，真是'万里他乡遇故知'！可谓三生有幸。惟是老夫年已八旬，时常多病，现在此处，除孙女外，还有乳母老苍头二人，老夫为痴儿宾王所累，万不能复回故土，自投罗网；况已老迈，时光有限，红蕖孙女，正在年少，困守在此，终非长策，老夫意欲拜恩贤侄，俯念当日结拜之情，将红蕖作为己女，带回故乡，俟她年长，代为择配，完其终身，老夫了此心愿，虽死在九泉，亦必衔感。"说着，落下泪来。唐敖道："老伯说那里话来！小侄与宾王兄弟情同骨肉，侄女红蕖就如自己儿女一般，今蒙慈命带回家乡，自应好好带她择配，何须拜托，若论子侄之分，原当请老伯同回故乡，侍奉余年，少尽孝心，庶不负昔日结拜之情，奈近日武后纯以杀戮为事，唐家子孙诛杀殆尽，何况其余！且老伯昔日出仕多年，非比她们妇女可以隐藏，倘走漏风声，不但小侄受累，兼恐老伯受惊，因此不敢冒昧劝驾。小侄初原努力上进，约会几家忠良，共为勤王之计，以复唐室，无如功名未遂，发已如霜，既不能显亲扬名，又不能兴邦定业，碌碌人世，徒愧老大无成，所以浪迹海外，今虽看破红尘，归期未卜，家中尚有兄弟妻子，此女带回故土，断不有负慈命，老伯只管放心。"骆龙道："蒙贤侄慷慨不弃，令人感激涕零，但你们贸易不可耽阁，有误程途；老夫寓此古庙，也不能屈留。"因向红蕖道："孙女就此拜认义父，带着乳母，跟同前去，以了我的心愿。"

红蕖听了，不由大放悲声，一面走到唐敖面前，四双八拜，认为义父，又与多、林二人见礼，因向唐敖泣道："侄女蒙义父天高地厚之恩，自应跟回故乡，奈女儿有两件心事：一者祖父年高，无人侍奉，何能远离？二者此山尚有二虎，大仇未报，岂能舍之而去？义父如念苦情，即将岭南住址留下，倘他年遇恩大赦，那时再同祖父投奔岭南，庶免两下牵挂。此时如若抛撇祖父，一人独去，即女儿心如铁石，亦不得忍心害理至此！"骆龙听了，又复再三解劝，无奈红蕖意在言下，总要侍奉祖父百年后方肯远去，任凭苦劝，执意不从。

多九公道："小姐既如此立志，看来一时也难挽回，据老夫愚见：与其此时同到海外，莫若日后回来，唐兄再将小姐带回家乡，岂不更便？"唐敖道："日后小弟设或不归，却便何如？"林之洋道："这甚说话！今日我们一同前去，将来自然也一同来，怎么叫设或不归？俺倒不懂？"唐敖道："这是小弟偶尔失言，舅兄为何如此认真！"回向骆龙道："寄女有如此孝心，将来自有好处，老伯倒不可强她所难，况她立志甚坚劝也无益。"说罢，取过纸笔写了地名。骆红蕖道："义父此去可由巫咸国路过？当日薛仲璋伯伯被难，家眷也逃海外，数年前在此路过，女儿曾与薛蘅香姐姐拜为异姓姊妹，并在神前立誓，不论何人，倘有机缘得归故土，总要携带同行。去岁有丝货客人，带来一信，方知现在寄居巫咸，女儿有书一封，如系便路，求义父寄去。"多九公道："巫咸乃必由之路，将来林兄亦要在彼买货，带去甚便。"当时骆红蕖去写信，唐敖即托林之洋上船取了两封银子，给骆龙，以为贴补薪水之用。不多时骆红蕖书写完，唐敖把信接过，不觉叹道："原来仲璋哥哥家眷也在海外！当日敬业兄弟听思温哥哥之言，不从仲璋哥哥之计，唐业久已恢复，此时天地何至属周！彼此又何至离散！这是气数如此！莫可如何。"说罢，叩谢，大家互相嘱咐一番，洒泪而别。骆红蕖送至庙外，自去祭母，侍奉祖父，唐敖三人因天色已晚，回归旧路。

《官场现形记》　　为李宝嘉所作。宝嘉（1867 至 1906），字伯元，号南亭亭长，江苏武进人，幼有才气，惜累举不第，乃赴上海办《指南报》、《游戏报》及《海上繁华》。所著除《官场现形记》，尚有《活地狱》及《文明小史》等。他死时，年方四十。《官场现形记》是他最后一部未完的作品，但自成起讫，与《儒林外史》略同，是许多短篇凑合而成的。其中所叙皆官场中进合、钻营、蒙混、罗掘、倾轧的故事，兼及士人热心于作吏，及官吏闺中之隐情。把当时官场中的腐败状况，写得痛快淋漓，书出，因之风行一世，作者之名乃大著。

《二十年目睹之怪现状》 为吴沃尧所作。沃尧（1867至1910），字趼人，广东南海人，因居佛山镇，故自号我佛山人，年二十余至上海，后客山东，游日本，皆不得志，终复回上海卖文为活，死时年四十四。所著除《二十年目睹之怪现状》外，尚有《九命奇冤》、《恨海》及《劫余灰》等。《二十年目睹之怪现状》凡一百八回，全书以自号"九死一生"者，为主人翁，历纪二十年中所见所闻，天地间的怪现状——社会中的种种黑暗——与《官场现形记》同类，但所写的范围较广，不仅限于官场。

《孽海花》 为曾朴所作。朴字孟朴，笔名为东亚病夫，常熟人。此书仅成二十回，是写清季三十年间遗闻逸事的，可称为清末的政治社会小说。书中的金沟即吴县洪钧的化名，曾典试江西。在上海纳名妓傅彩云为妾，后出使英国，彩云随去，自称夫人，在外国的笑柄不少。后来洪死于北京，傅又回沪为妓，称曹梦兰，继至天津又改名赛金花。在八国联军入北京那一年，因联军统领瓦德西原和赛金花在德国认识，所以二人很要好，曾并骑连车的出入宫廷，势力颇大。据说北京在联军盘据时，不曾遭了大的蹂躏，全是赛金花暗中之力。听说近来平津有一般名流，要倡议为她立传纪念。若赛金花者，亦可自豪了。至本书的结构，尚称工巧，描写力亦不弱。

《老残游记》 为刘鹗所作，鹗（1850？至1910），字铁云，笔名为"洪都百炼生"，江苏丹徒人。少时放荡不羁，后行医，旋又学贾，尽丧其资，后治河有功。声誉渐起。他很有见识，曾上书清廷修筑铁路，开山西矿产。当时世俗指为"汉奸"。及庚子之乱，政府以其私售仓粟，流放之于新疆而死。《老残游记》为其唯一之杰作，共二十章，借号老残者的游行，而历记其言论闻见。叙景状物，颇有可观，尤以中多攻击所谓清官者为少有。历来小说皆揭赃官之恶，有揭清官之恶，可谓自《老残游记》始。作者既有学问见识，且好游历，所以对于社会的黑暗，世道的悲愤，写来深刻生动，一人一事,都好似活跃纸上。写玉大人的审案,白妞的说书,虽风韵不同,却都是绝妙的好文章。

此外尚有一部一百五十四回的巨作《野叟曝言》,为康熙时人夏敬渠作。敬渠字懋修,号二铭,江阴人。其中所叙无所不包,完全是作者卖弄他的学问和才华的,并没有什么艺术上的价值,所以在这里就不去多说它了。

白妞说书 （节录《老残游记》第二回）

老残从鹊华桥往南,缓缓向小布政司街走去。一抬头,见那墙上贴了一张黄纸,有一尺长,七八寸宽的光景,居中写着"说鼓书"三个大字,旁边一行小字是"二十四日明湖居"。那纸还未十分干,心知是方才贴的,只不知道这是什么事情,别处也没有见过这样招纸,一路走着,一路盘算。只听得耳边有两个挑担子的说道:"明儿白妞说书,我们可以不必做生意,来听书罢。"又走到街上,听铺子里柜台上有人说道:"前次白妞说书,是你告假的;明儿的书,应该我告假了。"一路行来,街谈巷议,大半都是这话,心里诧异道:"白妞是何许人? 说的是何等样书? 为甚一纸招贴便举国若狂如此?"

信步走来,不知不觉,已到高升店口。进得店去,茶房便来问道:"客人用什么夜膳?"老残一一说过,就顺便问道:"你们此地说鼓书是甚么顽意儿? 何以惊动这们许多的人?"茶房说:"客人你不知道,这说鼓书,本是山东乡下的土调,用一面鼓,两片梨花简,名叫'梨花大鼓',演说些前人的故事,本也没甚希奇。自从王家出了这个白妞、黑妞姊妹两个——这白妞名字叫做王小玉,此人是天生怪物。她十二三岁时,就学会了这说书的本事。她却嫌这乡下的调儿没甚么出奇,她就常到戏院里看戏,所有什么西皮,二簧,梆子腔等唱,一听就会。甚么俞三胜、程长庚、张二奎等人的调子,她一听也就会唱。仗着她的喉咙,要多高,有多高,她的中气,要多长有多长。她又把南方的甚么昆腔,小曲种种的腔调,都拿来装在这大鼓书的里面，不过二三年工夫，创出这个调儿。竟至无论南北高下的人，听了她唱书，无不神魂颠倒。现在已有招子，明儿就唱，你不信，去听一听就知道了。只是要听还要早去，她虽一点钟开唱，若到十点钟去便没有座位。"老残听得，也不甚相信。

次日，六点钟起，先到南门内，看了舜井，又走出南门，到历山脚下，看看相传大舜昔日耕田的地方。及至回店，已有九点钟的光景，赶忙吃了饭走到明湖居，才不过十点钟时候。那明湖居本是个大戏院子，戏台前有一百多张桌子。那知进了园门，园子里面已经坐的满满的了，只有中间七八张桌子还无人坐，桌子却都贴着"抚院定"、"学院定"等类红纸条儿。老残看了半天无处落脚，只好袖子里送了看座儿的二百个钱，才弄了一张短板凳，在人缝里坐下。看那戏台上只摆一张半桌，桌子上放了一面板鼓，鼓上放了两个铁片儿，心里知道这就是所谓"梨花筒"了；旁边放了一个三弦子，半桌后面放了两张椅子，并无一个人在台上。偌大的个戏台，空空洞洞，别无他物，看了不觉有些好笑。园子里面顶着篮子卖烧饼油条的，有一二十个，都是为那不吃饭来的人买了充饥的。

到了十一点钟，只见门口轿子渐渐拥挤，许多官员都着了便衣，着带家人，陆续进来。不到十二点钟，前面几张空桌俱已满了；不断还有人来看坐儿的，也只是搬张短凳在夹缝中安插。这一群人来了，彼此招呼，有打千儿的，有作揖的。大半打千儿的，多高谈阔论，说笑自如。这十几张桌子外，看来都是做生意的人；又有些像是本地读书的人的样子。大家都喊喊喳喳的在那里说闲话。因为人太多了，所以说的什么话，都听不清楚，也不去管他。

到了十二点半钟，看那台上，从后台帘子里面出来一个男人，穿了一件蓝布长衫，长长的脸儿，一脸疙瘩，仿佛风干福橘皮似的，甚为丑陋。但觉得那人气味还沉静。出得台来，并无一语，就往半桌后面左手一张椅子上坐下，漫将三弦子取来，随便和了和弦，弹了一两个小调，人也不甚留神去听。后来弹了一支大调，也不知道叫什么牌子，只是到后来全用轮指，那抑扬顿挫，入耳动心，恍若有几十根弦，几百个指头，在那里弹似的。这时台下叫好的声音，不绝于耳，却也压不下那弦子去。这曲弹罢，就歇了手，旁边有人送上茶来。

停了数分钟时，帘子里面出来一个姑娘，约有十六七岁，长长鸭蛋脸儿，梳了一个抓髻，戴了一副银耳环，穿了一件蓝布外褂儿，一条蓝布裤子，都是黑布镶滚的。虽是粗布衣裳，倒十分洁净，来到半桌后面右手椅子上坐下。那弹弦子的，便取了弦子，铮铮钪钪弹起。这姑娘便立起身来，左手取了梨花简夹在指头缝里，便丁丁当当的敲，与那弦子的声音相应；右手持了鼓捶子，凝神听那弦子的节奏。忽羯鼓一声，歌喉遽发，字字清脆，声声宛转，如新莺出谷，乳燕归巢。每句七字，每段数十句，或缓或急，忽高忽低，其中转腔换调之处，百变不穷。觉一切歌曲腔调俱出其下，以为观止矣。旁座有两人，其一人低声问那人道："此想必是白妞了罢。"其一人道："不是，这人叫黑妞，是白妞的妹子。她的调门儿都是白妞教的，若比白妞还不晓得差多远呢！她的好处，人说得出；白妞的好处，人说不出。她的好处，人学得到；白妞的好处，人学不到。你想这几年来，好玩耍的，谁不学她们的调儿呢？就是窑子里的姑娘们，也人人都学。只是顶多有一二句到黑妞的地步；白妞的好处，从没有一个人能及她十分里的一分的。"说着的时候，黑妞早唱完，后面去了。这时满园子里的人，谈心的谈心，卖瓜子，落花生，山里红，核桃仁的，高声喊叫着卖。满园子里听来都是人声。

正在热闹哄哄的时节，只见那后台里又出来一位姑娘，年纪约十八九岁，装束与前一个毫无分别：瓜子脸儿，白净面皮，相貌不过中人以上之姿，只觉得秀而不媚，清而不寒。半低着头出来，立在半桌后面，把梨花简丁当了几声。煞是奇怪！只是两片顽铁，到她手里，便有了五音十二律似的。又将鼓捶子轻轻的点了两下，方抬起头来，向台下一盼。那双眼睛,如秋水,如寒星,如宝珠,如白水银里头养着两丸黑水银。左右一顾一看,连那坐在远远墙角子里的人,都觉得王小玉看见我了;那坐得近的,更不必说。就这一眼,满园子里便鸦雀无声,比皇帝出来还要静悄得多呢!连一根针跌在地下,都听得见响。王小玉便启朱唇,发皓齿,唱了几句书儿。声音初不甚大,只觉入耳有说不出来的妙境,五脏六腑里,像熨斗熨过,无一处不伏贴,三万六千个毛孔,像吃了人参果,无一个毛孔不畅快。唱了十数句之后,渐渐的越唱越高,忽然拔了一个尖儿,像一线丝抛入天际,不禁暗暗叫绝。那知她于那极高的地方,尚能回环转折;几转之后,又高一层,接连有三四叠,节节高起。恍如由傲来峰西面攀登泰山的景象。初看傲来峰削壁千仞,以为上与天通,及至翻到傲来峰顶,才见扇子崖更在傲来峰上。及至翻到扇子崖,又见南天门更在扇子崖上。愈翻愈险,愈险愈奇,那王小玉唱高到极高的三四叠后,陡然一落;又极力骋其千回百折的精神,如一条飞蛇在黄山三十六峰半中腰里盘旋穿插,顷刻之间,周匝数遍。从此以后,愈唱愈低,愈低愈细,那声音渐渐的就听不见了。满园子之人,都屏气凝神,不敢少动。约有两三分钟之久,仿佛有一点声音,从地底下发出。这一出之后,忽又扬起,像放那东洋烟火,一个弹子上天,随化作百千道五色火光,纵横散乱。这一声飞起,即有无限声音俱来并发。弹弦子的,亦全用轮指,忽大忽小,同她那声音相和相合;有如花坞春晓,好鸟乱鸣,耳朵忙不过来,不晓得听那一声的为是。在撩乱之际,忽听霍然一声,人弦俱寂。这时台下叫好之声,轰然雷动。

停了一回,闹声稍定,只听那台下正座上有一个少年人,不到卅岁光景,是湖南口音,说道:"当年读书,见古人形容歌声的好处,有那'余音绕梁,三日不绝'的话,我总不懂,空中设想:余音怎样会得绕梁呢?又怎会三日不绝呢?及至听了小玉先生说书,才知古人措辞之妙。每次听她说书之后,总有好几天耳朵里无非都是她说的书,无论做什么事,总不入神。反觉得：'三日不绝'，这'三日'二字，下得太少；还是孔子'三月不知肉味'，'三月'二字形容得透彻些。"旁边人都说道："梦湘先生论得透辟极了，于我心有戚戚焉。"

说着，那黑妞又上来说了一段，底下便又是白妞上场。这一段闻旁边人说，叫做"黑驴段"。听了去，不过是一个士子见一个美人骑了一个黑驴走过去的故事。将形容那美人，先形容那黑驴怎样怎样好法；待铺叙到美人的好处，不过数语。这段书也就完了。其音节全是快板，越说越快。白香山诗云，"大珠小珠落玉盘"，可以尽之。其妙处在说得极快的时候，听的人仿佛都赶不上，听她却字字清楚，无一字不送到人耳轮深处！这是她的独到！然比着前一段，却未免逊一筹了。……这时不过五点钟光景，算计王小玉应该还有一段，不知只是她妹子出来敷衍几句，就收场了，当时一哄而散。

官场现形记 （节录二十六回）

却说贾大少爷，……看看已到了引见之期，头天赴部演礼，一切照例仪注，不庸细述。这天贾大少爷起了一个半夜，坐车进城，……一直等到八点钟，才有带领引见的司官老爷把他带了进去，不知走到一个什么殿上，司官把袖一摔，他们一班几个人在台阶上一溜跪下，离着上头约摸有二丈远，晓得坐在上头的就是"当今"了。……他是道班，又是明保的人员，当天就有旨，叫他第二天预备召见。……贾大少爷虽是世家子弟，然而今番乃是第一遭见皇上，虽然请教过多少人，究竟放心不下。当时引见了下来，先看见华中堂。华中堂是收过他一万银子古董的，见了面问长问短，甚是关切。后来贾大少爷请教他道："明日朝见，门生的父亲是现任臬司，门生见了上头，要碰头不要碰头？"华中堂没有听见上文，只听得"碰头"二字，连连回答道："多碰头，少说话：是做官的秘诀。"贾大少爷忙分辩道："门生说的是上头问着门生的父亲，自然要碰头；倘不问，也要碰头不要碰头？"华中堂道："上头不问你，你千万不要多说话；应该碰头的地方，又万万不要忘记不碰，就是不该碰，你多磕头，总没有处分的。"一席话说得贾大少爷格外糊涂，意思还要问，中堂已起身送客了。贾大少爷只好出来，心想华中堂事情忙，不便烦他，不如去找黄大军机。……或者肯赐教一二。谁知见了面，贾大少爷把话才说完，黄大人先问："你见过中堂没有？他怎么说的？"贾大少爷照述一遍，黄大人道："华中堂阅历深，他叫你多碰头少说话，老成人之见，这是一点儿不错。……"贾大少爷无法，只得又去找徐大军机。这位徐大人，上了年纪，两耳重听，就是有时候听得两句，也装作不知。他平生最讲究养心之学，有两个诀窍：一个是"不动心"，一个是"不操心"。……后来他这个诀窍被同寅中都看穿了，大家就送他一个外号，叫他做"琉璃蛋"。……这日贾大少爷……去求教他，见面之后，寒暄了几句，便提到此事。徐大人道："本来多碰头是顶好的事。就是不碰头，也使得。你还是应得碰头的时候，你碰头；不必的时候，还是不必碰的为妙。"贾大少爷又把华、黄二位的话述了一遍，徐大人道："他两位说的话都不错。你便照他二位的话，看事行事，最妥。"说了半天，仍旧说不出一毫道理，只得又退了下来。后来一直找到一位小军机，也是他老人家的好友，才把仪注说清。第二天召见上去，居然没有出岔子。

二十年目睹之怪现状 （节录第七十四回）

到了晚上，各人都已安歇，我在枕上隐隐听得一阵喧嚷的声音出在东院里。……嚷了一阵，又静了一阵，静了一阵，又嚷一阵，虽是听不出所说的话来，却只觉得耳根不清净，睡不安稳。……直等到自鸣钟报了三点之后，方才朦胧睡去；等到一觉醒来，已是九点多钟了。连忙起来，穿好衣服，走出客堂，只见吴亮臣、李在兹和两个学徒，一个厨子，两个打杂，围在一起窃窃私议。我忙问是什么事。……亮臣正要开言，在兹道："叫王三说罢，省了我们费嘴。"打杂王三便道："是东院符老爷家的事。昨天晚上半夜里我起来解手，听见东院里有人吵嘴，……就摸到后院里，……往里面偷看：原来符老爷和符太太对坐在上面，那一个到我们家里讨饭的老头儿坐在下面，两口子正骂那老头子呢。那老头子低着头哭，只不做声。符太太骂得最出奇，说道：'一个人活到五六十岁，就应该死的了，从来没见过八十岁人还活着的。'符老爷道：'活着倒也罢了。无论是粥是饭，有得吃吃点，安分守己着也罢了；今天嫌粥了，明天嫌饭了，你可知道要吃的好，喝的好，穿的好，是要自己本事挣来的呢。'那老头子道：'可怜我并不求好吃好喝，只求一点儿咸菜罢了。'符老爷听了，便直跳起来，说道：'今日要咸菜，明日便要咸肉，后日便要鸡鹅鱼鸭，再过些时，便燕窝鱼翅都要起来了。我是个没补缺的穷官儿，供应不起！'说到那里，拍桌子打板凳的大骂。……骂够了一回，老妈子开上酒菜来，摆在当中一张独脚圆桌上。符老爷两口子对坐着喝酒，却是有说有笑的。那老头子坐在底下，只管抽抽咽咽的哭。符老爷喝两杯，骂两句；符太太只管拿骨头来逗叭儿狗顽。那老头子哭丧着脸，不知说了一句甚么话，符老爷登时大发雷霆起来，把那独脚桌子一掀，砰訇一声，桌上的东西翻了个满地，大声喝道：'你便吃去！'那老头子也太不要脸，认真就爬在地下拾来吃。符老爷忽的站了起来，提起坐的凳子，对准了那老头子摔去。幸亏站着的老妈子抢着过来接了一接，虽然接不住，却挡去势子不少。那凳子虽然还摔在那老头子的头上，却只摔破了一点头皮。倘不是那一挡，只怕脑子也磕出来了。"我听了这一番话，不觉吓了一身大汗，默默自己打主意。到了吃饭时，我便叫李在兹赶紧去找房子，我们要搬家了。……

孽海花 （节录第十九回）

却说小燕便服轻车，叫车夫迳到城南保安寺街而来。那时秋高气爽，尘软蹄轻，不一会，已到了门口。把车停在门前两棵大榆树阴下。家人方要通报，小燕摇手说"不必"，自己轻跳下车，正跨进门，瞥见门上新贴一副淡红硃砂笺的门对，写得英秀瘦削，利落倾斜的两行字，道：

保安寺街藏书十万卷

户部员外补阙一千年

小燕一笑。进门一个影壁；绕影壁而东，朝北三间倒厅；沿倒厅廊下一直进去，一个秋叶式的洞门，洞门里面，方方一个小院落。庭前一架紫藤，绿叶森森，满院种着木芙蓉，红艳娇酣，正是开花时候。三间静室，垂着湘帘，悄无人声，那当儿恰好一阵微风，小燕觉得在帘缝里透出一股药烟，清香沁鼻。掀帘进去，却见一个椎结小童，正拿着把破蒲扇，在中堂东壁边煮药哩。见小燕进来，正要起立。只听房里高吟道："淡墨罗巾灯畔字，小风铃佩梦中人。"小燕一脚跨进去，笑道："梦中人，是谁呢？"一面说，一面看，只见纯客穿着件半旧熟罗半截衫，踏着草鞋，本来好好儿，一手捋着短须，坐在一张旧竹榻上看书。看见小燕进来，连忙和身倒下，伏在一部破书上发喘，颤声道："呀，怎么小燕翁来，老夫病体竟不能起迓，怎好怎好？"小燕道："纯老清恙，几时起的！怎么兄弟连影儿也不知？"纯客道："就是诸公定议替老夫做寿那天起的。可见老夫福薄，不克当诸公盛意。云卧园一集，只怕今天去不成了。"小燕道："风寒小疾，服药后当可小痊。还望先生速驾，以慰诸君渴望。"小燕说话时，却把眼偷瞧，只见榻上枕边拖出一幅长笺，满纸都是些抬头。那抬头却奇怪，不是"阁下""台端"，也非"长者""左右"，一叠连三，全是"妄人"两字。小燕觉得诧异，想要留心看他一两行，忽听秋叶门外有两个人，一路谈话，一路蹑手蹑脚的进来。那时纯客正要开口，只听竹帘子拍的一声。正是：十丈红尘埋侠骨，一帘秋色养诗魂。不知来者何人，且听下回分解。

三、侠义小说　清代的侠义小说，以《儿女英雄传》与《三侠五义》为代表，其他关于侠义的小说种类虽多，均不足称。

《儿女英雄传》　　原名《金玉缘》，本五十三回，今残存四十回，道光时人文康作。康为费莫氏，字铁仙，满洲镶红旗人，署名为"燕北闲人"。他曾做道郡守观察，后又被任为驻藏大臣，因病未赴任。其家本甚贵盛，而诸子不肖，家道遂中落。相传他晚年困居一室，仅存笔墨，因著此书以自遣。其情况颇与曹雪芹晚年作《红楼梦》相似，所不同者，彼是写实，是自叙；此是理想，是叙他。此书与《镜花缘》都是以女子为主人翁的，不过亦有不同处，《镜花缘》的人物繁杂，景物怪异，《儿女英雄传》的人物不多，事亦社会中所常有。全书内容是写一侠女何玉凤——假名十三妹——为父报仇，后嫁安公子事。作者的思想，在此书所表现的完全是传统的，旧道德观念，颇与现代思想不合。不过他的特点，是在以纯粹的北京话写成，流畅可诵，不失为当时北方的平民文学的好读物。至本书的结构，虽较《镜花缘》缜密，但亦是前半部写得比后半部好，这是和《镜花缘》同的。

十三妹大闹能仁寺　（节录《儿女英雄传》第六回）

却说那女子吹灭了灯，掩上了门，她却倚在门旁，不作一声的听那外边的动静，约莫也有半碗茶时，只听得远远的两个人说说笑笑，唱唱咧咧的从墙外走来，唱道是：

"八月十五月儿照楼，

两个鸦虎子去走筹，

一根灯草嫌不亮，

两根灯草又嫌费油，

有心买上一只洋蜡烛，

倒没我这脑袋光溜溜！"

一个笑着说道："你是甚么头口，有这么打自得儿没的？"有一个答道："这就叫'秃子当和尚，将就材料儿。'又叫'和尚跟着月亮走，也借他点光儿！'"那女子听了，心里说道："这一定是两个不成材料的和尚。"她便咬破窗棂，望窗外一看，果见两个和尚，嘻嘻哈哈，醉眼糊涂的走进院门。只见一个是瘦子，一个是个秃子。他两个才拐过那座拐角墙，就说道："咦！师傅今日怎么这么早就吹了灯儿睡了？"那瘦子说："想是了了事了罢咧！"那秃子说："了了事，再没不知会咱们扛架椿的。不要是那事儿说合了盖儿了，老头子顾不得这个了罢。"那瘦子道："不能就算说合了盖儿了，难道连寻宿儿的那一个，也盖在里头不成！"二人你一言，我一语的，只顾口里说话，不防脚底当的一声踢在一件东西上，倒吓了一跳。低头一看，原来是个铜镞子。那秃子便说道："谁把这东西扔在这儿咧？这准是三儿干的，咱们给他带到厨房里去。"说着，弯下腰去拣那镞子起来，一抬头月光之下，只见拐角墙后躺着一个人，秃子说："你瞧那不是架椿？可不了了事了吗？"那瘦子走到跟前一看，道："怎么个呀！"再弯腰一看，他就嚷将起来说："敢则是师傅？你瞧三儿也干了，这是怎么说！"秃子连忙扔下镞子，赶过去看了，也诧异道："这可是邪的，难道那小子有这么大神通不成！但是他又那儿去了呢？"秃子说："别管那些！咱们踹开门进去瞧瞧。"

　　说着，才要向前走，只听房门响处，嗖早蹿出一个人来，站在当院子里。二人冷不防，吓了一跳。见是个女子，便不在意，那瘦子先说道："怪咧！怎么她又出来了？这不又像说合了盖儿了吗？既合了盖儿，怎么师傅倒干了呢？"秃子说："你别闹！你细瞧这不是那一个。这得盘她一盘。"因向前问道："你是谁？"……那女子答道："是我。"秃子道："是你，就问你咧。我们这屋里那个人呢？"女子道："这屋里那个人，你交给我了吗？"那瘦子道："先别讲那个，我师傅这是怎么了？"女子道："你师傅，这大概算死了罢。"瘦子道："知道是死了。谁弄死他的？"女子道："我呀！"瘦子道："你讲什么情理弄死他？"女子道："准他弄死人，就准我弄死他——就是这么个情理。"瘦子听了这话说的野，伸手就奔那女子去。只见那女子不慌不忙把右手从下往上一翻，用了个叶底藏花的架式，"啪"只一个反巴掌早打在他腕子上撒了开去。那瘦子一见，说："怎么着？手里有活，这打了我的叫儿了。你等等儿，咱们爷儿两较量较量。你大概也不知道你小大师傅的少林拳有多么霸道。可别跑！"女子说："有跑的不来了，等着请教。"那瘦子说着，甩了外面的僧衣，交给秃子说："你闪开，看我打他个败火的红姑娘儿模样儿。"那女子也不合他斗口，便站在台阶前看他怎生个下脚法。只见那瘦子紧了紧腰，转向南边，向着那女子吐了个门户，把左手拢住，右拳头往上一拱，说了声："请！"

　　且住！难道两个人打起来了，还闹许多仪注不成？列公，打拳的这家武艺，却与厮杀械斗不同，有个家数，有个规矩，有个架式。讲家数为头数：武当拳，少林拳两家。武当拳是明太祖洪武爷留下的，叫作"内家"；少林拳是姚广孝姚少师留下的，叫作"外家"。大凡和尚学的都是少林拳。讲那打拳的规矩，各自站了地步，必是彼此把手一拱，先道一个"请"字招呼一声；那拱手时节，左手拢着右手，是让人先打进来，右手拢着左手，是自己要先打出去。那架式，拳打脚踢，拿法破法，自各有不同。若论这瘦和尚的少林拳，却颇颇的有些拿手，三五十人等闲近不得他；只因他不守僧规，各庙里存身不往，才跟了这个胖大强盗和尚，在此作些不公不法的事。如今他见这女子方才的一个反手巴掌有些家数，不觉得技痒起来，又欺她是个女子，故此把左手拢右手让他先打进来，自己再破出去。那女子见他一拱手，也丢个门户，一个进步便到了那和尚跟前举起双拳，先在他面门前一幌。这叫作"开门见山"。却是个花着儿破这个架式，是用左胳膊横着一搪，封在面门，顺着用右手往下一抹，拿住他的左腕子一拧将他身子拧转过来，却用左手从他脖子右边反插将去把下巴一掐，叫作"黄莺搦腿"。那瘦和尚见女子的双拳到来，就照式样一搪；不想她把拳头虚着晃了一晃，趸回身去就走。那瘦子哈哈大笑说："原来是个顽女斤斗的，不怎么样？"说着，一个进步跟下去，举手向那女子的后心就要下手；这一着叫作"黑虎偷心"，他拳头已经打出去了，一眼看见那女子背上明晃晃直轰轰的披着把刀，他就把拳头往上偏左一提，照左哈筋巴打去，明看着是着上了。只见那女子左肩膀往前一扭，早打个了空。他自觉身子往前一扑，赶紧的拿了拿椿站住。只这拿椿的这个当儿，那女子就把身子一扭，甩开左脚，一回身喋的一声，正踢在那和尚右肋上。和尚哼了一声，才待还手，那女子收回左脚，却脚跟向地下一碾，轮起右腿，甩了一个旋风脚，把那和尚左太阳上早着了一脚，站脚不住，咕咚向后便倒。这一着叫作"连环进步鸳鸯拐"；这是姑娘的一椿看家的本领，真实的艺业。那秃子看见，骂了声："小撒粪的，这不反了吗？"一气跑到厨房，拿出一把三尺来长铁火剪来，轮得风车儿般，向那女子头上打来。那女子也不去搪它，连忙把身子闪在一旁，拔出刀来，单臂轮开；从上往下只一盖，听得噌的一声，把那火剪齐齐的从中腰里砍作两段。那秃和尚手里只剩得一尺来长，两根大镊头钉子似的东西，怎的个斗法？他说声不好，丢下回头就跑。那女子赶上一步，喝道："狗男女，那里走？"在背后举起刀来，照他的右肩膀一刀，咔嚓从左肋里砍将过来，把个和尚弄成了黄瓜腌葱，剩了个斜岔儿了。他回手又把那瘦子和尚头枭将下来，用刀指着两个尸首道："贼秃驴，谅的这两个东西，也不值得劳你姑娘的手段，只是你两个满口呪的是些什么？"正说着，只见一个老和尚用大袖子握着脖子，从厨房里跑出来，溜了出去，那女子也不追赶，向他道："不必跑，饶你的残生，谅你也不过是出去送信，再叫两个人来；索性让我一不做，二不休，见一个，杀一个，见两个，杀一双，杀个爽快。"说着，把那两个尸首踢开，先清楚了脚下。只听得外面果然闹闹吵吵的一轰进来，一群四五个，七长八短的和尚，手拿锹镢棍棒，拥将上来，女子见这般人，浑头浑脑，都是些刀巴，心里想道："这倒不好合他交手，且打倒两个再说。"他就把刀尖虚按一按，托地一跳，跳上房去，揭了两片瓦，朝下打来。一瓦正打中拿枣木杠子的一个大汉的额角，卟的一声倒了，把杠子撅在一边。那女子一见，重新跳将下来，将那杠子抢到手里，掖上倭刀，一手轮开杠子，指东打西，指南打北，打了个落花流水，东倒西歪，一个个都打倒，东墙角跟前，翻着白眼拔气儿。那女子冷笑道："这等不禁插打，也值的来送死；我且问你，你们庙里照这等没用的东西，还有多少？"

言还未了，只听脑背后暴雷也似价一声道："不多，还有一个。"那声音像是从半空里飞将下来。紧接着就见一条纯钢龙尾禅杖，撒花盖顶的从腰后直奔顶门。那女子眼明手快，连忙丢下杠子，拿出那把刀来往上一架，棍沉刀软将将的抵一个住。她单刀一攒劲，用刀挑开了那棍，回转身来，只见一个虎面行者，前发齐眉后发盖颈，头上束一条日月渗金箍，浑身上穿一件元青绫排扣子滚身短袄，下穿一条元青绫儿裆鸡褪裤，腰系双股鸾带，足登薄底快靴，好一似蒲东寺不抹脸的憨惠明，还疑是五台山没吃醉的花和尚。那女子见他来势凶恶，先就单刀直入取那和尚，那和尚也举棍相迎。他两个，一个使雁翎宝刀，一个使龙尾禅杖。一个棍起处似泰山压顶，打下来举手无情；一个刀摆处如大海扬波，触着他抬头便死。刀光棍势，撒开万点寒星；棍竖刀横，聚作一团杀气。一个莽和尚，一个俏佳人；一个穿红，一个穿黑，彼此在那冷月昏灯之下，来来往往，吆吆喝喝。这场恶斗，斗得来十分好看。那女斗到难解难分之处，心中暗想说："这个和尚倒来得忒的了得；若合他这等油斗，斗到几时？"说着，虚晃一刀，故意的让出一个空子来。那和尚一见举棍，便向她顶门打来；女子把身子只一闪，闪在一旁，那棍早打了个空。和尚见上路打她不着，挈回棍便从下路扫着她踝子骨打来。棍到处，只见那女子两只小脚儿，拳回去踢跶一跳，便跳过那棍去。那和尚见两棍打他不着，大吼一声，双手攒劲轮开了棍，便取她中路，向左肋打来，那女子这番不闪了，她把柳腰一摆，平身向右一拆，那棍便擦着左肋奔了胁下去。她却扬起左胳膊，从那棍的上面向外一绰，往里一裹，早把棍绰在手里。和尚见他的兵器被人吃住了，咬着牙，撒着腰，往后一拽。那女子便把棍略松了一松，和尚险些儿不曾坐个倒蹲儿，连忙的插住两脚，挺起腰来往前一挣。那女子趁势儿把棍往怀里只一带，那和尚便跟了过来。女子举刀向他面前一闪，和尚只顾躲那刀，不妨那女子抬起右腿用脚跟向胸脯上一登；"喤"地立脚不隐，不由的撒了那纯钢禅杖，仰面朝天倒了。那女子笑道："原来也不过如此！"那和尚在地下，还待挣扎，只听那女子说道："还敢起动，我就把你这蒜锤子砸你这头蒜。"说着，掫起那把刀来，手起一棍，打得他脑浆迸裂，霎时间青的红的白的黑的都流了出来，呜呼哀哉，敢是死了。

那女子回过头来，见东墙边那五个死了三个，两个扎挣起来，在那里把头碰的山响，口中不住讨饶。那女子道："委屈你们几个，算填了馅了；只是饶你不得。"随手一棍一个，也结果了性命。那女子片刻之间，弹打了一个当家的和尚，一个三儿；刀劈了一个瘦和尚，一个秃和尚；打倒了五个作工的僧人；结果了一个虎面行者，一共整十个人。她这才抬头望着那一轮冷森森的月儿，长啸了一声，说："这才我得爽快，只不知屋里这位小爷吓得是死是活？"说着，提了那禅杖，走到窗前，只见那窗棂儿上果然的通了一个小窟窿。她扒着往里一望，原来安公子还方寸不离，坐在那个地方，两个大拇指堵住了耳门，那八个指头握着眼睛，在那里藏猫儿呢！

《三侠五义》 原名《忠烈侠义传》，亦称《大五义》，出现于光绪五年，凡一百二十回，为石玉琨所撰。此人生平不详，其内容是从宋真宗朝"狸猫换太子"说起，次叙包拯的降生，及其断案的事迹。又叙及三侠——南侠展昭、北侠欧阳春、双侠丁兆兰、丁兆蕙及五鼠——钻天鼠卢方、彻地鼠韩彰、穿山鼠徐庆、翻江鼠蒋平、锦毛鼠白玉堂的武侠行为，最后众侠都归顺朝廷，全书于是告终。查此书结构完密，事迹复诡异而多变化，文辞亦极流利明白，颇能引起一般读者的兴趣，实是侠义小说中的一大创作。当时文人俞樾极称道此书，有"事迹新奇，笔意酣恣，描写既细入毫芒，点染又曲中筋节，正如柳麻子说'武松打店'，初到店内无人，蓦地一吼，店中空缸空瓮，皆瓮瓮有声，闲中着色，精神百倍"的好评。俞氏读后复以己意为之删改，且以书中南侠北侠及双侠其数已四，非三所能包，又加小侠艾虎、黑妖狐智化及小诸葛沈仲元，成为七侠，因改名为《七侠五义》，而重行刊世。后又有《小五义》及《续小五义》，皆一百二十四回，亦称石玉琨原稿。此外尚有所谓《英雄大八义》、《英雄小八义》、《七剑十三侠》、《七剑十八侠》，及《施公案》——施世纶事，《彭公案》——彭鹏事等类似的侠义小说。这些小说，较之前二者虽为逊色，但在下层社会中极为流行，如社会的一般人士，无有不知黄天霸者，即可知《施公案》的势力有多大了。

七侠五义 （节录第五十七回）

　　白玉堂纵身上船，那渔翁慢慢的摇起船来，撑至江心，却不动了。便发话道："大清早起的，总要发个利市。俗语说的是：'船家不打过河钱。'客官有酒资拿出来，老汉方好渡你过去。"白玉堂道："老丈，你只管渡我过去，我是从不失信的。"渔翁道："口说无凭，多少总要信行的。"白玉堂暗道："巨耐这厮可恶！偏我来的仓猝，并未带得银两。"只得脱下衬袄，道："老丈，此衣足可典当几贯钱钞，难道你还不凭信么？"渔翁接过抖起来，道："客官休怪。这是我们船家的规矩。"正说间，忽见那边飞也似的装了一只渔船来，口中说道："好吓！清早发利市，见者有分。须要沽酒请我的。"说话间，船已临近。这边的渔翁道："甚么大利市，不过是件衣服。你看看，可典多少钱钞？"说罢，便将衣服掷过。那渔人将衣服抖开一看，道："别管典当多少，足够你我喝酒的了。"渔翁道："我正在思饮，咱们且吃酒去。"只听嗖的一声，已然跳到那边船上。那边渔人将篙一支，登时飞也似的去了。白玉堂见他们去了，白白的失去衣服，无奈何，自己将篙拿起来撑船。可煞作怪，那船不往前走，止于在江心打转儿。不多一会，白玉堂累的通身是汗，喘吁不止。自己发恨道："当初与其练那独龙桥的，何不下工夫练这渔船呢？今日也不至于受他的气了。"正在抱怨，忽见小舱内出来一人，头戴斗笠，猛将斗笠摘下。道："五弟久违了！世上无有十全的人，也没有十全的事，你抱怨怎的？"白玉堂一看，却是蒋平，穿着水靠。不由的气冲霄汉，一声怪叫道："嗳哟！好病夫！那个是你五弟？"蒋爷道："哥哥是病夫，当初叫你练练船只，你要练那出奇的顽意儿。到如今，你那独龙桥那里去了？"白玉堂听了此言，顺手就一篙。蒋平也就顺手落下水去，五爷两眼尽往水中注视。再将篙拨船时动也不动，只急得他两手扎煞。忽见蒋平露出头来，把住船边，道："老五吓！你喝水不喝？"白玉堂未及答言，那船已然底儿朝天，把个锦毛鼠弄成水老鼠了。蒋平恐他过于喝多了水，不是当耍的，又恐他不喝一点儿水，也是难缠的；莫若叫他喝两三口水，趁他昏迷之际，将就着到了茉莉村，就好说了。他左手揪住发绺，右手托定腿洼，两足踏水，不多时即到北岸，见有小船三四只在那里等候。这是蒋平临过河拆桥时，就吩咐下的。船上共有十数人，见蒋爷托定白玉堂，大家便嚷道："来了！来了！四老爷成了功了！上这里来。"蒋爷来至切近，将白玉堂往上一举。众水手接过，便要控水。蒋爷道："不消，不消。你们大家把五爷寒鸦赴水的背剪了，头面朝下，用木杠即刻抬至茉莉村。赶到那里，大约五爷的水也控净了，就苏醒过来了"。众水手只得依命而行。七手八脚的捆了，用杠穿起，扯连扯连抬着个水淋淋的白玉堂，竟奔茉莉村而来。且说展熊飞同定卢方、徐庆、兆兰、兆蕙相陪，来至茉莉村内，刚一进门，二爷便问伴当道："蒋四爷可好些了？"伴当道："蒋四爷于昨晚二员外起身之后，也就走了。"众人诧异，道："往那里去了？"伴当道："小人也曾问来，说：'四爷病着，又往何方去呢？'四爷说：'你不知道：我这病是不要紧的；皆因有个约会等个人，却是极要紧的。'小人也不敢深问，因此四爷就走了。"众人听了，心中纳闷，惟独卢爷着急，道："他的约会，我焉有不知的？从来没有提起，好生令人不解。"丁大爷道："大哥不用着急。且到厅上坐下，大家再作商量。"说话间，来至厅上，丁大爷先要去见丁母。众人俱言：

"代为请安。"展爷说:"俟事体消停,再去面见老母。"丁大爷一一领命,进内去了。丁二爷吩咐伴当:"快快去预备酒饭。我们俱是闹了一夜的了,又渴又饥。快些!快些!"伴当忙忙的传往厨房去了。少时,丁大爷出来,早见伴当调开桌椅,安放杯箸。上面是卢方,其次展昭、徐庆。兆兰、兆蕙在主位相陪。刚然入座,才待斟酒,忽见庄丁跑进来,禀道:"蒋老爷回来了,把白五爷抬来了。"众人听了,又是惊骇,又是欢喜,连忙离坐出厅,俱各迎将出来。到了庄门,果见蒋四爷在那里吩咐,把五爷放下抽杠解缚。此时白玉堂已吐出水来,虽然苏醒,尚不明白,卢方见他面目焦黄,浑身犹如水鸡儿一般,不觉泪下。展爷早赶步上前,将白玉堂扶着坐起,慢慢唤道:"五弟醒来,醒来。"不多时,只见白玉堂微睁二目。看了看展爷,复又闭上,半晌,方囔嘟道:"好病夫吓!淹得我好!淹得我好!"说罢,哇的一声,又吐出许多清水,心内方才明白了。睁睛往左右一看,见展爷蹲在身傍,见卢方在那里拭泪。惟独徐庆、蒋平二人,一个是怒目横眉,一个是嬉皮笑脸。白玉堂看蒋爷,便要挣扎起来,道:"好病夫吓!我是不能与你干休的。"展爷连忙扶住,道:"五弟且看愚兄薄面。此事始终皆由展昭而起。五弟如有责备,你就责备展昭就是了。"丁家弟兄连忙上前扶起玉堂,说道:"且请到厅上去沐浴更衣后,有什么话再说不迟。"白玉堂低头一看,浑身连泥带水,好生难看,又搭着处处皆湿,遍体难受得很。到此时也没的说了,只得说:"小弟从命。"大家步入庄门,进了厅房。丁二爷叫小童掀起套间软帘,请白五爷进内。只见澡盆,堂布,香肥皂,胰子,香豆面,床上放着洋布汗遏中衣,月白洋绉的套裤,靴,袜,绿花氅月白衬袄,丝绦,大红绣花武生头巾,样样俱是新的。又见小童端了一磁盆热水来。放在盆架之上,请五爷坐了,打开发纂,先将发内泥土洗去,然后用木梳通开,将发纂挽好,扎好网巾。又见进来一个小童,提着一桶热水注在澡盆之内,请五老爷沐浴净面。然后穿了衣服,戴了武生巾。其衣服靴帽尺寸长短,如同自己的一样,心中甚为感激丁氏弟兄,只是恼恨蒋平,不免怏怏。

四、弹词小说 此是一种韵文的通俗小说,所谓弹词,是一面唱着,一面说着的叙事小说,在唱时弹着弦索,故名弹词。它的起源很早,如唐代佛曲的各种"俗文"和"变文",宋代的各种"宝卷"和"鼓子词",金人董解元的《西厢挡弹词》,明人杨慎的《廿一史弹词》,皆为清代弹词的先导。到了清代,这类弹词更见发达,最著者如:《安邦志》、《定国志》、《凤凰山》三部,共有六百七十四回,二百万字,《玉蜻蜓》、《珍珠塔》,及女性作的:《天雨花》——梁溪陶贞怀作、《再生缘》——钱塘陈端生作、《笔生花》——淮阴邱心如作、《凤双飞》——阳湖程蕙英作、《梦影缘》——郑澹若夫人作、《玉钏缘》、《再造天》及《锦上花》——侯香叶夫人改订。在清代的弹词小说中,尤以女性的作家,其成绩为最惊人。这样的小说,在一般妇女们,颇为欢迎,这亦是清代小说的特点。至关于弹词小说的结构,虽亦有是描写很好的,但大部分是所谓"后花园私定终身"、"落难公子中状元",和"夫荣妻贵大团圆"的一套陈陈相因的旧把戏,很少有艺术上的价值的,所以在这里,我们亦不称引了。

五、笔记小说 以上全是清代的长篇小说,至短篇小说,亦有可称者,最著名的当以《聊斋志异》与《阅微草堂笔记》为其代表作。

《聊斋志异》 为蒲松龄作。松龄(1630 至 1715),字留仙,山东淄川人,幼有轶才,志而不达,卒年八十六。其《志异》共十六卷,四百三十一篇,年五十始定。所叙不外神仙、狐鬼、精魅的故事,然描写委曲有情致,文辞简洁而华丽,如《婴宁》、《林四娘》、《香玉》、《黄英》、《恒娘》、《马介甫》、《粉蝶》诸篇,皆称佳构。相传当时渔洋山人王士禛甚赞赏此书,欲购之而不得,故声誉更大,竞相传抄。然终著者之世,竟未刻行,至乾隆末,始刊布于世。前有基尔士(Giles)者,曾译之为英文,故在西洋亦颇有名。近人又发现一部长篇小说名《醒世姻缘》,长有百回,据考亦是蒲松龄作,曾有徐志摩的长序,和胡适之的考证,近虽由亚东书局印行,但是尚不甚惹人注意也。

恒　娘　（见《聊斋志异》卷四）

　　洪大业都中人，妻朱氏，姿致颇佳，两相爱悦，后洪纳婢宝带为妾，貌远逊朱而洪嬖之。朱不平，辄以此反目，洪虽不敢公然宿妾所，然益嬖宝带，疏朱。后徙其居，与帛商狄姓者为邻，狄妻恒娘，先过院谒朱。恒娘三十许，姿仅中人，而言词轻倩，朱悦之。次日答其拜，见其室亦有小妻，年二十来，甚娟好。邻居几半年，并不闻其诟谇一语，而狄独钟爱恒娘，副室则虚员而已。朱一日见恒娘而问之曰："余向谓良人之爱妾。为其为妾也，每欲易妻之名呼作妾，今乃知不然，夫人何术？如可授，愿北面为弟子。"恒娘曰："嘻，子则自疏，而尤男子乎？朝夕而絮聒之，是为丛驱雀，其离滋甚耳。其归益纵之，即男子自来，勿纳也，一月后，当再为子谋之。"朱从其言。益饰宝带，使从丈夫寝。洪一饮食，亦使宝带共之，洪时一周旋朱，朱拒之益力，于是共称朱氏贤。如是月余，朱往见恒娘，恒娘喜曰："得之矣，子归，毁若妆，勿华服，勿脂泽，垢面敝履，杂家人操作，一月后可复来。"朱从之，衣敝补衣，故不洁清，而纺绩外无他问，洪怜之，使宝带分其劳，朱不受，辄叱去之，如是者一月，又往见恒娘。恒娘曰："孺子真可教也，后日为上巳节，欲招子踏春园，子当尽去敝衣，袍裤袜履，崭然一新，早过我。"朱曰："诺"。至日，揽镜细匀铅黄，一一如恒娘教，妆竟，过恒娘，恒娘喜曰："可矣。"又代挽凤髻，光可鉴影，袍袖不合时制，拆其线，更作之，谓其履样拙，更于笥中出业履共成之，讫，即令易著。临别，饮以酒，嘱曰："归去一见男子，即早闭户寝，渠来叩关勿听也。三度呼，可一度纳，半月后，当复来。"朱归，炫妆见洪，洪上下凝睇之，欢笑异于平时，朱少话游览，便支颐作惰态。日未昏，即起入房，阖扉眠矣。未几洪果来叩关，朱坚卧不起，洪始去。次夕复然，明日，洪让之，朱曰："独眠习惯。不堪复扰。"日既西，洪入闺坐守之，更为次夜之约，朱不可，与洪约，约三日为率。半月许，复诣恒娘，恒娘阖门与语，曰："从此可以擅专房矣，然子虽美，不媚也。子之姿，一媚可夺西施之宠，况下者乎？"于是试使睨，曰："非也，病在外眦。"试使笑，又曰："非也，病在左颐。"乃以秋波送娇，又鞅然瓠犀微露，使朱效之，凡数十作，始略得其仿佛。恒娘曰："子归矣，揽镜而娴习之，术无余矣。"朱归，一如恒娘教，洪大悦，形神俱惑，惟恐见拒，跬步不离闺闼，日以为常，竟不能推之使去。朱益善遇宝带，每房中之宴，辄呼与共榻坐，而洪视宝带益丑，不终席遣去之。朱赚夫入宝带房，扃闭之，洪终夜无所沾染。于是宝带恨洪，对人辄怨谤，洪益厌怒之，渐施鞭楚。宝带忿不自修饰，敝衣垢履，头类蓬葆，更不复可言人矣。恒娘一日谓朱曰："我术何如矣？"朱曰："道则至妙，然弟子能由之而终不能知之也，纵之，何也？"曰："子不闻乎？人情厌故而喜新，重难而轻易，丈夫之爱妾，非必其美也。甘其所乍获，而幸其所难遘也。纵而饱之，则珍馐亦厌，况藜羹乎？""毁之而复炫之，何也？"曰："置不留目，则似久别，忽睹艳妆，则如新至。譬贫人骤得粱肉，则视脱粟非味矣。而又不易与之，则彼故而我新，彼易而我难，此即子易妻为妾之法也。"朱大悦，遂为闺中密友。积数年，忽谓朱曰："我两人情若一体，自当不昧生平，向欲言而恐疑之也。行将别，敢以实告，妾乃狐也，幼遭继母之变，鬻妾都中，良人遇我厚，故不忍遽绝，恋恋以至于今。明日老父尸解，妾往省觐，不复还矣。"朱把手欷歔，早旦往视，则举家惶骇，恒娘已杳。

异史氏曰：买珠者不贵珠而贵椟，新旧难易之情，千古不能破其惑，而变憎为爱之术，遂得以行乎其间矣。古佞臣事君，勿令见人，勿使窥书，乃知容身固宠，皆有心传也。

《阅微草堂笔记》 为纪昀作。昀（1724 至 1805），字晓岚，直隶献县人，官至侍读学士，后又为《四库全书》的总纂官。他一生的精力，都用在四库提要及目录中。嘉庆十年官至太子少保，管国子监事,斯年即卒,年八十二,谥曰"文达."他作的《阅微草堂笔记》,内有五种:即《滦阳消夏录》、《如是我闻》、《槐西杂志》、《姑妄听之》及《滦阳续录》。此书虽是为"昼长无事,聊以遣日"之作,但立法严谨,志在教世,措词亦质而不华,与《聊斋》之取法传奇者,有所不同。

以上两种小说,全是文言,与前述之通俗小说又自不同。后人模仿者不少,仿《聊斋志异》的有沈起凤的《谐铎》、管世灏的《影谈》、王韬的《遁窟谰言》、《淞隐漫录》、《淞滨琐言》,及宣鼎的《夜雨秋灯录》等。仿《阅微草堂笔记》的,有许元仲的《三异笔谈》、俞鸿渐的《印雪轩随笔》、俞樾的《右台仙馆笔记》、金捧阊的《客窗偶笔》、梁恭辰的《池上草堂笔记》及许奉恩的《里乘》等。不过其中多有是讲因果,陈祸福,专以劝惩为主,没有多大小说上的价值了。

姑妄听之 （一则）

李义山诗"空闻子夜鬼悲歌",用晋时鬼歌《子夜》事也。李昌谷诗"秋坟鬼唱鲍家诗",则以鲍参军有《蒿里行》,幻窈其词耳。然世间固往往有是事。田香沁言:"尝读书别业,一夕风静月明,闻有度昆曲者,亮折清圆,凄心动魄,谛审之,乃《牡丹亭叫画》一出也。忘其所以,倾听至终。忽省墙外皆断港荒陂;人迹罕至,此曲自何而来? 开户视之,惟芦荻瑟瑟而已。"

如是我闻 （一则）

吴惠叔言:"医者某生素谨厚。一夜,有老媪持珠花一双就买堕胎药,医者大骇,峻拒之。次夕,又添持珠花两枝来,医者益骇,力挥去。越半载余,忽梦为冥司所拘,言有诉其杀人者,至则一披发女子,项勒红巾,泣陈乞药不与状。医者曰:'药以活人,岂敢杀人以渔利。汝自以奸败,于我何尤!'女子曰:'我乞药时,孕未成形,倘得堕之,我可不死,是破一无知之血块,而全一待尽之命也。既不得药,不能不产,以致子遭扼杀,受诸痛苦,我亦见逼而就缢,是汝欲全一命,反戕两命矣。

罪不归汝，反谁归乎？'冥官喟然曰：'汝之所言，酌乎事势；彼之所执者则理也。宋以来固执一理而不揆事势之利害者，独此人也哉？汝且休矣！'拊几有声，医者悚然而悟。"

结论：中国文学之南北观及文化 中心之迁移

有历史告诉我们，在上古时代，中国人种——所谓汉族——自帕米尔高原迁向东来：一支沿着黄河的源头，又一支沿着长江的源头，逐渐顺流而下的向东推移，先占据了上流，继而中部与下游亦都占据了。到了秦、汉之际，除黄河与长江流域外，又把北方的辽河流域，和南方的珠江流域亦划归了中国版土，于是中国文化就在这样辽廓的、广袤的区域内，孳生繁荣着。因南北地势的不同，气候的迥异，同一的中国文化，就有了南北之别。在黄河流域一带，地势高瘠，气候寒冷，得天者较薄，人民多以垦牧而生活，艰难辛苦，终日无有余暇，他们常想着如何可以得到实际的生活方法，来解决衣食住的人生问题。所以在这样的环境中产生的文学，多是质朴的、写实的、人生的艺术，严肃的、沉郁的、悲歌慷慨的英雄文学。在长江流域一带，天气温和，物产丰富，得天者独厚，人民多以耕田而生活，安居乐业，颇有余暇。所以在这样的环境中产生的文学，多是巧丽的、浪漫的、艺术的艺术；宛妙的、柔媚的、低徊凄恻的儿女文学。中国南北文学的不同，这由《诗经》与《楚辞》时代起，至汉魏的乐府，南北朝的民歌，唐朝的诗、宋代的词、元明的戏曲，以及清朝的小说，都可处处看到的。

中国文化最早是发生于黄河流域一带，其中心当然是在北方，后来就逐渐由北而南，把文化的中心迁到南方去了。我们研究中国历史，就知道中国文化在晋朝未南渡以前，其中心是在北方，当时北方的文学家，较之南方多多了。自晋南迁至元入主中原，是中国文化由北而南，逐渐过渡时代。这时的文学家，南北之数，相差尚不远。到明、清两代，中国文化的中心，就完全移到了南方。这时南方的文学家，较之北方多多了，恰与晋末南渡前，成个反比例。其中变迁的原因，虽甚复杂，但约而言之，可有二说：一、中国从前的外患多在西北与东北，在南方则绝无仅有，到了晋朝，五胡乱华，中原糜烂，所有之文化，为之蹂躏殆尽，一般士大夫及知识阶级者，多随帝室而南去。这时南方顿成了汉族文化的避难所了，北方一时陷于野蛮民族的角斗场，毫无文化之可言。及至五代和北宋，中原又遭了两次大劫，所以北方再亦不能成为中国文化的中心，只有听自然的趋势和人事的变迁，让文化的中心由北而南的逐渐推移过去了。二、到了明、清，中国文化在南方早有了根基，又加后来和西洋各国通商，南方受外国文化的影响，较北方为早，所以南方就成了中国文化的中心了。这看明、清四五百年间，南方文学家之多，可以恍然了。今将中国文学家的地理分布表列下，以实吾说。

中国文学家的地理分布表

地名	周秦	两汉	三国	晋	南北朝	隋	唐五代	宋	金	元	明	清
山东	孔子	东方朔 韦孟 经学家（不少）	孔融 诸葛亮 刘桢 徐幹	左思 左芬 王羲之（一说江苏人） 王戎	徐陵 ○颜延之 ○王融 ○刘勰 ○任昉 ○王褒 （这五人亦有称是江苏人者）	颜之推（一说江苏人）	和凝	李清照 辛弃疾 晁补之 周密	党怀英（一说陕西冯翊人）	武汉臣 高文秀	李攀龙	宋琬 王士禛 赵执信 孔尚任 蒲松龄 桂馥 曹贞吉 丁耀亢
河南		贾谊 张衡 蔡邕 蔡琰	阮瑀 应玚 繁钦 仲长统	阮籍 潘岳 潘尼 谢道蕴 干宝 山涛 向秀	江淹 范云 庾信 谢灵运 谢惠连 谢朓 江总 钟嵘		沈佺期 王梵志 刘希夷 杜甫 岑参 元稹 韩愈 卢仝 李贺 韩偓 李商隐 房千里 李建 王建 王符 李存勖 （原西夏厥人氏）	宋祁 贺铸 朱敦儒		郑廷王	何景明	侯方域

地名	周秦	两汉	三国	晋	南北朝	隋	唐五代	宋	金	元	明	清
河北			甄夫人	张华 张载 张协			卢照邻 张籍 贾岛 高适 李端 刘长卿 张鷟 孟郊 刘蜕 毛文锡	李昉	赵秉文	关汉卿 王实甫 白朴 马致远 张国宾 杨显之 尚仲贤 宫天挺		舒位 李汝珍 纪昀 曹雪芹 高鹗 文康 纳兰性德
山西					王琚	薛道衡	王勃 宋之问 王维 柳宗元 卢纶 司空图 王之涣 王翰 温庭筠 薛 ○白居易 ○白行简 薛调 （二白一说陕西人或说又说河南人）		元好问	乔 萨都剌 郑光祖 乔吉甫 李寿卿 石君宝 吴昌龄		

地名	周秦	两汉	三国	晋	南北朝	隋	唐五代	宋	金	元	明	清
陕西		苏武 韦玄成 梁鸿 班固 傅毅（史学家不少）		苏蕙		杨广	杨炯 韦应物 王昌龄 杜牧 韦庄 鱼玄机 薛涛	杨亿	○党怀英（一说山东泰安人）		康海	
甘肃		李陵 秦嘉		王嘉			牛峤 牛希济 李公佐 李朝威	张炎			李梦阳	
江苏		刘彻 枚乘	陈琳	刘伶 陆机 陆云	鲍照 萧衍 萧纲 萧绎 萧统 刘敬淑 刘义庆 陆倕 萧子良 ○颜延之 ○王融 ○刘勰	颜之推（一说是山东人）	刘禹锡 陆龟蒙 蒋若虚 张旭 戴叔伦 许浑 李翱 李煜 冯延巳 沈既济	秦观 张耒 陈师道 范成大 徐铉 吴淑			王世贞 袁凯 唐寅 祝允明 文徵明 张灵 钱谦益 吴伟业 高启 梁辰鱼 魏良辅 沈璟	沈德潜 陈维崧 黄景仁 赵翼 顾贞观 张惠言 恽敬 李侗 尤侗 杨潮观 黄宪清 金圣叹

续表

地名	周秦	两汉	三国	晋	南北朝	隋	唐五代	宋	金	元	明	清
					○任昉 ○王褒 ○省五人一说（山东人）						张凤翼 陆采 徐渭	陶贞怀 张坚 邱心如 陈娘 程蕙英 褚人获 许仲琳 吴承恩 万树 郑燮 冯梦龙 陈森 李宝嘉 曾朴 刘鹗 夏敬渠 金和
安徽			曹操 曹丕 曹植	嵇康				梅尧臣家 郭索 秦醇			朱权 朱有燉 阮大铖 梅鼎祥	施闰章 龚鼎孳 吴敬梓（散文家不少）

地名	周秦	两汉	三国	晋	南北朝	隋	唐五代	宋	金	元	明	清
浙江					沈约 陈淑宝 吴均		骆宾王 钱起 孟郊 秦系 顾况 贯休 寒山 杜光庭 沈亚之 吴融 罗隐 徐灵 李冶 张志和	钱惟演 陆游 徐照 徐玑 徐翁卷 赵师秀 张先 周邦彦 朱淑贞 吴文英 蒋捷 王沂孙		戴表元 杨维桢 赵孟頫 施耐庵 罗贯中 金仁杰 秦简夫 萧德祥 管道升	刘基 陈子龙 施耐庵 徐渭 高启 屠隆 高濂 李日华	朱彝尊 袁枚 厉鹗 李渔 洪昇 俞樾 俞万春 凌濛初 陈球 韩子云 毛奇龄 陈端生
江西				陶潜			郑谷	晏殊 晏几道 欧阳修 王安石 黄庭坚 杨万里 刘过 姜夔 乐史 洪迈		范梈	汤显祖	蒋士铨 陈三立

地名	周秦	两汉	三国	晋	南北朝	隋	唐五代	宋	金	元	明	清
两湖	屈原 宋玉						孟浩然 皮日休				李东阳 袁宏道 袁崇道 袁中道 钟惺 谭元春	王闿运 曾国藩 樊增祥 杨恩寿
四川		司马相如 扬雄					陈子昂 李白 欧阳炯	苏舜钦 苏轼 苏辙		虞集	杨慎	
福建							江采蘋	柳永 刘克庄				魏子安 陈衍
广东							张九龄					黄遵宪 吴沃尧
贵州												郑珍
云南										揭傒斯		

我们看了这表，知道自周秦至晋朝的文学家，北方的——黄河流域一带——占有三十九位，南方的——长江流域一带——占有十六位，其中如刘彻及曹氏父子的籍贯，均近北方，并非南人，若将他们四位改入北方，那末，南方的作家仅有十二位，北方的多至四十三位了，是北方之数，几超过南方的四倍。自南北朝至元代，北方的文学作家占九十三位，南方的占九十八位，将颜延之、王融、刘勰、任昉、王褒及颜之推，列入江苏籍，其实他们原是山东籍，二者之数，相差无几。及至明、清两代，北方的作家仅有二十人，而南方的作家则有九十位，已超过北方的四倍以上。从此看来，中国文化中心的迁移，可一目了然了。

附录：中国历代文学家籍贯生卒年表

姓名	籍贯	生年	卒年	岁数
孔　子	山东曲阜	西前　五五一	西前　四七九	七十三
屈　原	楚	三四三	二九〇	五十四
宋　玉	楚	二九〇？	二二二？	六十九？
刘　彻	江苏沛县	一五七	八十七	七十一
贾　谊	洛　阳	二〇〇	一六八	三十三
枚　乘	淮　阴	？	一四一	？
司马相如	成　都	？	一一八	六十余
苏　武	长　安	？	六十	八十余
李　陵	陇西成纪	？	七四	六十余
扬　雄	成　都	五三	一八	七十一
张　衡	南阳西鄂	西后　七八	一三九	六十一
蔡　邕	陈　留	一三三	一九二	六十
孔　融	鲁	一五三	二〇八	五十六
曹　操	沛国谯	一五五	二二〇	六十六
阮　瑀	陈　留	？	二一二	？
刘　桢	东　平	？	二一七	？
陈　玚	广　陵	？	二一七	？
应　瑒	汝　南	？	二一七	？
徐　幹	北　海	一七一	二一八	四十八
王　粲	山阳高平	一七七	二一七	四十一
仲长统	山阳高平	一七九	二一九	四十一
诸葛亮	琅琊阳都	一八一	二三四	五十四
曹　丕	沛国谯	一八六	二二六	四十一
曹　植	沛国谯	一九二	二三二	四十一

姓　名	籍　贯	生年	卒年	岁数
山　涛	河　内	二〇五	二八三	七十九
阮　籍	陈　留	二一〇	二六三	五十四
稽　康	谯国錘	二二三	二六二	四十
潘　岳	荣阳中牟	?	三〇〇	?
张　华	范阳方城	二三二	三〇〇	六十九
王　戎	琅琊临沂	二三四	三〇五	七十二
左　思	临　淄	二五〇?	三〇五?	五十六?
陆　机	吴　郡	二六一	三〇三	四十三
陆　云	吴　郡	二六二	三〇三	四十二
王羲之	临　沂	三二一	三七九	五十九
陶　潜	浔阳柴桑	三七二	四二七	五十六
颜延之	琅琊临沂	三八四	四五六	七十三
谢灵运	陈郡阳夏	三八五	四三三	四十九
谢惠连	陈郡阳夏	三九四	四三〇	三十七
刘义庆	彭　城	四〇三	四四四	四十二
鲍　照	东　海	四一五	四七〇	五十六
沈　约	吴兴武康	四四一	五一三	七十三
江　淹	济阳考城	四四四	五〇五	六十二
范　云	舞　阴	四五一	五〇三	五十三
任　昉	乐安博昌	四六〇	五〇八	四十九
谢　朓	陈郡阳夏	四六四	四九九	三十六
萧　衍	南兰陵	四六四	五四九	八十六
王　融	琅琊临沂	四六八	四九四	二十七
吴　均	吴兴故鄣	四六九	五二〇	五十二
陆　倕	吴郡吴	四七〇	五二六	五十七
萧　统	南兰陵	五〇一	五三一	三十一
萧　纲	南兰陵	五〇三	五五一	四十九
徐　陵	东海郯	五〇七	五八三	七十七
萧　绎	南兰陵	五〇八	五五四	四十七
庾　信	南阳新野	五一三	五八一	六十九
王　褒	琅琊临沂	?	?	六十四
江　总	济阳考城	五一九	五九四	七十六
顾之推	临　沂	五三一	?	六十余

姓名	籍贯	生年	卒年	岁数
陈叔宝	吴　兴	五五三	六〇四	五十二
薛道衡	河东汾阴	五四〇	六〇九	七十
卢思道	范　阳	？	？	五十二
杨　广	华　阴	五八〇？	六一八	三十九？
王梵志	卫州黎阳	五九〇？	六六〇？	七十一
王　勃	锋州龙门	六五〇	六七五	二十六
骆宾王	婺州义乌	六五〇？	六八四？	三十五
卢照邻	范　阳	六五〇？	六八九？	四十？
杨　炯	华　阴	六五〇？	六九五？	四十六
沈佺期	相州内黄	六五〇？	七一五？	六十六
宋之问	汾　州	六五〇？	七一二	六十三
陈子昂	梓州射洪	六五六	六九八	四十三
贺知章	越州永兴	六五九	七四四	八十六
张九龄	韶州曲江	六七三	七四〇	六十八
孟浩然	襄州襄阳	六八九	七四〇	五十二
王　维	太原祁	六九九	七五九	六十一
李　白	蜀昌明	七〇一	七六二	六十二
高　适	沧州渤海	七〇〇？	七六五	六十六
岑　参	南　阳	七二〇？	七七〇	五十一
杜　甫	襄州襄阳	七一二	七七〇	五十九
张志和	金　华	七三〇	八一〇	八十一
戴叔伦	金　坛	七三二	七八九？	五十八
韦应物	京兆长安	七三五？	八三〇？	九十六？
沈既济	吴　兴	七五〇	八〇〇？	五十一
王　建	颖　川	七五〇？	八三五？	八十六？
孟　郊	湖州武康	七五一	八一四	六十四
张　籍	东　郡	七六五？	八三〇？	六十六？
韩　愈	河内南阳	七六八	八二四	五十七
刘禹锡	彭　城	七七二	八四二	七十一
白居易	太　原	七七二	八四六	七十五
柳宗元	河　东	七七三	八一九	四十七
元　稹	洛　阳	七七九	八三一	五十三
贾　岛	范　阳	七八八	八四三	五十六

姓　名	籍　贯	生年	卒年	岁数
李　贺	陇西成纪	七九〇	八一六	二十七
卢　全	范　阳	七九〇?	八三五	四十六?
杜　牧	京兆万年	八〇三	八五二	五　十
李商隐	怀州河内	八一三	八五八	四十六
温庭筠	太　原	八二〇?	八七〇?	五十一
罗　隐	余　杭	八三三	九〇九	七十七
贯　休	兰　溪	八三二	九一二	八十一
司空图	河中虞乡	八三七	九〇八	七十二
韦　庄	杜　陵	八五〇?	九一〇	六十一?
李存勗	西突厥	八八五?	九二六	四十二?
和　凝	郓州须昌	八九八	九五五	五十八
冯延巳	厉　陵	九〇三	九六〇	五十八
李　璟	徐　州	九一六	九六一	四十六
李　煜	徐　州	九三七	九七八	四十二
徐　铉	广　陵	九一六	九九一	七十六
李　昉	饶　阳	九二五	九九六	七十二
乐　史	宜　黄	九三〇	一〇〇七	七十八
吴　淑	丹　阳	九四七	一〇〇二	五十六
杨　亿	浦　城	九七四	一〇二〇	四十七
张　先	吴　兴	九九〇	一〇七八	八十九
柳　永	福建崇安	九九〇	一〇五〇	六十一
晏　殊	临　川	九九一	一〇五五	六十五
宋　祁	安　陆	九九八	一〇六一	六十四
梅尧臣	宣　城	一〇〇二	一〇六〇	五十九
欧阳修	庐　陵	一〇〇七	一〇七二	六十六
苏舜钦	梓州铜山	一〇〇八	一〇四八	四十一
王安石	抚州临川	一〇二一	一〇八六	六十六
苏　轼	眉州眉山	一〇三六	一一〇一	六十六
苏　辙	眉州眉山	一〇三九	一一一二	七十四
黄庭坚	洪州分宁	一〇四五	一一〇五	六十一
秦　观	高　邮	一〇四九	一一〇〇	五十二
张　耒	淮　阴	一〇五二	一一一二	六十一
陈师道	彭　城	一〇五三	一一〇一	四十九

姓名	籍贯	生年	卒年	岁数
晁补之	钜　野	一〇五三	一一一〇	五十八
周邦彦	钱　塘	一〇五七	一一二一	六十六
贺　铸	卫　州	一〇六三	一一二〇	五十八
朱敦儒	洛　阳	一〇八〇?	一一七五?	九十六?
李清照	济　南	一〇八一	一一四五?	六十五?
洪　迈	鄱　阳	一一二三	一二〇二	八　十
杨万里	吉　水	一一二四	一二〇六	八十三
陆　游	吴　郡	一一二五	一二一〇	八十六
范成大	吴　县	一一二六	一一九三	六十八
尤　袤	无　锡	一一二七	一一九四	六十八
党怀英	泰　安	一一三四	一二一一	七十八
辛弃疾	历　城	一一四〇	一二〇七	六十八
刘　过	庐　陵	一一五四?	一二〇六?	五十三?
姜　夔	鄱　阳	一一五五?	一二三五?	八十一?
赵秉文	滋　州	一一五九	一二三二	七十四
刘克庄	莆　田	一一八七	一二六九	八十三
元好问	太原定襄	一一九〇	一二五七	六十八
吴文英	四　明	一二〇五	一二七〇	六十六?
周　密	济南寄寓吴兴	一二三二	一三〇八	七十七
王沂孙	会　稽	一二四〇?	一二九〇?	五十一?
蒋　捷	宜　兴	一二四五?	一三一〇?	六十六?
张　炎	西　秦	一二四八	一三二〇?	七十三?
赵孟𫖯	湖　州	一二五四	一三二二	六十九
管道昇	吴　兴	一二六二	一三一九	五十八
杨　载	杭　州	一二七一	一三二三	五十三
范　梈	清　江	一二七二	一三三〇	五十九
虞　集	仁　寿	一二七二	一三四八	七十七
揭傒斯	富　州	一二七四	一三四四	七十一
张　翥	晋　宁	一二八七	一三六八	八十二
杨维桢	诸　暨	一二九六	一三七〇	七十五
萨都剌	雁　门	一三〇八	?	?
刘　基	青　田	一三一一	一三七五	六十五

姓名	籍贯	生年	卒年	岁数
罗贯中	杭　州	一三三○？	一四○○？	七十一？
高　启	长　洲	一三三六	一三七四	三十九
朱有燉	濠　州	一三七七	一四五二？	七十六？
李东阳	茶　陵	一四四七	一五一六	七　十
祝允明	吴　县	一四六○	一五二六	六十七
唐　寅	吴　县	一四七○	一五二三	五十四
文徵明	长　洲	一四七○	一五五九	九　十
李梦阳	庆　阳	一四七二	一五二九	五十八
康　海	武　功	一四七五	一五四○	六十六
何景明	信　阳	一四八三	一五二一	三十九
杨　慎	成　都	一四八八	一五五九	七十二
吴承恩	山　阳	一五一○？	一五八○	七十一？
李攀龙	历　城	一五一四	一五七○	五十六
徐　渭	浙江山阴	一五二一	一五九三	七十三
王世贞	太　仓	一五二六	一五九○	六十五
张凤翼	长　洲	一五二七	一六一三	八十七
汤显祖	临　川	一五五○	一六一七？	六十八？
李日华	嘉　兴	一五六五	一六三五	七十一
钱谦益	常　熟	一五八二	一六六四	八十三
陈子龙	华　亭	一六○八	一六四七	四　十
吴伟业	太　仓	一六○九	一六七一	六十三
宋　琬	莱　阳	一六一四	一六七三	六　十
龚鼎孳	合　肥	一六一五	一六七三	五十九
侯方域	高　邱	一六一八	一六五四	三十七
施闰章	宣　城	一六一八	一六八三	六十六
尤　侗	长　洲	一六一八	一七○四	八十七
丁耀亢	诸　城	一六二○？	一六九一	七十二？
毛奇龄	萧　山	一六二三	一七一六	九十四
陈维崧	宜　兴	一六二五	一六八二	五十八
朱彝尊	秀　水	一六二九	一七○九	八十一
蒲松龄	淄　州	一六三○	一七一五	八十六
王士祯	新　城	一六三四	一七一一	七十八
顾贞观	无　锡	一六三七	？	？

姓名	籍贯	生年	卒年	岁数
纳兰性德	满　州	一六五五	一六八五	三十一
洪　昇	钱　塘	？	一七〇四	五十余
赵执信	益　都	一六六二	一七四四	八十三
沈德潜	长　洲	一六七三	一七六九	九十七
厉　鹗	钱　塘	一六九二	一七五二	六十一
郑　燮	兴　化	一六九三	一七六五	七十三
吴敬梓	全　椒	一七〇一	一七五四	五十四
袁　枚	仁　和	一七一六	一七九七	八十二
曹　霑	满　州	一七一九？	一七六四	四十六？
纪　昀	献　县	一七二四	一八〇五	八十二
蒋士铨	铅　山	一七二五	一七八四？	六十？
赵　翼	阳　湖	一七二七	一八一四	八十六
桂　馥	曲　阜	一七三六	一八〇五	七十
黄景仁	武　进	一七四九	一七八三	三十五
恽　敬	武　进	一七五七	一八一七	六十一
张惠言	武　进	一七六一	一八〇二	四十二
李汝珍	大　兴	一七六三？	一八三〇？	六十八？
舒　位	大　兴	一七六五	一八一五	五十一
龚自珍	仁　和	一七九二	一八四一	五　十
郑　珍	遵　义	一八〇六	一八六四	五十九
曾国藩	湘　乡	一八一一	一八七二	六十二
金　和	上　元	一八一八	一八八五	六十八
俞　樾	德　清	一八二一	一九〇六	八十六
王闿运	湘　潭	一八三二	一九一六	八十五
黄遵宪	嘉　应	一八四八	一九〇五	五十八
俞万春	山　阴	一八四九	？	？
刘　鹗	丹　徒	一八五〇	一九一〇	六十一
李宝嘉	武　进	一八六七	一九〇六	四　十
吴沃尧	南　海	一八六七	一九一〇	四十四